此处安放

CI CHU AN FANG

郭逸飞 著

河南大学出版社
HENAN UNIVERSITY PRESS
·郑州·

图书在版编目(CIP)数据

此处安放/郭逸飞著. —郑州:河南大学出版社,2019.6
ISBN 978-7-5649-3705-8

Ⅰ.①此… Ⅱ.①郭… Ⅲ.①散文集－中国－当代
Ⅳ.①I267

中国版本图书馆 CIP 数据核字(2019)第 103691 号

责任编辑	马 静 王 珂
责任校对	陈林涛 时二凤
封面设计	马 龙
封面题字	郭 欣

出版发行	河南大学出版社		
	地址:郑州市郑东新区商务外环中华大厦2401号 邮编:450046		
	电话:0371-86059701(营销部) 网址:www.hupress.com		
排 版	郑州市今日文教印制有限公司		
印 刷	河南瑞之光印刷股份有限公司		
版 次	2019年8月第1版	印 次	2019年8月第1次印刷
开 本	787 mm×1092 mm 1/16	印 张	17.75
字 数	223 千字	插 页	8
定 价	50.00 元		

(本书如有印装质量问题,请与河南大学出版社营销部联系调换)

序

郭逸飞是一位大三的学生，就读于我曾经任教的河南大学文学院。前几天，她把上学期间所写的一些文字让我这个爷爷看看。说实在的，真有点吓着我了，皇皇30多万字呀！还准备出版！我浏览之后，觉得很兴奋。感觉现在的学生与我任教时候（20世纪80年代到90年代初）的学生相比，视野、思路、治学方法、文笔都很不相同了。逸飞也许是其中的佼佼者，其视野之开阔，文思之活泼，文字之鲜活，对生活感悟之深切，都令人对未来文学领域的新星有一种期待。

我觉得大学的文学院，主要的培养目标不仅仅是给学子灌输多少古今中外文学发展史的知识，让学子了解有多少著名的作家和作品，更重要的是要培养学子们有一颗活泼泼的文心。所谓文心，就是要对生活有一种审美感知、审美情感、审美体验、审美领悟、审美想象、审美把握、审美创造的欲望和能力。《文心雕龙·神思》中说："思理为妙，神与物游……登山则情满于山，观海则意溢于海。"有了这种能力，就会经常处于一种审美主体与客体物我往还的境界，就会常常有创作的愿望，经常会产生创作的灵感与冲动。这是文学的生命。苏轼说："吾文如万斛泉源，不择地皆可出。在平地，滔滔汩汩，虽一日千里无难。及其与山石曲折，随物赋形，而不可知也。所可知者，常行于所当行，常止于不可不止。"苏轼的诗词文俱佳，在他那里无物无事不可以入诗入词入文。当然培养这种文心需要自觉地不懈努力，需要长时期的多方面的积累。首先要注意观察生活，要深入地体验生活，要善于发现生活当中的审美意蕴。其次要"积学以储宝，酌理以富才"，要注重学习，借鉴前人的经验，了解其中的甘苦，逐渐转化成自己的能力。

逸飞非常可贵的一点就是她总保持着一颗活泼泼的文心。她能把每一个节气写成一首散文诗，写出这个节气的物候特点，用大量古今中外的文学作品中所描摹的意象来表现这个节气的独特气质，及其带给人们的独特的愉悦。即使人们觉得烦闷的暑天，也有其独特的魅力："'月明船笛参差起，风定池莲自在香'，在满目的十里荷花面前，万卉皆为客。藕花深处，蜻蜓几只，小楫轻舟的烟雨江南。世人自比圣贤雅士，爱莲惜莲，膜拜其佛性，艳羡其高洁……"她写所游历的文化名城，如罗马、巴黎、佛罗伦萨、威尼斯、圣彼得堡、布拉格等等，都把自己对这些城市的文化性格的体认写得非常具体真切。比如威尼斯的圣马可广场："拜占庭式、罗马式、哥特式，多风格熔铸了广场上的建筑，早期阿拉伯商人带来的伊斯兰元素，时至今日仍被世人仰望。巴西尼加钟塔长鸣，将这里的高贵告诉世人，水上世界的门户，地中海的霸主，它的尊贵，只关你我，无关风月。"不知道二十四节气的人很少，很多人也都去过那些名城，但是只有有文心的人才能把它们形诸文字，表现它们的美，愉悦自己，愉悦他人。

在逸飞的文字里，不难看出她十分重视研读经典。她文字的第三部分《常读常新》就涵盖了她对古今中外的经典著作的研读心得。不一定面面俱到，但却是她的真切体会。在其他的篇章中所引用的名家名篇名句不计其数。可见其涉猎甚广、博闻强记、信手拈来若自己出。所谓经典都是经过历史的汰选，滋养了一代代人，经过了无数人的体验和印证，已经成为民族认同的符号，成了民族的乃至全人类的共同的精神财富。读经典，对于自己素质的提升可谓最佳捷径。读经典确实是"常读常新",从经典中涵养自己、提升自己。读经典最忌讳浅尝辄止、得其皮毛,最忌讳仅仅为了炫耀、夸夸其谈。每一部经典都有它产生的独特的时代背景,都有它独特的存在价值,都有它无法复制的精妙之处。熟读经典,把它融会到自己的素质体系里,成为自己的营养,才可以"身心获益靡涯,文笔增华有望"。

从逸飞的文字中可以看出,她对中西方经典的研读都十分用心。近代以来,西学东渐,文化的互相交流融汇,是新时代的文化的趋势和特色。不同的文化,可以开启不同的视角,可以创造不同的维度,可以选择不同的色彩,可以展现不同的风格。在新媒体时代,这种融合趋势会更加不可阻挡。

逸飞的这些文字,当然还只是"小荷才露尖尖角"。但是其所走的路子是很正的,打下的基础是很坚实的。如果天假我年,我希望看到逸飞终有大成的一天。

张家顺于开封
2019年6月3日

目　　录

第一篇　二十四节气

立春：一年之计，万物之始　/ 3

雨水：一点一滴总关情　/ 7

惊蛰：于无声处听惊雷　/ 11

春分：问君何不争明媚？　/ 14

清明：天朗气清，花好月明　/ 18

谷雨：雨生百谷，谷育众生　/ 21

立夏：时光清浅，生气绵长　/ 24

小满：日高入麦时，芽青入眼眸　/ 27

芒种：梅子熟时，勿闲双手　/ 30

夏至：辜负美景不如虚度良辰　/ 33

小暑：乐山乐水乐夏趣　/ 36

大暑：极热生极乐　/ 39

立秋：我见初秋多妩媚　/ 42

处暑：溽暑去，秋凉来　/ 45

白露：你清澈而神秘　/ 48

秋分：深情最是中秋月　/ 51

寒露：阵凉也胜一枝春　/ 54

霜降：银霜满地也成诗　/ 57

立冬：此时冬阳不暖，问君更觅何时？　/ 60

小雪：银铃未响，冰清一片　/ 63

大雪：拥抱洁白，爱我所爱　/ 66

冬至:路人问我粥可温 / 69

小寒:拣尽寒枝不肯栖,江海寄余生 / 72

大寒:以往不谏,来者可追 / 75

第二篇 偶尔远行

还自己一次生活 / 81

君不知,罗马之美天上来 / 85

满身风雨,你自水上来 / 89

万恶之都,我爱你 / 92

赠你一眼泉 / 97

水晶球的梦之城 / 100

能饮一杯无? / 104

翡冷翠花未眠 / 108

奈良:唯有信者留其名 / 111

大阪:樱花吹满头 / 114

京都:静而后能安 / 117

富士:"所谓世间,不就是你吗?" / 120

东京:来日还忆少年游 / 123

白桦与群山 / 126

顾盼向西,遗世独立 / 130

第三篇 常读常新

戳破胸中的红气球 / 137

关于悲剧,可能我们从来没有品评的权利 / 143

从"陆仙遗风"到"生意兴隆" / 148

从尘埃里开出花来 / 152

你的诗,点醒我的混沌无知 / 155

你要比洁白更洁白 / 160

希望不死 / 165

临渊情更怯 / 168

莫等闲 / 174

把日子过成湖 / 177

放逐至溃败的边缘 / 180

我本平凡 / 185

东风吹作雪,南陌碾成尘 / 188

爱恨号啕,汇成江河 / 192

烈焰难掩的追寻 / 196

爱意深深,忧思沉沉 / 200

一个人,一段路,一座城 / 205

一腔孤勇,见雨即发 / 208

不要轻视孤独的热望 / 212

给我一颗子弹 / 216

唤醒沉睡的家庭之爱 / 220

敬建筑理想灵魂的不甘 / 224

那些花儿 / 228

你的温良,我的方向 / 232

山重水复终究无路 / 237

和平中的烽火狼烟,战争里的宁静星空 / 242

致锋利背后的深情 / 247

灵与肉的角逐 / 251

追逐荣誉还是拥抱亲情? / 255

独寻秋景城东去,白鹿原头信马行 / 259

卢梭与巴黎 / 261

昔年种柳 / 270

第一篇
二十四节气

立春：一年之计，万物之始

人们喜欢找一个坐标作为新纪元，因为这样，总能给自己带来朝气腾腾、希望满满的心理暗示。

古老的尼罗河畔，河水初涨的潮头来到开罗，与从地平线升起的天狼星不期而遇，人们将这一天视为一年的开始；而在东方世界，鞭炮响起，灯笼高挂，一岁将至一岁除，农历新年也饱含着心愿无数。

可这些开始都比不上立春这个节气来得沁人心脾，因为这个开始清新浪漫，意象朦胧，富含智慧，气宇轩昂，是时节的始发站、农耕的新轮回。胡兰成在《今生今世》中写道："古人定立春是春天初来到的日子，草还是黄的，却不知如何竟有了青意了。水色更难辨，可是水面风来，已是不同。"或许只有心细如发的人才能明察这寻常日月里的点滴不同，立春时节的风吹过，虽不至于带着潮湿感，也没有大肆炫耀温暖的阳光味，但那些阴冷与凛冽着实是无处可寻了。大地还在半梦半醒之间，此时睡态最是迷人，贲张的血液还未到巨人的指尖；干枯的藤条淡定得如云漂泊，因为他早早便知花苞与嫩蕊总会出现的。那么，又何必急呢？"一候东风解冻，二候蛰虫始振，三候鱼陟负冰。"万物开始含蓄地欣欣向荣，来得不让人有排斥反应，又不浓妆艳抹，如一位清丽佳人。

比起对肃肃隆冬的告别，更多人喜欢将立春当作向暖阳、碧水、花鸟发起的欢迎式。棉衣未脱，站在屋檐一旁，等待着冰雪和琉璃渐次消融,沥沥而下,这种等待磨人心思又颇感幸福。北方的老人若听见了儿女们的抱怨会劝慰他们说:"等开了春,一切都好起来了。""风传来了消息,枝上晾春衣,江河水乍暖,静心待花期。"儿女们或许还不明白父辈朴实话语中的如许深意,一切的事与愿违、生活败北都会像御寒的棉衣一般,在春阳不出声的提醒下,一件件褪去。负能量与受挫感是打不败奋进激昂的灵魂的,在时间的荒野里,在流转的四季中,它们的战局向来如此。"人生如寄,多忧何为?"年轻的脸庞不该现出那满目愁容,应趁艳阳,披戎装,待大地霜冻消解便闻鸡起舞,马踏北方。

  立春的曼妙与惊喜从来不属于任何人,但总有人在这时节里待着。少年贪慕姣好的春光,如今只得尽力抓住当时的欢娱在记忆里的遗存。"欲买桂花同载酒,终不似,少年游。"就让那份买酒赏桂的轻狂留在来时的脚印里吧,然后再向春天走去,一觞一咏,畅叙幽情,"你把那行装整顿,无过是一琴一鹤紧随身"。

  农谚曰:"立春天气晴,百事好收成。"农民像是经验丰富的中医,聆听自然的脉络气血,平整土地,插育秧苗,站在沧桑的尽头,细数土地的果实,但去耕耘,莫求丰收。中国人信奉"功到自然成",不望他山高,但惜足下土。农家的浪漫并非风花雪月,只是平凡的风调雨顺、日光充盈。立春若是个艳阳高照的日子,那么收成一定不会差。年轻人,立春时节你大可以博览笃学、立德静心、追逐爱情,像青笋般拼了命地向上生长,做自己信仰已久的事,你若心诚,定会实现。可年轻的心往往不甘于安定,像风一样没有方向,像风一样习惯流浪。那也不妨选择在立春时节开启旅程,像冯至的十四行诗里所说的:"我们随着风吹,随着水流,化成平原上交错的蹊径,化成蹊径上行人的生命。"向往"身似不系之舟"的你,渴望"心似出岫之云"的你,站立在鹭点烟汀的十里长亭,忽觉得四肢还有一丝寒意,但早不似去年里踏冰河、饮雪水时的心境。

纪伯伦的《先知》里写道:"你要承受你心天的季候,如同你常承受从田野上度过的四时。你要静守,度过你心里凄凉的冬日。"立春时,也在心里阴暗的所在立一个春天吧,忘了孤独、背叛、忧愁,种下甜蜜、真诚、快乐,听抽芽拔节的声音,一片宫商。世界如此辽阔,一定有你的容身之所,也许就在这春之初,融泉里。去溪水旁听一曲肖邦的《春》,去白塔上找一次潜伏的绿,去榕树下嗅一抔土,给自己点仪式感,迎接节气新轮回。"打春别欢喜,还有四十冷天气。"别太心急,忙活着手上分内的事情,等东风。江南二月,华北三月,东北四月,从南至北,春回大地,只要我们等上一等,睁眼便是"半壕春水一城花"的烟雨江南。

立春被偏爱,也被淡忘。古时统治者顺天道,敬畏生灵,勿伐木杀生,勿伤及虫鸟,大赦天下,慰问孤寡贫弱,赏赐功臣名将……"以民礼地,以食敬天",敬天道,为众生,你不辜负万物生长的节气,接下来的三百多个日子,它也定不负你。可立春也往往因为天气尚凉而被世人遗忘,俗家市井也嘟囔:"哪儿有点儿春天的样子?"可他们真的错了,"阳和起蛰,品物皆春",春早就在有心人的窗前守候多时了。

《人间词话》中写道:"诗人对宇宙人生,须入乎其内,又须出乎其外。入乎其内,故能写之。出乎其外,故能观之。入乎其内,故有生气。出乎其外,故有高致。""诗人必有轻视外物之意,故能以奴仆命风月。又必有重视外物之意,故能与花鸟共忧乐。"走进春,挖掘春,你灵魂的季节才能恰逢立春,重视宇宙天下的细微之变,一笔一画笨拙地记录眼前风景,像刚学会写方块字的孩子。若你真正将骨骼镶嵌进大地,总有一天,所临之境便是落春之初的会稽山阴之兰亭。立春时节是造物主用来安慰浪子的圣品,情、欲在这个冰冻多日的时刻开始萌发,又欲言又止,爱而慌乱,爱而不得,但凡得不到,"但凡是失去,总是最登对"。上天不想将热烈而刻骨铭心的体验过早地交付到我们手中,我们要做的只有一言不发,不温不火,屏气凝神地深信上天自有安排。

　　黄色的蜡梅早已在立春时节傲寒枝头,含香馨馨,不谄媚,不粉饰,享受着属于自己的春天。它敏感又大方,深谙冰冷中微妙的暖意和秘密。南宋文学家张栻的一篇《立春偶成》,打动了多少人:"律回岁晚冰霜少,春到人间草木知。便觉眼前生意满,东风吹水绿参差。"生活就是这样,生活就该这样,永远把热满的激情投注到未知的事业中。

雨水：一点一滴总关情

若问文学作品中的常见意象，首先浮现在我脑海的便是雨，从"悠长又寂寥的雨巷"到"晓看江湿处，花重锦官城"，无量才情无量爱，都敏感而小心地寄托给了这琳琅风雨。人间草木承蒙它的滋润，苍茫大地依赖它的恩泽，灵动而内敛，温婉而寡言。知时节，通人性，不愿终身无所依地游离，便栖身于沃野千里。

鞭炮鸣响未隐遁于耳畔，"新桃换旧符"的温馨仿佛还在昨天，老百姓口里句句还是吉祥话："没出正月都是年。"可这节气却真真正正地来了。雨水，言简意赅，气温回升，冰雪消融，降水增多，喜庆祥和的年味快被这清新满城的湿气遮盖住了，往事只能回味，与其缠绵过年时独有的慵懒，不如在这"贵如油""润如酥"的春雨中一醉方休。"小楼一夜听春雨，深巷明朝卖杏花。"那听雨的人必是钟爱雨，那杏花必是娇嫩含粉。雨水过后，春日的花儿便渐次开放了，迎春金黄，山茶初放，温柔序曲只属于十里桃花香。

"七九八九抬头看柳，九九加一耕牛遍地走。"冬天的寒意渐渐疏远了我们发热的手心，困倦与惰性好像也连同枯枝落叶被雨水洗刷走了，该是劳作的季节了。春风吹，雨水来，广袤的土地上一幅忙碌而兴奋的春耕图浮现开来。弃耕废织的诗情画意生长不出五谷丰登，中国人世代信奉"实干"，他们的双手里，除了细密错杂的纹理、健硕的骨骼，还有那祖祖辈辈流传的实干精神。农家爱雨，如久旱逢甘霖般雀跃，将供奉在龙王庙前的瓜果摆放齐整，渔民渴望海不扬波,农民祈求风调雨顺,最热满的期待,必得交付给最重要的事业。

浪漫的诗人海子写道:"活在这珍贵的人间,泥土高溅,扑打面颊。活在这珍贵的人间,人类和植物一样幸福,爱情和雨水一样幸福。"雨水这节气,也是可以在湿寒之余给我们带来幸福的。华南阔别已久的小雨,北国司空见惯的大雪,都不抵头一场春雨来得沁人心脾,韶华易逝,雪泥鸿爪,唯有这头场雨年年赴约,像位性情温柔的老友。山野间,高崖上,竹林里,巷道中……无论有没有人间烟火,这雨不势利,不谄媚,不低声下气,不曲意逢迎,只是落在心仪的地方。米兰·昆德拉在《不朽》中诠释幸福:"存在即幸福。存在就是,变成一口井、一个石槽,宇宙万物像温暖的雨水,倾落其中。"这是怎样的一种满足感、获得感,人心中那个"偏逢连夜雨"呼啸地灌着凉风的疮口,在一滴春雨落下时,静悄悄地填满了,连结的痂也泛出好看的颜色。

可这淡淡而不猛烈的雨水也是能磨人心思、伤及发肤的。《梦里花落知多少》中说:"雨水,便在那时候,夹着淡红色的尘雾,千军万马地向我杀了过来。"一丝丝伤感之后,春天的第一场雨也昭示着一个新轮回:"一候獭祭鱼,二候鸿雁来,三候草木萌动。"苏醒的水獭滴溜溜的眼睛瞄上了游动的鱼儿;追求南方温暖的巢床的大雁飞回北方的家,"鸿雁声声传消息,轻转飘洒满天涯";气温渐升逃不过敏感而聪慧的草木,"一夜返青千里麦,万山润遍动无声",枝条变软,枝头泛绿,含情脉脉地装点人间,又一年……

谚语有言:"雨水有雨百阴。"只要雨水时节下了雨,这阴沉沉的天气,怕是要持续好久。湿气袭来,天气也变化无常,乍暖还寒,忽冷忽热,都是常有的现象。"春寒料峭吹酒醒,微冷,山头斜照却相迎。"祖先用低沉朴素的声音一遍又一遍地叮嘱,再想拥抱暖阳,也要耐住性子,挨过这气温不定的日子。不仅仅是这好时光,还有一切追求时兴致勃勃而野心浓烈的事物,停一停再去拥有,风致依旧,也未尝不可。

雨水节气也有属于它自己独特的韵味,出嫁的姑娘在这天回家探望父母,必得带上一罐炖肉和一段红绸,大概是为了用这红色温暖潮湿的天下父母心吧。"父母之爱子,为之计深远",当年为她梳妆贴花黄,备好嫁妆,看着迎亲的欢喜人马不禁热泪两行;今天又在这湿气上升、万物萌动的节气里看到女儿回家,那绸缎的触感和那炖肉的口感,定是久久难忘,别有一番滋味在心头。"我要在最细的雨中,吹出银色的花纹,让所有在场的丁香,都成为你的伴娘;我要张开梧桐的手掌,去接雨水洗脸,让水杉用软弱的笔尖,在风中写下婚约。"浪漫的情怀,纠结的暗恋,伴着清新的季节,不张扬,自难忘。

青石阶上湿湿滑滑,老柳树也抽了新芽儿,漆红的窗子半掩,含蓄的阳光进来,照在你刚铺开的宣纸旁,照在砚台上。读书修身的好节气,子曰:"君子博学于文,约之以礼,亦可以弗畔矣夫。"晴窗初坐,"四书"在侧,用知识和礼乐正其身骨心灵,也不辜负一抹朝阳春无限,当时小院静无声。

《傅雷家书》中写道:"太阳太强烈,会把五谷晒焦;雨水太猛,也会淹死庄稼。我们只求心理相当平衡,不至于受伤而已。"雨水节气,正是华北大小麦的拔节孕穗期,须肥且怕水,也是南方油菜种植对低温冻害最为提心吊胆的时候,这节气考验庄稼人的耐心与智慧,排水施肥,力求平衡,但行善事,莫问前程。不单是农学,我们内心刺骨的寒冬就要打马而过,祭奠腊月的风不如把握住雨水时节的林花春红。以中庸之道处世,平衡好心底发了霉与干燥的地方,你来心虔志诚,六根清净,上天自会许你无风无雨、安稳祥和的平静人生。

在《我手写我心》中,里尔克深情写道:"当灵魂失去了庙宇,雨水就会滴在心上。"庄稼汉的灵魂,宗教徒的灵魂,文人墨客的灵魂,帝王将相的灵魂,你我的灵魂,难道都如这无依无靠、如茸如毛的雨吗?有信仰的民族不会孕育游手好闲的子民,蒸蒸日上的国家正迎着时代的春风化雨浇灌新芽。《圣经》言:"我们行善,不可丧志;若不灰心,到了时候就要收成。"做好预备,拔除杂草,平整土地,不埋怨于荫翳暮霭,不苟且于碌碌人生,沐春之初雨,扶摇直上,永怀凌云志,立定足下根。

春雨拂过,是否"洗出碧罗天"了?南方的茶山上,采茶女换了鲜艳的单衣,寻找那争先从雨珠中钻出的茶茸,炒一捧珍贵无比的明前茶。春雨潇潇,于河畔撑一油伞远眺,万点空蒙隔钓船,抑或抛了那伞,让微微漾漾的透明雨滴肆意地纵情在衣襟上。

雨水节气的一花一石,都是一个个精灵,忽闪着眼睛,瞳孔里写满了未知,它们不曾听过雨打芭蕉,不曾见过草长莺飞、鸳鸯戏水,静默着,涉世未深的样子,最是动人。只待春雷一声发,惊燕亦惊蛇了。

惊蛰:于无声处听惊雷

世上大多数的美都不是裸露在外、浮于表面的。欲听美人琵琶,须得"移船相近邀相见";欲看阑珊灯火,须得"众里寻他千百度";欲"含笑看吴钩",须得"把栏杆拍遍"。太多的错与失是因为庸人看不到深藏着的如许美意,或许良辰美景需要一句呼唤、一声雷鸣。

蛰者,藏也。被暖暖冬阳惯坏了的大地直到惊蛰才苏醒,惊动了藏起来的虫豸,造物主的关节伸展开来,藏着的那些神秘与惊喜不期而至,"一声霹雳醒蛇虫,几阵潇潇染紫红。九九江南风送暖,融融翠野启春耕"。不只是那地间的生灵,太多习以为常的倦怠、懒散都通通被叫醒了。那些鸡肋般的好习惯,那些欲言又止的诗行,那些虎头蛇尾的雄心壮志……你忘了,时光还记得,它不厌其烦地提示着你,穿上一袭单衣,吟他两行诗句,趁艳阳,勤梳妆,提着那精气神,闯闯荡荡去。

惊蛰节气里的日子,从来都是紧锣密鼓般的。中国大部分地区真正意义上走进了春耕,保水分、修麦沟、勤催肥、防瘟疫……农活里的学问,还是需要有头脑、有力量的庄稼人。日子总得忙活起来,才有模有样,才能衬托闲暇的快乐及忙里偷闲的精神意趣。在冬日里透着大红窗花看屋外的农民,他们早已摩拳擦掌,期许大好春日在自家田里用锄头指点江山。

惊蛰的物候也美得出彩:桃始华,鸧鹒鸣,鹰化为鸠。置身高处,若在云端,看桃红梨白,黄鹂翻飞,燕子归来。田间耕耙如栉,草木舒横,出于一种纪念,也出于一种眷恋,携一片桃花花瓣夹进厚重的书本,待粉红褪去,暗香遗留。静坐于"碧桃花下感流年"。爱桃者,称之"宜室宜家"、"似匀深浅妆";不爱桃者弃之,"轻薄桃花逐水流"。有了灵动的莺莺燕燕,春天才真正有了蓬勃朝气,少年喜它们欢喜雀跃,老年疼它们可人心、通晓事理。世间凡物优劣与否自是无人可定夺,只是心境不同,感慨有异罢了。

春暖花开,人也似植物,体内阳气上升,精气充盈,整体看上去情志、状态一改冬日里的闲散,变得舒展、顺达,这可不仅仅是脱了棉衣的缘故。《黄帝内经》曰:"天地俱生,万物以荣。夜卧早起,广步于庭,被发缓行,以使志生。"不肆意地糟蹋春光,而是温文尔雅地唤醒肢体,这里讲的便是惊蛰时节的养生之道。

余光中在《听听那冷雨》中写道:"惊蛰一过,春寒加剧,先是料料峭峭,继而雨季开始,时而淋淋漓漓,时而淅淅沥沥,天潮潮地湿湿,即使在梦里,也似乎有把伞撑着。"惊蛰的雨天,除了这纷纷的雨,和那略带冷气的风,更为人熟知的还是那初春的雷。"微雨众卉新,一雷惊蛰始。"雷声低沉却内含力量,骄傲如春雷,不卑不亢,斗志昂扬地告诉土地,告诉草水,告诉人们,醒一醒,从那些终将后悔的懒散与颓唐里跳出来,克服惰性,珍视时光,有偏爱、有期待、有作为地走下去。闲置在墙角的犁耙,耕不出肥沃的土地;深夜里浑浑噩噩的发呆与焦虑,留不住飞逝的年华。年轻人,若你听得懂天上雷公的心语,请不去辜负地创造时代,开天辟地,拾撷彩石,嵌进青春的一径小路;若你睡眼惺忪地埋怨那轰隆隆的声响搅了你的黄粱梦,那也无妨,只是在金秋九月里多了份空空荡荡的忧伤。惊蛰的日子里,戒躁隐忍,勤勉立心,相信"一声雷唤苍龙起",轻雷隐隐,并非缺少力量。

在民间,惊蛰也是有趣有风采,人们吃梨来祈求虫害"离"田,抑或调和五脏、生津止渴;蒙鼓皮来迎合儒家所言的"天人合一",顺天时,兴民事;打小人来驱散害虫,释放负能量,各有各的道理和意义,平淡的日子,总要做些不疼不痒又有些讲究的事儿,才能心安理得地过下去。

对于作家心中、口中的惊蛰,我印象最深的便是路遥了。《平凡的世界》中讲道:"时令已快到惊蛰,雪当然再不会存留,往往还没等落地,就已经消失得无踪无影了。黄土高原严寒而漫长的冬天看来就要过去,但那真正温暖的春天还远远地没有到来。"开篇便选择了惊蛰前的景象,也许这景刚刚好,契合了社会环境与作者灵犀一点。而后文中又说:"一九七六年的春天随着惊蛰第一声响雷,就如期地来到了黄土高原。清明节的前一天,气候骤然间转暖,阳光和煦地照耀着解冻不久的大地……欢腾地唱着歌流向远方。"还真如书中所说:"景似去年景,心如冰火再不同。"时节相近,但时代在变,给人的直观感受也温和了,让人头脑一热生出冲动,想去黄土地上听一曲信天游,看看后生们弓着的脊梁,感受黄沙扑面、沟壑纵横的黄土高原上的惊蛰。

世界的大千锦亮、精彩纷呈在于它在不变的时间里有着不拘一格的空间景象。华北大地还在寒潮中行,江南却已是一片春光融融了。春雷闪电交加的下雨天,硝酸盐及氮化合物在不自觉中流入土地,就像回应着一场来自绿野的示爱。爬虫走蚁应声而起,冬眠动物开始繁殖,"春雷响,万物长",敏感细腻的人,总会发现些什么。

三四月的初春日,索性换了单衣布鞋,展开双臂,藏半袖清风,过远山千重,听花鸟虫鸣,与那轻狂的风舞戏,与那困倦的水亲近。冬去春来,亲爱的人还在,自远方来,叩你柴扉,许你桃花。

郑愁予的诗曰:"惊蛰如歌,清明似酒。"对酒当歌,多少默契晦涩不张扬地饱含其中。在惊蛰的曲子里翩翩起舞,吟诵诗书,闲敲棋子,终究缺了些什么,快乐也便来得不够浓烈。那也只有等清明时分"未成沉醉意先融"了。

春分:问君何不争明媚?

春分,顾名思义,春天的中分点。这天之后,北半球的白昼愈长,黑夜愈短。

祖国的版图上多半地区已是春意盎然,和暖温煦的春光来得更高调了,微微漾漾,无声无息,也是醉人。清洁朴素的精灵,腾跃在每一个地方。香气萦怀,湿气绕深,老砖的缝隙里不经意间有了浅绿,或许它也通晓你案头上焚的檀香、沏的雨前龙井,便将这绿带到了更深更远处去。

低头看,溪水忙碌向东;抬头望,迎春金黄,一窝雏燕张着嘴巴,在梁间呢喃。于是情不知所起,希望之情,满足之情,一股脑儿地涌进了少年的胸膛。《哈姆雷特》中说:"一朵初春的紫罗兰早熟而易凋,馥郁而不能持久,一分钟的芬芳和喜悦,如此而已。"位处季风区的中国,春秋不长,可即使只有一分钟的春光,也要倾注心血,敢于前往。及时行乐也好,不负少年"莫等闲"也罢,做些事情,总无害处。美国诗人惠特曼深情地回答春日:"一年一度的春光哟,真的,你带给我三件东西:每年开放的紫丁香,那颗在西天陨落了的星星,和我对于我所敬爱的人的怀念。"打扫出内心深处的田野,非丝竹,不酒不肉,修篱种竹,端坐着,格物数日,再从春光中摘得花儿来,予爱人,予挚友。

春分时节,土地上劳作的人,又是另一番风景了。华北平原上,小麦正忙着拔节,油菜花海温柔如画,春旱与寒潮乃是威胁,勤浇灌、防冻害成了重中之重。江南的梯田里,戴着编织草帽的人挽着裤腿插秧,心里却惦记着后山的春茶肥料可够,一心二用,一心多用,这是田家才有的心事。发展中的国家步履不停,这份中高速发展的保障,除了生存资料,还有无数家庭、无数个体的多般心思、勤劳与坚守。

这时节的物候是:"一候元鸟至,二候雷乃发声,三候始电。"看见新燕啄春泥的景观也不足为奇,电闪雷鸣,春雨纷纷。欧阳修在《踏莎行》中言:"画梁新燕一双双,玉笼鹦鹉愁孤睡。薜荔依墙,莓苔满地。"生灵温润了身骨,开始在造化怀中洋洋洒洒地大动笔墨了。人们爱春、惜春,多少人"千炬花间,作意留春住",一片痴情付与那"红气蒸霞""桃千树",又不愿只在笔尖书写艳羡之意,便有了踏青的习俗。青青山坡,花花绿绿的纸鸢,微风不燥,柳枝弯弯,桃李缤纷,像极了印象派画笔下明丽又朦胧的色块,置身其中,便想欢畅地奔跑,奔向东海,跑向南山。人们心虔志诚地张罗着春祭,寻常巷陌的墙头就能闻见炸春卷的油面香味,这是中国人不愿忘记的文化符号,是民族的命运共同体的深情与默契。

《菜根谭》中有"春风解冻,和气消冰"之语。不仅仅是冰冻的溪流、松柏,我们体内的气血与精力也在趋向阴阳平衡,泛泛讲来正趋向儒学家信奉的"致中和"。体力正盛,心志正旺,勃发的机能欲立言、立功、立德,当然也少不了栽下树苗待百年树人。"夜半饭牛呼妇起,明朝种树是春分。"种植树木,也学习像树一样生长,茎叶永远饥渴地追求养分,根系永远探求更深层的土壤,而花儿果实,万丈凉荫,丝毫不取,赠予有缘人。

莽莽大地上世代保守的秘密,被携着桃花香气的和风译成了青色的温言软语。这时节像是包容万象的样子,禁忌与晦涩的恋爱,也发生在春分日,青年男女们春心萌发,立于宽阔河洲,听关关雎鸠,渴望一份合乎心意又深情如许的姻缘。《牡丹亭》的唱词曰:"行来春色三分雨,睡去巫山一片云。"而在相恋的人眼里,一切都是命中注定,都是柳暗花明。心爱的你,永远披着从氤氲丛林中带出的霞光,你是沧海水,亦是巫山云。

《红楼梦》中有一经典的药方儿值得回味。宝钗口中的"可巧"要春天开的白牡丹花花蕊十二两、夏天开的白荷花花蕊十二两、秋天的白芙蓉花花蕊十二两和冬天开的白梅花花蕊十二两,将这四样花蕊于次年春分这日晒干……也许因春分日阴阳两分的特点正合乎了中医五脏调和的需求吧。这时节是有意思的,这时节的阳光亦是无懈可击的。亲爱的人不如将自家棉被移到室外晾晒,让阳光独具一格的味道伴君酣然入梦;不如邀三五知己,午后于山坡静坐,于闲庭信步,让春光躺在脊背上。得与失,成与败,温和与暴躁,豁达与狰狞,都放在这春分的日头下,直视内心,晒走不满,只留下最好的。

苏轼在《水龙吟》中说:"春色三分,二分尘土,一分流水。"又言韶华易逝,举重若轻,春分时光也如杨花一般,终究逝去,终究凋零。它们都是上帝派来的使者,名叫机缘,名叫静思,名叫慰藉,忽然叩开我们的心房,又轻佻地飞走,只留下文人骚客终其一生而作的矮低斜行。春风暖身,青天为被,年华果腹,这并非是疏离人间烟火,只是更想拼命抓住些意义微妙的东西。

真正的生活,是穷尽体内豪气极力歌颂春色,把握韵体吗?

非也!不要将黄金岁月付于一个歌颂者的形象,不要迷信春朝岁月有惊人的生产力,不要用春天的耕耘来安慰三九天气里的一窝腋气与懒惰,好的状态,不拘泥于时节,只要你的眼睛深处有爱,有光亮,潇潇洒洒鲜衣怒马,归来与往事干杯,明日继续风雨兼程。

《了不起的盖茨比》中说道:"眼看阳光明媚,树木忽然间长满了叶子,就像电影里东西长得那么快,我就又产生了那个熟悉的信念,觉得生命随着夏天的来临又重新开始了。"不可否认,落落春晖与青春梦想聚在一起,的确有特别的化学反应,发乎情,暖乎心,强乎身,如朱自清的《春》中所说:"春天像健壮的青年,有铁一般的胳膊和腰脚,领着我们向前去。"

　　春分,东北、西北冰雪犹未散,但终待不久;华北、黄淮一带纷纷入春;江南的千花百卉早已粉饰点缀;华南更是一派暮春景影。你看,祖国千山万水,姹紫嫣红,一定有你心灵的钟情之处、梦想的栖身之所。

清明:天朗气清,花好月明

古贤信奉的儒教里,有说不尽的安邦安国之道,而在这纷纷扬扬的细雨里,在这特别又平凡的时节,心中一掠而久久不过的是那句曾子的箴言:"慎终追远,民德归厚矣。"清明或许真的是缅怀先人、寄托哀思的合适时节,不似落木萧萧的寒秋肃穆,脱离了灼灼暑日的潮闷浮躁,如此清新、鲜活的人间四月,刚刚好。

骋足于青青草地,虽无快马良鞭,却也是身心欢畅,一身爽气,山川溪流间的色泽被雨刷得更绿了。人们发觉昏昏沉沉的身子渐轻了,像淋过雨的鸿雁翅膀,在太阳下逐渐变干。脱了厚重的棉布鞋,步伐也没了压力,登上樱花飞扬的山岗,看青山妩媚、碧水流长,但一想转眼已是仲春与暮春之交,不免又多了分春恨,时光太快,指缝太宽,于是学习"大禹惜才",学习陶侃"当惜分阴"。良辰美景如此,秦观也有同样的感慨,恨"韶华不为少年留",《江城子》中曰:"清明天气醉游郎,莺儿狂,燕儿狂。翠盖红缨,道上往来忙。记得相逢垂柳下,雕玉佩,缕金裳。"词人终于在惠风和畅的日子里看清楚了些东西,关于年少,关于企求。

风拂柳,柳如烟。抽了芽的柳树,在清明时节已是浓妆淡抹,多了几分韵致了。在这"种瓜点豆"的节气里"无心插柳"也能"处处成荫",东风来,柳絮飞,春帷开,故人归。中国人爱柳,爱它不娇贵易养活,爱它强大的生命力与繁殖力,一片青葱,万条垂下,宛若宫廷寝殿前的翡翠珠帘,望一眼,心中泻下清凉无数。而对柳的感情又夹杂着伤感,这个温柔绵长、一往而深的意象,又常常出现在亲朋离散的话别场景中,"十里长亭闻鼓角,一川秀色明花柳"是东坡对孔郎中的嘱托;柳七的《雨霖铃》中"对长亭晚"又离不开"杨柳岸,晓风残月";周邦彦一阙《兰陵王》,上片与下片呼应的六字是"柳阴直"与"长亭路";《西厢记·长亭送别》里也唱道:"柳丝长玉骢难系,恨不倩疏林挂住斜晖。"温婉如柳,隽永如柳,柔韧如柳。不仅因为"柳"音同"留",更因柳条抽芽的季节,是游子出发、勇作为、赴远乡的好时候。小儿无赖,天真烂漫地折了柳条,编成帽子戴在头顶。垂髫年纪,怎会懂得分离的不舍、绞痛与满心牵挂呢?也许此时,在我们看不见的月台、码头、机场,还响着唱在陌生人心头的骊歌:"长亭外,古道边,芳草碧连天,晚风拂柳笛声残,夕阳山外山。"交通运输、电网通信现代化如此发达的今日,清明时节友人、爱人亲手折的杨柳软枝,仍是几代国人放不下的文化记号。

清明的物候是:一候桐始华,二候田鼠化鴽,三候虹始见。蕊中金黄、淡紫长相辉映的白桐花开放,春和景明;喜阴的田鼠回到地下的洞穴里;一场春雨一场暖,更暖人心的便是清明后的雨天就能望见彩虹了,大地不声不响谱写着锦绣的奏章。古人云:"大音希声。"那么,我们听不到神州大地的迎春曲也就不足为奇了。

翻开日历,清丽的宋体字印着:"今日寒食,明日清明。"寒食与清明,在茫茫历史长河中,早早便合二为一了。那个剜肉救主、忠君爱国的故事还在熏养着今天的读书少年。介子推的精神与灵气依旧浩荡,绵山深处隐居的他,看淡了宦海荣辱,晋文公一把大火也未能如愿逼出那流亡之际为他割肉求生的股肱之臣,从此每年这天,君臣百姓家不升炊烟,只吃冷食,铭记那句"割肉奉君尽丹心,但愿主公常清明"的遗言。禁火冷食,祭扫坟墓,种种习俗,一路发展而来,更多的人选择在清明时节,在宗室祠堂的莲座前静心跪拜,返本追宗,提醒自己不忘来时路,珍惜眼前人。一把纸钱、一副挽联、一炷香火、一碟瓜果……在外人看来可有可无的陈设,却是扫墓人的希冀所寄。一捧白菊,一腔热血,墓外站着的人诉尽衷肠,墓里沉睡的人早已含笑于九泉之下。一座座青石墓碑,倾听过太多的心愿与忏悔、实话与牢骚,它听完,再讲给清明的雨听。黄土掩去风流往事,荒冢也难生新烟,历史兴亡,人事殆尽,求永恒求不朽终究是竹篮打水,不如一曲笙歌,静待天明。

"清明寒食好,春园百卉开","花落草齐生,莺飞蝶双戏",一派和暖明艳的大好春色,古人或携侣踏青,或于杏花雨中荡秋千,或比试蹴鞠本领,好时日永远留给活力满满的身心。推开朝南的窗子,听清明的晚钟也裹挟着湿气送进双耳,擦洗头脑里闪亮的星辰。

二十四节气中,唯有清明的名字,听起来玲珑剔透,纤尘不染。你所缅怀的人,他们所盼望的也是你的幸福安稳,愿你踏实、坚强、慈悲、勇敢,不去偷奸耍滑、蝇营狗苟,过自己清楚简白、世事洞明的日子去,拥有清明生活、清明性格,也不辜负两个阴阳相隔又血脉相通、相亲相爱的灵魂为了这一年之约的一路奔袭。

这时的农田,已是金碧山水、一片空蒙了。温度与湿度较为协调,雨水又带来好的土壤酸碱度,微生物开始忙碌起来,大地平心静气地等待耕耘、植树、种花卉时蔬……庄稼人步履匆匆,双手不停,"清明冷,好年景",黄淮一带的农家相信,若这天气温适当低一些,也许就能盼来丰年了。

儒士讲究"中庸之道",不偏不倚的处世之道也适用于清明,不可因缅怀先人而不加节制地徒增伤感,终日以泪洗面;也不可贪慕在春日里玩耍的时光而荒废学业。只有"致中和",才能收获"红杏开时,一霎清明雨"中上苍的提点,才得有花有酒过清明的深沉与闲适并济。

谷雨：雨生百谷，谷育众生

暮春时节的雨，细而密。蚕已在食桑，而池中青萍未露，遍地蔷薇延展着无限浪漫，雨凝成水珠，散布在枝丫上头，斜阳一抹，微微而照，最是撩拨人心。

大地暖，大气暖，人心暖，温度与湿度悄悄地在谷雨时节攀升。甚至还会有一日半日，让你有了步入夏日的欢喜错觉。玉兰谢，杏花落，小轩独坐，静赏一场花雨，打发着有点儿耐不住寂寞的心脏。谷雨时节的华夏大地，慢慢地从垂柳抽芽到层林尽染，从忙劳春种到棋局闲茶。物候也是生机一片："萍始生，鸣鸠拂其羽，戴胜降于桑。"池塘里开始渗出青碧色的浮萍；声声子规啼提醒着人们，勤勉劳作不如归去；羽翼柔顺、毛色甚花的戴胜落于桑树上，见到这番情景，人们似乎看到了桑枝下美丽聪慧的罗敷，又不禁喃喃起乐府诗来。

"谷雨过三天，园里看牡丹。"过了谷雨，园子里真真是一片姹紫嫣红了，红、白、黄、紫……各色牡丹玉笑珠香，芬芳迷人。每一朵花盏中都带着七分"倾城好颜色"和三分微醺的醉意，自盛唐走来，步步雍容，太多富贵人家院墙内的秘密被它听到，春风不识趣，永远读不懂它大气沉稳下的鲜活出挑。理学家言"牡丹之爱，亦乎众矣"，弃之流俗之境，但自李唐来人们对牡丹的宠爱，并非逐之花开富贵而人云亦云，更多的是倾慕那"动京城"的"真国色"。花开一季如人生一世，"譬如朝露，去日苦多"，不如高调度日，开出最鲜艳绝伦的模样,蕊向粉霞,根汲春水,过潇洒而不拘束的日子去,吾生须臾但日日灿烂。

不只牡丹,谷雨时节,芍药已在枝头粉墨登场;樱桃花落果熟,引来几只机灵神气的雀儿啄食;大朵大朵的月季抢了整个园子的风头,几场雨后,翠叶如洗,桑葚满地,满眼酸酸甜甜的紫色。花海烂漫,在人类赖以生存的海洋边也这般热闹。渔民群体自道光年间便流传着谷雨祭海的习俗。寻常渔家,一艘破船,几张细网,两只深谙水下秘境的粗糙大手,便能带来鱼虾的鲜美。朴实的信仰告诉渔民们,盘中餐尽是海神娘娘的馈赠,于是谷雨时节以食敬天,祈愿出海平安,年年有余。

关于民间"谷雨始烹茶"的习俗,也是由来已久。郑板桥有名句:"正好清明连谷雨,一杯香茗坐其间。"乾隆帝也作有《采茶歌》。可见无论帝王将相还是才子布衣,都会在这湿润清新的时日饮品香茗,清明前的"清明茶"和谷雨前的"雨前茶"都是人们心中的挚爱。清瓷小盏也好,粗陶破碗也罢,时节不变,茶香不变。近现代以来,不少媒介评选中国十大名茶,可真正的品茶人却是各有所爱,视所谓的排名如浮云。春雨潇潇的堂前,烧上一壶沸水煮茶,感受其舒展沉浮,看一眼汤色杏绿,肥壮紧结;品一口香馥若兰,唇齿流香,想来真是人生乐事。周作人有名篇《喝茶》,其中叙述道:"喝茶当于瓦屋纸窗之下,清泉绿茶,用素雅的陶瓷茶具,同二三人共饮,得半日之闲,可抵十年的尘梦。"可见文人视饮茶为修身养性、结交益友的好方式,而冰清玉洁的闺阁女儿也对茶有自己的见解。

《红楼梦》中,妙玉的"独门茶经"让人过目不忘,心思缜密又不落窠臼的妙玉偏爱那梅花瓣上的"无根水",放入青花瓮埋于地下五个春秋。她"一杯为品,二杯是解渴的蠢物,三杯便是饮驴了"的理论更见她才情不凡。世人爱茶,会饮茶,也不负茶仙陆羽一生所系的精魂了。谷雨后六日到十日的茶名唤"二春茶",二春之后,茶色青味苦,为行家所不喜,可见,好茶也要知时节啊。

　　谷雨的空气中,也渐渐多了湿热了。人体机能随着自然气候变化,在暮春之时,温热的环境也召唤出了神经痛;花开花谢,花粉飘浮在空气中,过敏体质的人群也难逃一"痒";"三月多雨,四月多疽",皮肤病也烦扰着人们。但这也是补身子、出门锻炼的好时候,别对病痛闻风丧胆,强壮自身,才能笑着享受春光。

　　春天的最后一个节气,不少才从"春困"中爬出的疲身倦体又开始喋喋不休地埋怨自己在春光里的碌碌无为,感时伤春的言语多了起来。亲爱的朋友,谁让你贪慕那烟岚四起的山岗?谁让你留恋那一把纸伞的烟巷?约翰·列侬一句"所有你乐于挥霍的时间,都不能算作浪费"是否点醒了你?时间的双行道,一边是踽踽前行、上下求索的劳作,一边是春花秋月、夏日冬雪的享乐,有了它们,生命的班车才有了川流不息的来来往往,才有了广厦千间的万家灯火。两三纸札记总归比电子屏下敲击出来的文字来得温暖踏实,笃定前路,做些实事,这也许就是你要的"不负春光"。

　　易卜生讲:"每一个生命都有责任,我们的过咎不在于所为之恶,而在于未行之善。"这个暖风拂煦的春日,哪朵合欢里住着你为之欢娱的收获,哪块迟晚的融冰里封着你不愿提起的遗憾,它们都不重要,"未行之善"太多,命运之手摆布的旦夕祸福亦然。一步三回头,不如眺望远方。你看,夏天要来了。

立夏:时光清浅,生气绵长

风和日丽的春日已经悄悄地过去,不少人还在感时伤春,沉浸在惋惜的柔情泥潭里。可聪明人不会在这种情绪中随波逐流,因为他们知道,未来的初夏时光里风轻云淡、草木蔓发、柳绿花红,正是摩拳擦掌投诸事业的好日子。

"立"字有兴旺、萌发的意思,"斗指东南,维为立夏",夏夜的天深蓝透明,让人突发情致,想到院子里坐上一坐。人们都已睡去,窸窣的虫鸣还不那么扰人,远方的山伫立静默,远方的河哗哗地流淌,一阵带着疑虑和哀愁的风刮过,将院子里的人的头发吹得纷乱。

立夏时节的物候是:"一候蝼蝈鸣,二候蚯蚓出,三候王瓜生。"田野间的蝼蛄与蝈蝈开始活动起来,蚯蚓从湿润松软的泥土中钻出来。植物和昆虫在它们那个微妙而敏锐的精灵世界"欣欣然张开了眼"。穿着单衣的孩子拿着草枝条挑逗着虫儿,个中欢喜滋味,天地间一人独知。

范成大《村居即事》中"绿遍山原白满川,子规声里雨如烟"讲的正是立夏时节的自然景象。青草染遍,野芳扑面,褪去了春的稚嫩与青涩,大地绯红的脸渐渐冷静下来,缤纷起来了,艳丽起来了,恣肆起来了……就像个不解风情的小姑娘,初夏的雨一淋,阳光一晒,多了几分韵致了。经过漫长的等待,一路沉潜,被压抑的力量需要一场爆发,叶要最浓的绿,花要最艳的红,最弩张的琴弦,最犀利的诗句,最难以直视的人间闪电,终究是要来了,浮夸地来了,热烈地来了,大张旗鼓地来了。

可初夏的天偏偏要欲扬先抑,正如李商隐诗中所说:"烟轻惟润柳,风滥欲吹桃。"满目青葱中发酵着浪漫又不腻口的味道,甜甜的,清淡也醉人。春已归去,劝君莫留恋,你的目色是何等温柔,追忆着从指缝中泻走的属于自己的好时光,或许没有顾盼神风的色彩,但回忆起的言行碎片里,总有个羽毛般亦刚亦柔的小东西,撩拨着你心房上立着的旌旗,微微地抖着,像极了再过不了几日我们就司空见惯了的蝉翼。

立夏时节,农市上又来了新角儿。人们在这个节气里吃新采摘的樱桃、青梅、麦子,曰:尝三鲜。不只蔬果作物,连少年也在这时节长高,骨骼和肌肤都在伸展,让人审美,惹人喜怜。初夏就该捧上一本纸质书,与真理辩论去;写上封长信,寄给陌生人,斟一杯栀子花茶,不紧不慢地长大。

万物并秀的日子,只有清气,没有暑气。加缪在《夏天集》里感慨:"在隆冬,我终于知道,在我身上有一个不可战胜的夏天。"不得不承认,夏天的力量能移山倒海、开天辟地。创业的人们,创业的民族,愿你们的梦想在空旷的富有生机的大地上成真,在千间广厦里发掘到千万种幸福。这是个没有凋零的时节,唯有那千帆竞发、万木逢春的新奇与激情。人们相信透蓝的晴天的夜里会有满天繁星,当年轻的母亲哼起那关于寄托的《摇篮曲》,此时"夏虫也为你沉默",梦轻佻地荡起桨,穿过康桥。

"你呀你别再关心灵魂了,那是神明的大事/你所能做的,是些小事情/诸如珍惜时间,思念母亲/静悄悄地做人,像早晨一样清白……"年少时偏爱《我是你流浪过的一个地方》里的这句诗行。不是每个人都有坦然面对平凡的勇气,在初夏遍布蒲公英的山峦、木屋、书房,哪怕你胸膛里注满逐鹿中原、一统四海的豪情,也请你耐下性子做些小事情。虽不是春耕,但立夏时节的点滴积累择日择机也会幻化成一地银白，光束累累。

  慵懒的冬日适宜闲庭信步，而立夏则要去策马赶路。经典电影《海上钢琴师》中 1900 说道："岸上的人把时间都浪费在问为什么上了。冬天刚到就等不及夏天，夏天来到又害怕冬天的降临，总是在寻找不属于你的四季如夏的世外桃源。我想这并不适合我。"眼下的夏日不要焦虑时光，从河岸吹来的风里拾撷完美的诗行。炎暑将至，雷雨增多，雨热同期的天气状况满足了植物花卉及农作物的生长需求，人体内也微妙地变化了，阳气上升，气血通畅，手脚热起来了，能量不言不语地从毛孔中钻进每个人的身体。村上春树在《舞！舞！舞！》中描述由春入夏的变化："风的气味变了，夜幕的色调变了，声音也开始带有异样的韵味。"遗憾自己没有如此诗意而纤细的文艺嗅觉，察觉这般意蕴。

  洋槐花的花苞已然挂上了树梢，树荫下的孩子们换了单衣，露出了灵活的手臂，去最高的枝上看前所未见的风景。

  "南国似暑北国春，绿秀江淮万木荫。时病时虫人撒药，忽寒忽热药搪人。"长江南北虽然纬度有异，但都和暖了起来，"农家少闲月"，大多数庄稼人更显珍惜每时每刻。可南北人的心境还是有差别的。

  北方的男人背灼天光，水乡的姑娘才试新装。

小满：日高入麦时，芽青入眼眸

小满，节气中一眼望去最讨喜而可爱的名字，不膨胀，又不失踏实充盈，看到这迷人的字眼，便觉一阵淡黄的麦香拂过你看向心上人的颦颦眼波。"物至于此，小得盈满。"作物未成熟的籽粒开始灌溉饱满，雨水也渐丰沛，小满大满江河满，于是你缄默已久的心房也被什么散着金光、说不清道不明的东西塞满了。

江浙水乡的村落里，翻车与水花碰撞的声音纠缠了千百年，还没离开农家的耳畔，衣着简朴的姑娘，挽起裤腿，踏水车翻水露出白莲藕般的脚踝，惹人爱怜。哗哗流水声，舂打油菜籽厚重的响声，蹬起丝车的缫丝声……每种声音里都有幅男耕女织的画面，每幅画面里都有种平民英雄的姿态，每种姿态里都饱含中国小农的祈愿与忧乐。被水洗了无数次，水花拍遍的水车，像永不退役的军官，惦记着往昔的功勋和明朝的归途。农业现代化飞速发展的中国，农机具的创新浪潮不曾平息，总有一天，孩子，孩子的孩子，会睁着眼睛搔着后脑勺问我们那圆形的木头家伙是什么，更快捷更高效注定是明天的新星。回望当年小满时节"祭车神"的冗长仪式，我们该如何回忆它。"以眼泪，以沉默"。

欧阳修曾为这小满时节作过绝句："夜莺啼绿柳，皓月醒长空。最爱垄头麦，迎风笑落红。"宋诗常含理学说教习气，而这首的意象却是如此的清新。麦粒渐满，正携旺盛的生命力，可落花却已不是风光无限了，但愿它不是"无情物"吧。万物繁茂的小满，人体的生理状态也处在旺盛期，暑气未到，可浮躁的狂草已爬上了你的心，愿肝火攻心的你有从拂晓来的二月春风，愿远方有让你静下去的十里荷香。

小满时节的物候是："一候苦菜秀，二候靡草死，三候小暑至。"苦菜在我国南北都有分布，清热败火，脆嫩爽口。《诗经》曰："采苦采苦，首阳之下。"可见其生长历史之久，多少挑剔娇养的蔬果都未能像苦菜一般生生不息，或许大地想长久地将这苦味留给它的子孙们，告诉他们：身上常带三分饥寒，心头存取一道苦香。至于靡草，喜阴凉，怯暑热。小满的风里多多少少有点儿蒸蒸湿湿的感觉，这便与靡草僵持不下了。再过五日，小暑的前奏将要鸣起，很快就能细嗅稻花香，"听取蛙声一片了"。

过了老人们常念叨的"五月寒"，南北温差就进一步缩小了。稻麦成熟，但国人不会称之为"大满"，只因"大满即缺"，中国的哲学智慧与人格信条也处处体现着"满招损，谦受益"，物忌全胜，事忌全美，人忌全盛。从茶不多饮到水墨留白，从食不过三到红火年画，满和余之间，国人总偏爱后者。《易经》中"亢龙有悔"所述便是过满的弊病，有时，小满才是极佳状态，像张爱玲笔下"半满的生活"，有着千丝万缕的小确幸，还时不时引起你心头的碎碎之念。

枝叶舒展，青山可期。小满时节是夏的初秀场，勃郁的情致被紧在喉头，你缩回了伸出的手，想再等一等，留最迫不及待的一切给盛夏。民谣歌手讲："青春之丧，来于你无欲之韶华，逝求你无望之山岗。"小满是属于青年人的，你们大可不必听取所谓"过来人"的真宗要义，更不必在意那些指指点点的言语，眼神坚毅的你，棱角分明的你，生命的湖畔，若"过来人"让你不要过来，难道你就真的不向前迈上一步了吗？你摇摇头，因为"你择定的前方，枯藤不再，老树开花，昏鸦拣尽寒枝筑梦天涯"。

小满的发梢，扫过太多太多的风趣婀娜。从云间到山间，从溪边到海边，无数处人间烟火，都离不开这珍贵时节里的收成。先别急着恋爱、写诗、舞蹈，不如去平整土地，勤于灌溉，学习像一颗饱满的麦子那样去成长。徐霞客言："大丈夫当朝碧海而暮苍梧。"当然，碧海有其"智者乐水"的灵性，苍梧有其凤凰非其不栖的英伟，但平凡甚至平庸的麦子穗，也能用它微利的芒点醒麻木的心。

"人生无根蒂，飘如陌上尘。"在麦熟季节还未识清去路的人们，或鸿鹄之志犹无悔，或心忧梅雨的将至。北方五月产青杏，酸、涩、苦，像极了迷茫踟蹰的青年，有着深似桃花潭水的潜力与才情。

雨季即至，人和植物一样热切地渴求着水分，麦香一来，家的距离近了，乡愁来了。中原大地还有着这种生活状态，外出务工的青壮年，五月要返乡收麦，沁透了心肺的麦香，能否填补游子体内呼呼地灌着凉风的柔肠？异乡灯红酒绿、华灯初上的风景，吸引着曾经的他们。时空流转，人事变迁。有人说物欲纵横的时代，人情冷漠，人心冷硬，可这颗心无论怎样碎裂、轰炸、膨胀、缝合，总是逃不掉热烈乡愁的羁绊。费孝通先生在《乡土中国》中阐释，"中国乡村秩序是从血缘关系和地缘关系开始的"。讨生活、讨理想的地方，无论高在庙堂，还是远在江湖，都会从成百上千次的时间缝隙中吹来小满时节独有的家乡味道。

日头高挂，东风还带不起千层麦浪，栅栏门半掩，里面住着主人深远的目光。"野棠梨密啼晚莺，海石榴红啭山鸟。"生机缤纷而至，有人偏爱在这暖暖的日子观察花草鱼虫，作上一幅工笔丹青，有人却只愿独坐幽篁，抚琴赏月，天地的模样，在于你看它的目光。

小满小满，麦粒渐满，麦儿黄、芽儿青的时光里，你胸中的宇宙又是什么样子？

芒种:梅子熟时,勿闲双手

我们常常会被曾经挚爱的、潜移默化的变化而感动,这份感动突如其来,无法回避。正月里开花的梅树在芒种时节悄悄结果,自夏朝食青梅的古风到三国曹刘青梅煮酒,论尽天下英雄。脚下时常紧张,目光只盯着前方的日子,匆匆赶路,昨日星夜,月光胜醴,仰面花开;今朝陌上,灿烈万丈,硕果累累。

一台灶火,两瓢清水,沸腾时水蒸气浸润着甜甜圆圆的青梅,梅子酸味尖厉,口感刺激,配之包容、温煦、敦厚的白水,香气袭来,似是故人渡水而过,遗世独立,不嗔不喜,低眉带笑,娓娓道来。中国人的杯子里,安放着他们的处世态度,内心锦事、生死、爱憎、得失都稳妥地搁在那普遍不到300毫升的容器里了。荣宠来时,会须一饮三百杯,大厦将倾,更有把酒问青天、邀明月的气质。高楼大厦、茅屋寒舍在畅饮者的心底自是无差的,挠你心肺、闹你柔肠的,不是外界凡物,只是那割舍不掉的舌尖味道。

生活没有"一劳永逸"一说,在芒种煮梅抚琴、焚香沐浴休闲的同时,夏收、夏种、夏培的大负荷劳动来临了。园里绿肥红瘦,田间更是满眼金灿灿的粮食香,远山荒野里有星汉灿烂,陨石一片,但空恋海市蜃楼,注定会让眼下这富饶丰腴的光景白白流走。劳作的滋味,爱之者日日下地,劳作成瘾;懒散者惰性上身,终日碌碌一果不收。"我们一无所有,只此一身青春。"手掌上永葆力量的魔法,愿它长久停歇在有志者的意念深深处,不弃不离。爱海子的诗:"今夜我遇见了世上的一切/但不会遇见你/一颗夏季最后/火红的山楂树/像一辆高大女神的自行车/像一个女孩/畏惧群山……我走过黄昏/像风吹向远处的平原……"五六月份的山楂花儿,八九朵一团簇拥着,白衣黄蕊的精灵,婉拒了夏阳编排的独角戏,一头扎进了熙熙攘攘的百花深处。

芒种的时节,暑气渐至,是时候该用"戒躁用忍"来鞭策麻木的皮囊了,为名兮,为利兮,勿亵圣贤。急功近利,追名逐利,沽名钓誉……都市人嘴上不承认却多多少少烙在身上的习气,若再碰上了让人心焦的暑气,更是百般磨人。一盆凉水,一张宣纸,一把折扇,一盘围棋,暑热将至,愿这些物件常伴君左右,带来清风惠雨。

芒种的物候是:"一候螳螂生,二候䴗始鸣,三候反舌无声。"螳螂在这阴气袭来的时节出生;伯劳鸟跳上枝头,感阴而鸣;反舌鸟却停止了阴叫。虫鸟草木对阴阳的敏锐度,出乎了人们的意料。这十五日中,鱼米之乡开始进入"黄梅时节家家雨"的画卷,雨量丰沛,气温升高。"有芒的麦子快收,有芒的稻子可种。"农耕天地播种忙,也许上天想让子民们与土地共修行,于是就偷偷阻挠了人们与阳春白雪间的浪漫爱情,花儿相继零落成泥,凋残化尘,共期来年春。《红楼梦》中说:"凡交芒种节的这日,都要设摆各色礼物,祭饯花神。"姑娘们个个打扮得"桃羞杏让,燕妒莺惭",与花神娘娘的一约既定,万山难挡。君问归期,确实有期,欲见花开好颜色,不如凝神待春风。

雄伟健硕、恬淡自守、寄情山水、八面应和……芒种时节,你又为自己的炎炎夏日种下了怎样的一种性格呢?

想到来路便徒添愁容,没有一个人的性格能够栖身于完美的精神乌托邦,渴求紫霞星光散布于自己个体演绎的幕布,呼吸着香甜的空气。还记得年少时的倔强吗?是一次次"不听劝"与"试试看"成就了你的性格,也许那个小小的你看起来笨拙愚蠢、痴痴傻傻……回头看,沧海桑田,任何人都可以对那个关于你的故事付之一笑，但唯独你不能。若有来世，不要骄傲地如此来过。命运之神将凡人的性格别有用心地装进了千篇一律的水晶罐，人海茫茫，两两相忘。但属于你的那份一定会用你不知道的方式招摇着入你眼帘，让你蓦然回首，惊喜发现，一头扎进那独一无二的世界。锈迹斑斑也好，泪痕阑干也罢，鸥翔鱼游也好，家徒四壁也罢，捧着这份庄重，你一定甘之若饴。

白昼如焚，"大江两岸麦收忙"；黑夜孤寂，我们踏过夏夜星河，"凌波微步，罗袜生尘"。无论日夜，片刻闲下来的人们，或思虑前途，或缅怀青春，或惦念双亲，或亲吻爱人。太多的挣扎与残忍如麦芒扎手，又有太多的温暖与永恒如麦香扑面。天气刚刚好，该去爱一个人。夏夜你轻摇篮，给女儿讲童话里王子公主的理想典型爱情，小小的她被倦意打败，酣香睡去，而你口中念着城堡里的鲜花青草上的情节，心中想起另一个人。我要你想起我的时候，眼角不皱起一丝纹；我想你想起我的时候，一定是在万里无云、燕莺争鸣的艳阳天。我的爱人，生命如此险难，时间的白马疾驰而过踏平川，多看我一眼吧，记得我丑陋的瞳孔里你年轻的唇。

劳有所得，逸有所欢，芒种时节，愿你有沉甸甸的收获、义无反顾的耕耘，和青梅树下踮起脚就能触及的爱恋。

夏至：辜负美景不如虚度良辰

这天，太阳到达北回归线，中国人开始了白昼最长的一天。好像整个人都放肆了起来，松懈起来了。丝竹交响，觥筹交错，放下踯躅不断的顾忌，大把时光在握，何必时时戚戚于胸？不如任性一回，驾小舟从此逝，任江海寄余生。

王尔德讲："世界上有两种悲剧，一种是求之不得，一种是得偿所愿。"夏至日，信奉"禹寸陶分"的惜时人士终于有了大把软泥般任其捏塑的光阴。去就着油灯皓首穷经？还是伐竹取道、格物致知，抑或捧着经书修习密宗要义？充实的创造固然是好，但还有种乐趣是停下双手，驻足嗅花，做些无用事。骑白鹿访名山，看野渡无人舟自横，问燕子横空，佳人何在？望旧都城春草木深，寒江独钓，闲敲棋子……当真无用？答案自在人心。

长江中下游的梅雨到来，心中的苔藓泛出晦涩的酸味，一桌麻将也治不好。一直干不了的衣物让人看了心头总是明媚不起来。红尘之外，长河尽头，都不必追寻了，没有你想要的天堂。湿热天气，故人相逢，把酒言欢，散后，再各自不快去。一场对流暴雨在午后如约而至，"东边日出西边雨，道是无情却有情"。一阵清凉之后，暝色四合，温顺的禅灯在山洞中青光闪烁，张开翼臂，飞进都市嘈杂的烟火里去。

日光长，不妨多走走看看。杨柳青，海上月，黄昏后，钟鼓楼……少年难免多情，泪水总是说来就来，又绝不带着温热而去。

无人问津的孤舟里,我们乞求友伴;烟云缭绕的巷道中,我们又呐喊着自由。红颜眼角被岁月签了名,"最是人间留不住,朱颜辞镜花辞树"。冰山融化,磐石转移,唯有这能量满满的时令,这座九死不悔的灵魂神庙,永恒地屹立。因为深信它根深干硕,所以从不担心摇摇欲坠。

  物候又一次转换:"一候鹿角解,二候蝉始鸣,三候半夏生。"鹿角开始脱落,枝间蝉鸣愈明显、聒噪,东北、华北的植物半夏受阴气滋养而生长。"洛下麦秋月,江南梅雨天。"长江南北气温普遍升高,温差逐渐缩小了。东南风吹走了嫩绿的林间元素,枝、叶、茎都成了浓郁的深墨绿色,让人看了肃穆、安稳,又不失热情。时不我予的停留、角逐、寻找……似乎都离不开日光,夏至日阳光明媚,日照时数长,万物崇拜的一天,草木蔓发,蓄势蒸腾,一眼望去"绿筠尚含粉,圆荷始散芳"。

  "好的葡萄酒证明上帝希望我们幸福。"简单易得的小确幸即将发生,他们锋芒不露,他们懂得慈悲,他们有诗里的意象与感情,他们没有主义,不信神明,抬头挺胸如高卢雄鸡的骄傲,走进我们的命运里。人们往往会下意识地惦记久远的故乡、童年、爱人。夏至时节的某天,也许听厌了虫鸣的你,会躺在藤编的摇椅上,想象那些穿棉衣的流年。夏夜的明月光化成初雪,潺潺溪泉也成冰河,热一壶酒,燃一炉炭,摊开白天因火气上身而读不下去的书,叹:冰雪聪明一卷中。云雀飞过窗帷,羽毛花色模模糊糊,紫罗兰对夜来香生起了妒意,翅膀轻薄透明的绿色虫儿绕着你的烛台,不厌其烦,乐在其中。

  请你浪费些好年华,千万千万,不要吝啬它。在夏至时节去尝遍后海的烈酒,去吹遍外滩的江风,去点壶普洱听评书相声,去椰风清凉的海岛冲浪,去和哈萨克族的同胞坐在草原上,歌颂太阳……激流勇进久了,当去温习下"小楫轻舟,梦入芙蓉浦"的温软甜美。

人人的匆忙与伤痕筑造了时代与文明,鸢飞戾天者,经纶世务者,难免都携着些无奈的怨气与灰烬。吃些清水煮菜,赤脚接触大地,愿在这夏至日的休闲中,能够"久在樊笼里,复得返自然"。

　　夏至火热,体肌温热难免心生不明火,中医提倡在夏至时节侧重养心、凝神屏气,举手投足间每个细胞都渴求静下来、凉下来。风挟着蒸笼雾气般的温度,叶的表面同样热胀,无路可走的人不是没有好去处,昔日冷冰冰的建筑依旧初心不改、不易容貌,古风弥漫的雕梁画栋下,静若处子的纯白大理石雕塑旁,现代化的高楼广厦间,还有着形态万千自命不凡的亭台楼阁。一袭布裙,坐在心仪的建筑中,感受隐隐的凉气入骨,又像在和这木、石、砖块对话。果戈理讲:"当歌声和传说都缄默的时候,建筑还在说话。"战火与灾害的打扰让一切顿失滔滔,可这也没能惊扰建筑成百上千年的酣梦,愈是最低姿态,愈是最持久。从建筑身上思考狭义的永恒,应自有三分通透。

　　接天莲叶无穷碧没来,那好,就栖身在绿荫两岸市人家;不在,那好,便只顾赏杨柳青春江水平;消失,那好,美景不一定都要工笔描摹、原浆装裱,年年岁岁悬挂于大堂且每每赞叹;良辰也并非要"三更灯火五更鸡"地研习经典、点校作注。不如活在生活的缝隙里,羊肠小道,信马由缰,重新定义男儿心头的"志在四方"。

小暑：乐山乐水乐夏趣

人们就是这样，时间越是紧张越是孜孜于焦虑，而当日光一长，便松懈下来，变着法儿找着打发时间的事儿做，乐从中来，趣从中来。大抵只有闲适消暑的夏日，才能听见内心小小的、簇拥一片的花的落地之声。

太多太多趣事可以将夏日托付，《菜根谭》中陈列了不少逸事：临游而弹，竹涧焚香，登峰远眺，坐看云起，松亭试泉，曲水流觞，烟波钓叟，蓬床高卧，妙不可言。素琴金经，棋牌麻将；铁观音，冰啤酒；一卷竹简，一把瓜子……各有各的意致，若非为此争执个高下，才是真的不解风情。

芦苇荡漾的湿地，小野鸭姜橙色的嘴上沾上了带着碎杆的淤泥，身上却是一身白，寻寻觅觅，好像纯粹得没有一丝不如意。漂泊的人生该是羡慕这群野鸭的，探探头便是茉莉花，平静、恬淡摆在眼前，困有暖草窝，热了就一头扎进清凉。

辗转反侧、彻夜不眠时，不如放下让你劳心劳形的事、让你摧心摧肝的人，听虫儿鸣，渐渐松开你紧张的双手。

萨冈说：所有漂泊的人生都梦想着平静、童年、杜鹃花，正如所有平静的人生都幻想伏特加、乐队和醉生梦死。站在向日葵花海里，奔跑不停，不满足这平凡热情的金黄，唯愿邂逅诗句里描述的银河，然后失意，然后回头，终于没有恒星以你为名，坐在木凳上嗑着瓜子，说它香，说它美味，感慨它是最好的。秦淮河的画船里，风流无数,可当万籁俱寂,灯红柳绿都易了容貌、褪了颜色之后,多少鹅黄抹去、云鬟梳直,才开始羡慕茅屋寒舍里樵夫织妇的幸福。

小暑的物候是:"一候温风至,二候蟋蟀居宇,三候鹰始鸷。"风好像到了日落之后才变得清爽,之前的感觉全是湿与热,像是吹过来就要粘在皮肤上;蟋蟀离开了炎热的田野,机灵地找到了阴凉的去处;雄健的鹰拓展向高空更加清凉的气层。好像草木虫鱼都在回避暑气,各有各的聪慧和狡黠。勿大喜大怒,勿让急火攻心,中医讲求暑至后调养心神。

入伏后,避暑养心。老人们讲:"冬不坐石,夏不坐木。"树木在季风区风刮雨淋,阴气未散尽又是一场暴雨,湿气若侵入肌体,风湿病说不定会惹上身来。

江淮六月节,进入了出梅入伏的特殊时期。盛夏开始,农作物不顾一切地疯狂生长,池塘亦然,"月明船笛参差起,风定池莲自在香",在满目的十里荷花面前,万卉皆为客。藕花深处,蜻蜓几只,小楫轻舟的烟雨江南,世人自比圣贤雅士,爱莲惜莲,膜拜其佛性,艳羡其高洁,钦佩其谦逊。过江采芙蓉多于兰泽的芳草,远道上的所思之人,我惦念着你,而你的乡愁中是否有一丝一缕、一纤一毫是因我而起?不求做你心头的白莲,但使愿无违。"五月鸣蜩,六月精阳,七月流火,八月未央。"四季的游走从不刻意留恋哪一种植物,而大多数植物都在崇拜着太阳,愿做倾心月光的夜来香,个性、自我、不拘一格地呼吸。花气熏人欲破禅,荷花的香从来都是清幽着迷倒古今世人。泰戈尔讲:"我相信我自己/生来如同璀璨的夏日之花/不凋不败,妖冶如火……"不仅是对强大的生命力的歌颂,更是为自己的精神模式、自我品格树立了好的意义。关于莲,太多的偏爱讲述不完"水面清圆,一一风荷举"的清高、"最喜小儿无赖,溪头卧剥莲蓬"的乐趣。

望着火烧云,衣袂边拂过热浪,智者不会心生一丝躁动,他们知道如若可以及时调整自己,严寒化梅,酷暑成雨,任何境遇都能得心应手,应付自如。可谓:"沧浪之水清兮,可以濯吾缨;沧浪之水浊兮,可以濯吾足。"莞尔一笑、鼓枻而去的渔夫独知其中奥义。政治风气、社会环境、天气冷暖……一切外境之变都需要自我审时度势再顺风而行、为我所用,只要你打定了主意,不摇初心。

  轰轰烈烈的爱情之甜,揭竿而起的信仰之战,在大的风浪后都会归于平淡。无疾而终的事宛若萤火,半潜伏土与烂竹根蛹化成虫,"季夏三月,腐草为萤"。绿色的小眼睛闪闪的,无声无息开解你的心锁。云等着青天来抱它,清水在淘瓶,岁月选择饶过我们,给我们波涛汹涌后的一马平川。也愿你饶过自己,眉宇间孕育着浩然气,脚下一阵快哉风。

  "小暑大暑,上蒸下煮。"点燃沉香,托起裙摆,赤着脚去草坪上听圆舞曲,身边的雕塑瞬时有了脉搏,一跳一跳的,像用摩斯电码讲述《一千零一夜》。

  这时灯灭了,昙花绽放。

大暑:极热生极乐

大暑,夏日的最后一个节气,湿润、高温难免会让人生出些负面情绪。弄堂里晾衣物的妇女口中嘟囔不停,黄棕毛色的小狗贴在青石板上,工作了一天的绅士急不可耐地回到家,脱下漆黑的皮鞋。池塘那头,一片菡萏,十里清香。午后的对流雨如期而至。雨水一天,心头的憋闷、恼怒、不明火顺理成章地去了七分。

蝉鸣蛙叫,鸟雀呼晴,水稻疯狂生长,棉花掺杂着絮状的纤维,好像一场自然界的大爆炸,释放出恣肆的红、热烈的黄、不可一世又锋芒毕露的各种绿。高温的日子,是大地的宠儿,也是人间的弃儿,人们消暑避暑,绞尽脑汁追求身体体感的舒适。台湾的凤梨熟了,甜蜜的口味,像一个清凉的吻。体格大的水果似乎天生就是用来分享的,家人在一起饮食、纳凉……发泄怒火又慰藉灵魂,一丝丝食盐微咸作为前奏,由甜蜜带来的官商角微羽的丝竹民乐呼啸而来。醉醺醺的冷街道、暖阳阳的办公桌,或迷幻,或励志,但都抵不过家庭的意义。神奇的血缘通过隐形的血管念着云中锦书,爱悄悄升温,家人是上帝包办的灵魂伴侣,或许不那么懂你心事,但一定知你冷暖。

被称为农业重要因素的水与土在大暑便渐近饱和,农家期待的"土厚水深"终是来了。田地充分接收着大量的阳光和丰沛的雨水,作物的生长环境一次次改良,等着更好的东西从地里冒出来。《阅微草堂笔记》中说:"平沙万顷中,留粒草子,见雨即芽。"人类拥有太多太精致的文明,拥有太柔太纤细的心思,这一世百年,看人眼色,顾及颜面,行事功利,难戒浮躁……思无邪的时代钟声遥远,不知"师造化"的麻木灵魂比比皆是。有时候,人真的敌不过一株草,置根土里祈雨露,不动声色、无牵无挂地生长,"娇贵"一词从来不用来形容它,世人只为那旺盛的生命力倾倒。

　　大暑时节,诗人多爱关注其夜晚,夜空不像秋日那样高远,深蓝色的亲切感裹挟着虫儿的鸣叫来到你的庭院深处。蟋蟀在这时节长大,少数好品相的它们被请进清朝子弟游手好闲、以此取乐的盅里。斗蟋蟀的游戏活动由来已久,小小的生命能带来迷人的乐趣,这是人的智慧,更是夏日的馈赠。回观夏夜,皓空如镜,星辰迷离,是最接近仙境的所在。"天阶夜色凉如水,坐看牵牛织女星。"不单单满足审美,更是对空灵朦胧爱情的寄托,神仙眷侣有鹊桥,平凡夫妻也有这夏夜繁星。塞万提斯言:"爱和死有一点相同,不论帝王的高堂大殿,或牧人的茅屋寒舍,它都闯进去。"激情在前头铺张,平庸在未来候场,夏日的爱恋不同寻常,烈阳暴雨,忽冷忽热,"金风玉露一相逢,便胜却,人间无数",拒绝着所有人,又引诱着年轻的生命。侠客快意恩仇的作风注进了激情夏日,雨又来了,心房的木块后又积了些霉菌;天又阴了,南边天空乌云排浪,"大暑连天阴,遍地出黄金"。中国人信奉的"否极泰来"到处适用,拆解一句冰心先生的话:夏日中"足够的云翳"会在你小心翼翼的生命中"造成个美妙的黄昏"。

　　大暑的物候是:"一候腐草为萤,二候土润溽暑,三候大雨时行。"陆生的萤火虫破卵而出,天气变闷热,土地变潮湿,大雷雨天气将会出现。三候将完之际,暑闷渐渐退去,去湖边走走,是否有那么一霎,你开始想象遥远又熟识的秋风,又惧怕银装素裹的隆冬。林逋在湖边隐居时感叹"吾志之所适,非室家也,非功名富贵也,只觉青山绿水与我情相宜"。多令人艳羡的心境,有人碌碌一生也不曾寻到相知相宜的投情之处,精神流浪,食不果腹,可幸运儿似是先知先觉,钟情一方,九死不悔。

"此时避炎热,清樽独未空。"灼灼岁序,若能把酒言欢,身上的不适也能舒解一二了。季风区漫长的夏日将要告一段落,来年再赴新约,就趁着荷花未凋零时再与往事干杯,明朝继续风雨兼程。

我国夏季各地温差小,南北方普遍高温,可这样的天气还是有人忙碌着,子曰:"道千乘之国,敬事而信,节用而爱人,使民以时。""素其位而行,不愿乎其外。"将敬业摆在了第一位置。《饮冰室合集》中说:"敬业则是责任心。"敬业在社会主义核心价值观中也有一席之地,民族事业归根结底依赖于民族品质。大暑时节,无论田间地头还是写字楼里,奔忙的身影都在一点点将敬业更加深刻地嵌进民族品格。

《罗马书》告诉信徒:"在指望中要喜乐,在患难中要忍耐。"金色的指望,凉丝丝的指望,希冀飞来,花瓣高洒,清水扑面,秋意站在时间之河的一畔,驾一叶扁舟绰约而来。

年年有夏季,但每个人心头都有个特殊的夏季,藏着一段无疾而终的暗恋,洒满年少稚嫩画笔下的诗句。长笛鸣,月儿升,我知道你胸中憋闷,还是摇摇头,劝你留着最好的不悦。

立秋：我见初秋多妩媚

一天你翻开日历，烫金的字体显示已然入秋，朱红的信印还遗存着夏日的颜色，窗外的树啊草啊依旧油绿得像打了蜡。你摇摇头浅笑：纳闷儿，怎么就立秋了呢？

人间将立秋后仍然高温不下的天气唤作"秋老虎"，燥热来势汹汹似虎，高温绵长畏人似虎……可尽管如此还不得不信服时令的奥义。暑气未尽，凉风时至，早晚与中午温差愈大，激情澎湃的、争奇斗艳的灯火都熄下来，伫立在深宅门口，望着天，等第一场秋雨到来。

花丛里的野玫瑰枯萎，街道旁有着铜枝铁干的梧桐也开始神色低垂。在我国大量分布的梧桐集万千宠爱于一身，被视为引来凤凰的神木，《诗经》中说："凤凰鸣矣，于彼高冈。梧桐生矣，于彼朝阳。菶菶萋萋，雍雍喈喈。"合目冥想，鸟兽草木如此和谐、欢畅，纵"识得愁滋味"，也想叹"却道天凉好个秋"。一叶之落，秋之始，浪漫的符号，承载着地神的能量和文明的兴亡，一代代生生不息，情意绵长。

农家相信：立秋若是个百里挑一的艳阳天，接下来的一年必能过上风调雨顺的好日子。这样一来，立秋也有了盼头。生活总要有盼头，不咸不淡的日子才能不痛不痒地走下去，纵使困顿的你不知不觉，但岁月总记得。人活着，只有自己成全自己。中国人更爱为自己备下一份美丽的盼望：女婴降生，埋下一坛好酒，等少女初长成，等新窖变成陈酿；顶热的三伏天，调上一缸西瓜酱，等风雪掩门扉，小厨炊火加热，回味夏天的味道。立秋看似意味着流逝、分离与凋零，可若你愿意聆听它的心跳，你会发现，怦怦的力量下藏着重逢、新生与沸腾。

立秋的物候是："一候凉风至，二候白露降，三候寒蝉鸣。"丝丝凉风入夜，气温下降，睡意朦胧的你不自觉地将被角掖好。"寒蝉凄切，对长亭晚，骤雨初歇。"不知七郎可曾真的见过寒蝉，还是只听那叫声有些许像心境的变化，便称之为"寒蝉"了？立秋后，中医讲求进补，夏日炎热夺去了胃口，秋风一刮却都一并回来了。食欲渐开，胃口大增，不如遂了自己所愿，也正好补了夏季的亏空，还肚子一个人情。

秋雨来袭，贪凉的心态被抹去，脑海中只有母亲叮咛的"一场秋雨一场寒"。枝叶被雨滴拍进泥土，纹理不变，心神不散，更育来者。暗金色的老留声机还在替黑胶过活，有风有月，可你不愿这丝竹乱耳，只想听雨眠。时紧时稀，点点滴滴敲人心扉，《山居秋暝》曰："空山新雨后，天气晚来秋。明月松间照，清泉石上流。"山色深处坐落着听雨咏松人灵魂的庙宇，遗世独立，眉眼清扬。

达·芬奇有句话："你只要尝试过飞，日后走路时也会仰望天空。因为那是你曾到过，并渴望回去的地方。"曾在秋日的湖畔滑翔，天高云淡，大朵大朵的纯白云彩走来牵我的手，秋日晴空，一旦你来过，它便永恒地睡在你人生的月亮船上。翚翚摇曳，南飞雁来，东流水来，都挤不过秋日晴空在心底的位置，它高高在上，寡言少语。红叶寒鸦的韵味将要取代满池莲花的妖娆，临安词中"红藕香残玉簟秋。轻解罗裳，独上兰舟"的美较之"争渡，争渡，惊起一滩鸥鹭"，更多了情丝与韵味，伤情之秋，相思之秋，兰舟轻发，小楼独倚，只为一人饮酒一人醉。

田地里不知为何蛙声少了许多，夏虫似乎真的为你沉默。《秋声赋》讲道："童子曰'星月皎洁，明河在天，四无人声，声在树间'。"

树叶密翠沙沙作响,风儿嬉戏其间,自得其乐。赋中极言天地严凝之气,无情之物尚有衰败零落之时,那么当我们煎熬、挣扎、撕心裂肺、痛若涅槃之时,又何必捶胸怨叹呢?反省自身,追求超脱,这般心境才配得上一路驰骋的修行。

　　休憩自在的秋日,奔忙之余真的适宜户外运动,去魁北克撷一叶红枫夹进厚重的字典,去布拉格老城间的草坪上坐着,去挪威的咖啡屋里寄明信片,去体验未知,向地图诉尽衷肠。秋日的邂逅清甜迷人,像老电影《卡萨布兰卡》中所说的:"全世界有那么多的城镇,有那么多的酒吧……可她偏走进了我这家。"爱神也醉心于在懵懂的季节成全佳话。果实尚未熟透,看起来像是成熟,里头却青涩得很,只有过来人才明白,爱情之海中冲浪已久的风尘儿女如老果农一样,看着初秋的爱与果实,摇摇头,叹一句:不到时候。

　　秋凉不足挂齿,秋色不够妖惑,秋水尚不含情,秋思未到佳节。一切趋向成熟,又远远不到火候,妩媚就在此处,夏梦坠落的声音正好衔接了那秋日古筝上第一根拨弄的弦。

处暑:溽暑去,秋凉来

处者,出也。时节到了处暑,便真真正正凉下来了。我们往往明知道降温却偏不添衣,要自己的每个毛孔和每寸皮肤都亲自试试秋高气爽的滋味,就像在冬天的炉火中披着羊毛毯打盹的你,听说下雪了,就偏要走到窗子旁,亲眼证实那一片茫茫景致。

"秋风起,云的回乡曲。"一路匆忙的风吹过院墙,使得地上的杂枝碎屑不停打转,心头刮过一阵肃穆的凄凉。"沙场秋点兵"凄楚、庄严的情趣涌进胸膛,脚步都小心翼翼的,怕惊扰了帝王枕上的酣梦。风儿吹,盼郎归,思想深处的风铃摇晃,叮叮当当,弄乱了远游人早已盘算好的行程,痴痴出神望断东流溪水,莼羹鲈脍的情意溢出心头。"洛阳城里见秋风,欲作家书意万重。"一纸情深,一封信只给一家人看,也只有家里人才懂得"此中有真意",懂得"家书抵万金",望珍重,祝健康,勿惦念……字字总是游子泪。

处暑的物候是:"一候鹰乃祭鸟,二候天地始肃,三候禾乃登。"搏击长空的鹰开始捕鸟进食,鹰被视为凶猛、机警的象征,美国人更是爱其不朽之自由;天地间的草木花卉开始凋零,有心的孩子拾了花瓣,用石锤去其中汁液,夹进厚重的《辞海》,来年再翻开时,便能惊艳于那清晰倾心的脉络了;谷物趋向成熟,五谷丰登将从祝愿走进现实了。

处暑的傍晚,天刚刚擦黑,水乡的人们来到河边,将准备好的烛台和纸船组装好,目色温柔地放河灯。"拔人于困,谓之慈;授人以乐,谓之悲。"放河灯本就是一种慈悲满满的活动,为了普度落水鬼,为了起度游荡的鬼魂。佛家讲:"福不唐捐。"胡适先生也讲"功不唐捐"。善念信力是不会白白无意义的,皇天后土不会辜负,各路神灵不会辜负,就算没有达到立竿见影的功效,日后自己想起来,胸腔里也会觉得被热热的不明状物塞满了。

河上有河上的故事,海边也有海边的名字。大红绸缎已经系上了渔船,渔民们休闲了多日,终于迎来开渔节,伏期的海域下鱼类繁殖生长,渔民便遵从着休渔制度。"数罟不入洿池,鱼鳖不可胜食也。"这是自古以来人们和大海之间的默契,休戚与共,生生不息。搭着渔船、唱着渔歌出海,眼前尽是翠色的生气,盈盈然,欣欣然,"万类霜天竞自由",把握当下,岂不妙哉?

医学认为进入秋天,人的机体便进入一个周期性的休整阶段,心血管负担缓解,水盐代谢平衡,然而却生出"疲惫感",百姓管其叫作"秋乏"。秋日干燥,应多补水调养,加之深度睡眠。伏尔泰讲:"上帝为了补偿人间诸般烦恼事,给了我们希望和睡眠。"秋阳暴烈、久晴少雨的日子,不如小憩一下,把负能量释放进午间梦乡。

学生们最早在课本上接触"秋"这一汉字时,多半是配以硕果累累、一片金黄的插画。枣儿泛红,秋梨甘甜,柿子成熟,挂满枝头。中国百姓偏爱柿子这种果实,北宋张仲殊赞柿子:"味过华林芳蒂,色兼阳井沈朱。轻匀绛蜡裹团酥。不比人间甘露。"寻常人家庭院中也会栽种此树,美意为"柿柿(事事)平安"。这样一来,再看这碧叶丹果,似是明丽了三分,再尝一口,其中的涩味口感也全然不在了。

"暑将退伏而潜处。"季节轮回,春种、秋收,还记得春日种下的理想吗,就是那种诱惑力极强、执行力时变,又使人人拥有创造奋斗的冲劲与永恒的幸福感的东西。《楚辞》中一句"吾不能变心而从俗兮,固将愁苦而终穷"点破了无数追梦心迹。无论是拥抱它、握紧它,任物欲覆盖、新价值观清洗,还是现实碾压,都请你在秋凉中也要摆正一颗中正的心,红得就像早春三月你亲自摘下的樱桃。

世人常用一些平和无奇的词形容秋叶:静美、肃穆、遗世独立、在水一方。其壮阔与强大亦不可忽视。翩翩而下,为什么要理解成无限的眷恋与不舍呢?我委身于你褐黄色的力量,我的绿放大了你的威严,我变黄,我变干,我跪下祈祷路过的风,吹落我吧,让我挣脱、飞扬……不要闪电雨夜,不要等到霜降。我瞥见根旁的同伴,嫉妒无法遏制,仇恨无法和解,它们和我"寤寐思服"的黄土交媾。不能忘却,不能原谅,我还在等,等一次直截了当的爱恋,等英雄主义这四个字刻在我的墓志铭上。

你坐在不高不矮的山岗,南方的天际似有似无的微紫色吸引着北方的星辰,城市热闹欢腾着睡着了,昨天一个踉跄步子,跌进深渊,只有河水忠诚向东,你装作洞悉它的疲惫又疑惑那永动能,风盖过来,你的白发吹得纷乱。

这是处暑独有的夜。

再过几日的这个时候,明察秋毫的你,应掬出黑色金属钢笔,为"露凝而白"的现象写诗了。

白露：你清澈而神秘

秋季是造物主给大地冥想的时间。想念一个人，解开一个谜，或是叹"昼短苦夜长，何不秉烛游"？疑难与困惑挟来了坏情绪，它们最擅长扰你心神，陪你辗转过夜。而到了清晨的窗前，剔透微小的露珠已含着微笑挂上枝丫，圆圆的让你爱而止步，小小的让你渴望呵护。于是一些说不清道不明的思绪泯灭了，你大吸一口气，忽觉自己"生如蚁而美如神"。

原来人的思想真的有放大现象，就像秋色未浓的节气里，看见露珠便开始思念海洋，光脚站在木栈道上，想跳，想走动，想忘掉远方。棕榈树在秋日下泛黄，竟弄不清是真的枯了、黄了，还是沾上了阳光的颜色。顺着一枝棕榈叶所指的方向望去，晴空高高，渐生惆怅，"我有所念人，隔在远远乡"。心上人情意是否在山长水远间有减无增，是否浮云真的遮蔽了白日？面对夕阳、秋河，小心思也可爱了起来，忧愁不作声，"盈盈一水间，脉脉不得语"。

天气转凉，秋风紧了，不似春风不疾不徐，吹皱一池春水。秋风的力气能将荷塘吹得颓唐，残荷早不复往昔"一一风荷举"的清丽，自是一派"红藕香残玉簟秋"的落寞优雅了。风起，尘起，云起，吹走我的声音、你的回响。温良气象被躁动弄乱，方向还是方向，只是经了风的触动，也凭空生了些杂念罢了。

白露节气的物候是："一候鸿雁来，二候玄鸟归，三候群鸟养羞。"鸿雁带着锦书归来，玄鸟也回到南方避寒。百鸟都开始贮藏粮食过冬,物候极言鸟类在白露时节的动向,树间云上的精灵机警而敏感,为了生命的保障与繁衍,开始长途迁徙、盘算谷物,计之深远,生生不息。清晨的露水洁净无瑕,让人透过寒枝恍恍惚惚间看到了蒹葭美人,遗世独立,惊鸿一瞥,"最是那一低头的温柔"。秋水之滨,河水静静地流动,淌过圆滚笨拙的石。心中的塞纳河畔左岸温软,右岸冷硬,秋天,只想在左岸栖息莎士比亚书店,让浅浅日光透过绿皮铁门框照在烫金箔装的书本上,但愿醉在其中,滞在此刻。

《月夜忆舍弟》的经典总在白露时节反复吟咏,妇孺传唱:"戍鼓断人行,边秋一雁声。露从今夜白,月是故乡明。"战争离乱的年代和繁荣稳定的时期,我们都割舍不断由亲情引发的杳远相思。"人生无根蒂,飘如陌上尘。"而正是家人,让我们不再漂泊流浪,有了温情真切的根。无论你是快乐的游侠骑士,还是延宕的王子,家给你的无形的拴缚,甜蜜幸福、唯唯诺诺地怕你走远。

丰收仍未停下脚步,杨梅、柑橘、枇杷也纷纷被淘洗干净,摆上了厅堂的木桌。世人皆爱娇好的容颜、恭良的心性,因而也视杨梅为美人,"玉肌半醉红生粟,墨晕微深染紫裳",酸甜可口,老少皆宜。生产力与农业科技发展的今天,无论淮南淮北,柑橘都甜得相差无几了。"忆得霜柑分我,应自有、浓香喷手。"萧瑟微冷的季节,手里捧着霜柑,明媚的橙色像是亮了起来,化身一盏小橘灯,暖意袭人。枇杷开花,开始积攒"四时之气",亭亭如盖,每一颗都像是所爱的人手植之树结出的果子。果实是惯会用甘甜来安慰人的,只是有些甜在舌尖流过时,顺带着会让人心生思念罢了。

在南方的一些地区,还保留着白露时节饮清茶、喝米酒的习惯。春茶喝了两季,存货不多,这时白露茶登场了。秋茶有独特的成熟美,不嫩,不涩,后味醇厚。米酒圆子这道汤品更是火遍大江南北,成了经典。"幽僻处少有人行,点苍苔白露冷冷"的时节,有一苦一甜两味在侧相伴,温馨自得,依依的烟火气,烧热了游子的心肠。春去秋来,时节推移,味道变化,可景致一如从前,美丽有两种,各带神采,所以诗人也说:"随意春芳歇,王孙自可留。"

古人言"多事之秋",秋日兴兵事,不违农时。"春耕秋战"自是其时,辛词中清奇悲壮的《破阵子》中也言"沙场秋点兵""塞下秋来风景异"。将士征夫的秋最是难熬,多有肃杀与荒凉,人看多了这些,心也许会硬起来,会像牢固的铁块。民间也常说"秋后算账",行刑时"秋后问斩",亏与欠,罪与罚,争讨与相争,都在这时发生了。"衰荷半倾倒,烟波白浩浩",瑟瑟之气氛,做这些事宜,也称得上应景。

从前读《别的声音,别的房间》,将这段话抄在了本子上:"真正被爱的人在爱人眼里是绽放的丁香、航船渔火、学校铃声、山水风景、难以忘怀的谈话、朋友、孩子的周日、消逝的声音、最心爱的衣服、秋天和所有的季节。"在秋天所有的季节里,在缤纷若星辰的美好事物之中,白露无疑是"有美一人,婉如清扬"。在云滚滚而去的地方,在潮头腾勃而退的地方,在市井,在高堂,在宫殿,在陋巷……它都是素面朝天,身心从容地向我们生存的世界走来,伴着轻且柔的琴声。

秋分：深情最是中秋月

大师米开朗基罗谈雕塑时说："我在大理石中看见天使，于是我不停地雕刻，直至使他自由。"于万千物象中，国人也总能嗅到秋分时节最多情的意象，拨开铅华，抖落灰尘，弄破了手也要将其掘出来，又疼又累，可对着如练如醴的月色，还是甘之如饴。

一场秋雨一场寒，场场秋雨裹挟着树叶与桂花瓣缤纷而下，小小的黄花儿簇拥着，你哝我哝，叽叽喳喳，像在乐赏一桩风流逸事，又像说出了终没守住的秘密。柳七《望海潮》中写"三秋桂子，十里荷花"，极言瑰丽浓郁；李清照词中却偏爱其清且纯："暗淡轻黄体性柔，情疏迹远只香留。"古人爱桂，不见它时欲寻觅它，于是写了"山寺月中寻桂子"；寻见它时欲留住它，于是有了"援北斗兮酌桂浆"。迟迟未开的桂花，更是披上了值得期盼的爱恋、值得等待的幸福与值得沉潜的成功这样的轻纱。现代作家郁达夫在《迟桂花》中也告人告己："桂花开得愈迟愈好，因为开得迟，所以经得日子久。"

秋分的农家景象，让人看得心里温暖发烫。棉花大口吐絮，白色的温柔饱起来，满涨起来。烟叶由绿变黄，是采摘的好时候。华北平原播种冬麦，又一季的奔劳开启。甜枣满仓，石榴也红，成熟的一切一切还在持续发酵。再过不久，新棉花要被弹得蓬松，钻入新被窝，热腾腾的枣馍香甜，石榴剥子入白瓷碗，红白分明，如唐代美人白皙的脸庞上绛唇一点。蟹肥菊黄的中秋，一笼蒸蟹，一碟姜汁醋，一盏菊花酒，足以美美果腹。秋凉渐入夜，行人添衣裳，无处取暖、心火微弱时，美食总会应声而来，温驯不张扬地填满心房。

秋分的物候是："一候雷始收声，二候蛰虫坯户，三候水始涸。"阴气兴盛，雷电希声，蛰虫们大都藏入穴中，细土掩着洞穴，防止寒气侵入。沼泽、水洼等小湿地开始干涸，干燥冷肃的秋幕降临。老人常劝儿女在秋季多饮水，不无道理，唯有体内清润，才能与外部环境和谐，从而神志安宁，静心养身。

"明月何皎皎，照我罗床帏。"赏月的一番热闹、喧嚣归隐后，你酒足饭饱，心底是否猛然钻出一个人呢？撕心裂肺的长相思也好，浅浅淡淡的小惦记也好，是这种如云如雾不明了、如镜如花不真切的情愫，证实着我们明了、真切地活过，不孤独，不麻木，有胆量，有热爱，一具骸骨怎能发出"乱我心曲"的奏鸣？活着，就要点头笑看中秋的月亮。不好意思"起舞弄清影"，便"低头思故乡"，问一句："此生此夜不长好，明月明年何处看？"叹一声："明月出天山，苍茫云海间。"博大的襟怀往往能免了小家子气的愁苦，但多了更多举棋不定的踟躇。你的眼中即使装了日月之行、星汉灿烂，但还是渴求在此时看一眼家乡的早晨。温暖是相互的，爱亦是相互的，从星球与星球间，到针与线间，相互作用从不停歇。你恋我，我亦恋你，你匍匐过林海雪原，掏出心肝温暖我的骨身，我也能下五洋漂流，打湿帆与桨，送上我那被好望角的太阳晒干的心。终归一句话："若似月轮终皎洁，不辞冰雪为卿热。"

农谚讲："八月十五云遮月，正月十五雪打灯。"一叶知秋，天渐冷，窗栏下的娃娃又开始憧憬雪花了。老留声机里咿咿呀呀的梅腔不停："乾坤分外明，皓月当空。"凉凉的空气，袖口总先与它接触，皮肤敏感起来，该添衣物了，作家林清玄的慈母信中的"天寒露重，望君珍重"，言简情深，断人心肠。莎士比亚的剧中说："真爱无坦途。"是啊！所念所爱之人，总在远远乡。宽恕十八岁的少女没有"丈夫志四海，万里犹比邻"的气魄，只能让思念的泉不含杂质。

告别,是秋天的信条。悲怆、悄悄、磊落、静穆……就这样朝着极点长奔而去,没有扭扭捏捏、拖泥带水,而是一头扎进欢送的舞曲。

舒婷的《中秋夜》写道:"道路已经抉择,没有蔷薇花,并不曾后悔过。人在月光里容易梦游,渴望得到也懂得温柔。"诚然,这好风清夜与粗略之人绝缘,只有质地柔软的心才得以叩响罗曼蒂克的门。一个地名,一座老宅,一位远人,一处故乡,感谢世事洞明的自己,在熙来攘往中,负重再多,也不曾考虑过抛弃这一点真。

风的衣袂远去,松果笑语盈盈地落地,三两株未名花干巴巴地躺在琉璃花瓶里,夜莺和云雀不再追逐,开始参禅。开心但不言语,想念遍地蔷薇的四月,可事实是隆冬来临。你和我四目向前,并肩坐在圆滚滚的果木上,平衡且优雅,从容且心有灵犀,不知身下的枝干,哪天投进烛台柜下的壁炉里。

寒露:阵凉也胜一枝春

这也许是个有些矛盾的时节,滋煨出了千百份矛盾的情感。有人眼里尽是四野萧瑟,海是流浪,云是漂泊;可也有人眼中只有那蓝天红枫、战地黄花,因着对于美丽的沉湎,不再去祭奠打马而过的秋风。

"袅袅凉风动,凄凄寒露零。"阳台、巷道、河川……都能确切地感受到秋凉的凌厉袭人了。寒露时节的黄昏,隐隐约约的愁蔓延到视线的极端,缠人的霞又粉又紫,惹人留恋。康健的女孩在长椅上思考,钟声何时响起?鸿雁可有归期?

寒露是只属于天涯失意人的节气,我们忧愁、嗟叹、流泪时,自然不愿花红柳绿、蜂蝶环舞,只期盼造化也能知我心意,用草枯叶黄、猎猎风声的景色与我心搭调。庙堂纷拢、宦海浮沉、乡音缭怀、红袖添愁……失意的境遇扑面而来,而自己还未释怀,心神不宁地拨动着琴弦,茶也不记得是第几次泡,只管痛饮。月色入户,满地银辉也成了心碎的见证。凉凉秋日,没有什么能安抚人群,安抚自己。你开始思念红烁的芍药,思念淡紫的蔷薇,思念茂茂郁郁的竹林,思念波涛拍岸的回响……固执而天真、执着而坚毅的你还是选择了在失意中好好活着,熬过暗无天日的夜便是金光灿烂的天国。你托云雀将心事藏进最高的气层,心中却还是有不明状的些微失落。也许你在风起云涌、气吞湖海的强大秋日,无法做出什么伟大的事,但却可以铸就一份伟大的灵魂去做些关乎日常的小事。扎筑篱笆茅屋,目送灵动鸽群,编织围巾手套,刷洗坛坛罐罐,就像《天使爱美丽》中所说的:"你不必光芒万丈,也不必有什么特殊意义,你只需要做那个小小的你,然后去爱。"

寒露的物候是:"一候鸿雁来宾,二候雀入大水为蛤,三候菊有黄华。"大雁从繁殖地迁往越冬地,千山万水追寻南方温暖的巢床。贞烈如雁,"断鸿声里,立尽斜阳",忠于爱情,不忘方向。雀鸟渐少,而海边的蛤蜊增多,单纯的先民见其花纹相似,以为是前者蜕变而成。菊花普遍开放,高洁孤傲,清幽含蓄,悠然望南山,"何曾吹落北风中"。北方的玉米也大量收获,东北早已千里铺霜,青山深处偶闻鸟啼猿鸣。平常夜晚,合目遥想黑色的神秘传说,没有"人历历、马萧萧"的喧闹,只有那早霜营造的雪海,林仙在此喜乐,载着每年永恒的崇拜,于是惊喜,于是在举头低头间"薄帷鉴明月,清风吹我襟"。

爱默生说:"我变成一个透明的眼球,我化为乌有,我却遍览一切;宇宙精神的湍流环绕激荡着我。我成为上帝的一部分,我是他的微粒。"自然的强大往往在于它的画笔点染山川湖海时,可以一笔而碧绿青翠,一笔而枫林尽染。"袅袅兮秋风,洞庭波兮木叶下",伤景又伤怀。人世间的烦恼,凝成了露水,在夜间形成,白昼日出升温又蒸发不见。晦涩的,荫蔽的,不见光的,一切一切就像一株娇黄的待霄草,虽不得见光,但世人也拦不住这花、这愁、这情在胸中枝繁叶茂,永不凋零。深秋的露水,免不去一身寒意,颗颗晶莹的恩惠,木芙蓉"新开寒露丛,远比水间红",像你家乡的星辰,像恋人的眼睛。面对这寒露时节,这深秋图景,老人们还是叮嘱着儿孙,要仁慈而谦卑,敬畏而平静。

寒露总是与重阳相逢,记忆中的农历九月九,都是秋阳正好的明媚天气。古人称这时令的天气为"辞青",诚然,登高望远,一片枯黄萧瑟了。遍插茱萸,把酒怀远,看更远的世界。纳兰性德《清平乐》曰:"雨晴篱菊初香,人言此日重阳。"九月九的"九"又与"久"谐音,愿花好月圆人长久,长命喜乐,平安康健。老人在此时登高,空间转移,胸中又多了些少年胆量与襟怀,还记得年少时的梦吗?也是在高高的山岗,年少时许愿的声音与翠鸟的歌喉齐唱。"生年不满百",转眼青丝不再,"古人秉烛夜游,良有以也。况阳春召我以烟景,大块假我以文章"。对于生命的长短、厚度、价值,人们从来没有停止过思存。从"少年听雨歌楼上,红烛昏罗帐",到"而今听雨僧庐下",时间之沧浪滚滚,从不驻留,生命能否持久,也许真的取决于我们过了多少个值得纪念的日子。"神龟虽寿,犹有竟时"。

莎士比亚有诗句:"为了爱你,我要跟时间决斗,把你接上比青春更永久的枝头。"时间虽逝去,但美景不曾远走,洁白浩渺的蒹葭,枯黄摇曳的梧桐,频频微颤的红枫,初愈色的芭蕉,还有那映在天空之中浓蓝色的忧愁……没有梦寂寥,同样也如江南春景的五颜之变色,所以在这同样的情景下,有位无产阶级革命斗士作词道:"不似春光,胜似春光。"

霜降：银霜满地也成诗

为了让自己内心少些悲秋伤时的情绪，我决定在这个时节读些带着盛春气质、媚而娇的诗行，如南北朝民歌："春林花多媚，春鸟意多哀。春风复多情，吹我罗裳开。"可这份绮丽的药剂并不奏效。推开窗，凭栏望，这是霜降的早晨，银霜像张温柔的毯子，冰凉凉地盖在地上，盖在心上。

天气渐冷，初霜出现。《二十四节气解》中言："气肃而霜降，阴始凝也。"路边的冬青依旧，只是叶子上像被谁勾出了纯白色的花边，如同贵妇人墨绿华服上的蕾丝边，高贵而端庄。庭院深深，日光清浅，"霜叶红于二月花"也绝不是一句近乎吹嘘的夸耀，这种红不妖不浮，颜色背后，有比单纯的色彩更醇厚的庄严与平顺。霜降时分，哪个女子不想化身蒹葭美人，立于水滨，先纵了情志在水一方，再弯下腰过炊烟袅袅的日子去。谚语中常言："北风往，寒霜降。"霜降伴着北方，便有三分令人生畏了，凌厉如它，刺骨如它，呼啸而来又疾驰而去，不讨好，不留恋，更不去费尽心思渴求寄身青史、留迹于墓园。北风这一文化符号既不代表永恒，也不代表瞬间，"万古长空，一朝风月"，用来形容凛冽的北风再好不过。望这北方，总能唤起关于风最初启蒙的那首《敕勒歌》。

霜降时节是修养身骨的好时候，天渐冷，人也渐懒，不如顺其自然，平静地韬光养晦。诗人的紫葡萄化为深秋的露水，红尘之间何来不朽，只有风起云涌的无限变幻与无常。深夜的奠基，是为了冬日的积雪,为了夏天的荷塘。青春作赋,皓首穷经,"吹灭读书灯,一身都是月",这几番追求知识的活动之后,躯干再与温床接触,除了暖和柔软,还有一份可意会不可言传的心安与踏实。霜降的物候是:"一候豺乃祭兽,二候草木黄落,三候蛰虫咸俯。"山谷中狡黠的豹狼将猎物陈列好,以备过冬食用;茫茫大地上树叶枯黄掉落,银杏叶染黄了行道,女孩子轻盈的双脚在落叶堆上踩踩跳跳,发出叽叽喳喳的声音来;蛰虫也全在洞中待着,不进食也不出洞,渐入冬眠状态。大地静了,连摇篮边的童谣都有些吵闹。

《此去经年》中说:"霜降,染尽杏林。叶子被嫣红写意成心形,片片都插着箭——你手握长弓,独自在清霜里含笑,盈盈间,仿若俘获了整个秋天。"我喜欢这秋天尾巴后的张扬与骄傲,关于秋的一切都毫不保留地释放。汪曾祺先生有八个字让我在这个季节感到无比的温暖:"家人闲坐,灯火可亲。"人类群居而共生,家更是给予与索取怀抱的理想桃源,"幸福的家庭"都是相似的,应在这窗秋景中一同遐想塞下景、衡阳雁。

在这个肃穆的节气,也许我们该思索些肃穆的事儿,关于年轻,关于勇气,关于信仰。《精神明亮的人》中说:"信仰,始终代表一种指向终极的灵魂态势,一种精神奔赴性,一种上升的生存向度。它象征这样一幅情形:西西弗斯不断地把滚石推向山顶——虚无中超越虚无的努力,绝望中杀死绝望的运动。"落叶的信仰是更育来者,你的信仰又是什么?它是否常被打翻在地,却时时呼告,一路向前?公路上的箭头是它,床头书案的野花是它,"不丧气,不回头"的勇气来自它。它是堂吉诃德的骑士梦,是浮士德信奉的自然力量,信仰若是物化,也可能是蒸笼中炽热而凝聚的滚滚蒸气,有将骨肉变热的力量。"接受我们无法证明却以为是真实的东西,这就是信仰的定义。"政治选择也好,宗教力量也罢。为名乎,为利乎……无尽的归属如磁石,让你由不得自己冲向前去,活在当下。没有什么所谓的行尸走肉，只是有的高尚得留给别人多的瞻仰，有的渺小得连口水都沾不住罢了。而在这银霜满地、白茫茫如浩渺烟海的日子，还请将高尚的信仰紧紧把握住，溯于九天，埋于黄土，不枉少年奔跑路，不负低头赶时时。

　　白居易的《岁晚》写道："霜降水返壑，风落木归山。冉冉岁将晏，物皆复本源。"大地的儿女都有了属于自己的巢床，不禁让人想到天涯宦游儿。山水之间，油灯之畔，心之所在之处未必能让凡人洞悉。深信孤独与流浪自有其中真意，有花海，有琴声，有熊熊热火，有碧浅冰河。"各有因缘莫羡人"，你就着馍馍话家常的时候，正有人持剑骑马走四方。时间太长，世界太大，什么都可能发生，什么都在发生着。

　　农家老人相信，霜打过的冬瓜、茄子、葡萄都比以往的甜，因而飘降的寂寒凄凉中，上天还是有留给我们甜蜜蜜的念想的。北风已过，白雪要来，可能我们都有些东西要放在这个诗情画意的秋天，可真的不必伤感，因为闭了眼，一切都重现。

　　一整个青春都过去了，你还在祭奠打马而过的秋风。醒一醒吧，草叶上的瓢虫。笑起来吧，你看，还有暖洋洋的寒冬。愿你将壁炉中的果木备好，愿母亲缝好新里新面儿的棉被，愿 24 小时有朋友有热水，准备好，雪花要来了。

立冬：此时冬阳不暖，问君更觅何时？

立冬藏在三秋的背后，也许起初我们还分不清冬和暮秋的区别，可当寒风在脸颊上刮出些微红的血丝；当热气滚滚的芋头摆上餐桌，配上白瓷碟里的白砂糖；当穿着棉拖鞋的女孩痴痴傻傻地在窗前幻想初雪，等待一个吻，这时你我便确信了冬之所至，只是懒惰的它来得太晚了。但又像错过了半个世纪的初恋，依旧炽热又青涩，温软而疯狂。

从不相信永恒的人，从不相信万物长青的人，可能在初冬的某一瞬间，沉溺于平凡的天光，贪恋日子的恒常。虽时而向往岁月静好，但年轻的灵魂还是割舍不下矗立在风口浪尖上的那份心理和感官刺激。西风呼啸，云淡天迹，欲登高临险，蹦蹦跳跳的灵魂若逢上初冬荒芜、阴蕴的天气，倒也不至于辜负，因为诗人认为"春天的花是冬天的梦"。立冬，终也，万物收藏也，河岸边成排成行的绿色藏起，辽沈大地上的苞米、白菜也藏进了地窖。自然、山川、人类，都无一例外地怀远虑、除烦忧，备好各自所需，准备迎接一个不鲜艳更不蓬勃的隆冬。

中华大地上的太阳直射点日益接近南回归线，夜，渐长了。冬天的夜，不似夏至时节，短而热烈，容不下丝毫愁绪，只有那无边无际、无处不在的蛙叫与蝉鸣。也许正因这冬夜漫漫，才让人依赖和神往。白色的烛台，温暖的炉火，第一页信笺整整齐齐地别着一支钢笔，黑且亮。蓝绿色的丝绒窗帘映着夜的深邃，只因为此时还是初冬,等雪下来,就是另一幅图景了。正是这冬夜见证着母亲哼着歌谣哺乳,倾听恋人的厮磨与肉体的取暖,见证诗人一根接着一根的香烟。冬夜里的人,很少有人不断在头脑中反复映显仇恨、恩怨,还有那发霉的情事。因为这些太过浓郁,太过冰冷,是不能陪我们过夜的。"生年不满百,常怀千岁忧。昼短苦夜长,何不秉烛游。"自古以来,先人就和我们一样,也曾对着星辰抱怨日光的流逝,忧虑我们芦苇般的生命真的浮游一生而载不起追求真理这样伟大的事业。曹植在《浮萍篇》中言:"日月不恒处,人生忽若寓。"小小的身躯要心怀星球的运作,思虑民族历史的兴亡,这样的确足够丰富我们的精神。但还有很多人选择了"得欢当作乐,斗酒聚比邻"。尘土般的你我,并不能体验到仙逸的境界,不能"身登青云梯"的你我,不如做些踏踏实实的事。但青春作赋、皓首穷经之余,有太多太多的寂寞,想排遣时,暮色又扑上来了。这时又想起波德莱尔的《裂钟》:"又苦又甜的是在冬天的夜里,对着闪烁又冒烟的炉火融融,听那遥远的回忆慢慢地升起,应着茫茫雾气中歌唱的排钟。"

不只是夜,立冬时节的群山同样迷人。也许气温过低的缘故吧,黑山白水在萧瑟中定格,春花夏树的妖气俊气褪去,繁华之后的平和驯良才是山给人最踏实的本能感觉,就像人们相信诗起于平静后的回忆一样。《说文解字》中说:山有宣气,化身物中。即便是在初冬时节,这股宣气,也有种圣洁的崇拜,不怒而威。蕨菜、菌类、冬笋是这片荒芜中独活的生命巨人,在险远,在逼仄,在不能永生的恶劣中嗥叫着、挣怒着,也用雄强的生命力羞辱着不曾尊敬过自己的人们。此时的冬山还未美到极致,过几十日,雪一下来,就有风雅的纨绔儿来此看雪了。

立冬的物候是:"水始冰,地始冻,雉入大水为蜃。"水结冰,大地始冻,雉在立冬后变成了与海边颜色接近的蜃。带着寒意的毯子盖向了人间大地,地上的灯火亮了,人们也要相互温暖,《冰与火之歌》

中写道:"当大雪降下,冷风吹起,独行狼死,群聚狼生。夏天时可以争吵,但一到冬天,我们便必须保卫彼此,相互温暖,共享力量。"冬天能冻住很多东西,陈怨隔阂都在寒风冷雨面前消失了,昔日心底有浅浅障碍的两个人在冬日大大的拥抱里,也会相视一笑的。愿每个漂泊无依的灵魂都能拥有一盆炭火,凝意气,暖心神。我们偏爱冬日的恋爱,外界百废待兴,二人心间的暖流偏不减热情,所以《简·爱》里也讲:"谁说现在是冬天呢?当你在我身旁时,我感到百花齐放,鸟唱蝉鸣。"爱在这需要爱的季节里流动着,瞳孔里,唇齿间,臂弯中,爱人用雪花比眼睛,用琉璃比脊梁,用西北风比千言万语,用棉榻软床比冬日天堂。

　　立冬时节,华北平原上生活的家家户户,也许都会吃上一顿冒着热气的饺子。这顿饺子不带年意,只为取暖,只为与久违的舌尖风情叙叙旧,饺子一口,汤汁一勺,对美食的感情不可名状。有时甚至一口家常佳肴在有心人眼中便可与江山并肩,不恰当地借用一句莎翁的情诗献给你我捂手跺脚的冬天里千寻万寻的美食:"一想起你的爱使我那么富有,和帝王换位我也不屑于屈就。"

　　"一夜北风紧"被凤姐自嘲为粗话,但立冬的一夜北风确真真儿将秋日的情意浓浓卷出了天际,好像夹在书里的红枫已是很久以前的事了,久得只觉那红又有些像去年园里的蜡梅花。

小雪：银铃未响，冰清一片

当父辈讲起小雪这一时节时，孩子们总觉得是骗人的。

盼望中的精灵未至，畏人的西北风却乍起，心头欢喜的小雪花没有纷纷扬扬，不知道它们到哪儿去了。

到了小雪时节的尾声阶段，确是可以看到飘雪了，黄河以北迎来初雪，华北大地像迎来了个寄情十月的新生儿。他呱呱坠地的声音出奇的静，又让无数颗心脏声势浩大地歌唱，像在欢庆一个节日的到来、一场战役的胜利、一个国家的诞生。海港，长桥，巷道，雪从不挑剔点缀的对象，却总给人惊喜。小雪临静夜，大风满空山，当西北的山谷中呼呼地灌着凉风让人望而生畏时，只有静白透亮的雪花给人安慰。窗台上的雪花零碎地镶嵌着，招摇着，挑逗着，像欧洲小镇上贵妇人手套的蕾丝花纹，是那么洁白又有规律的美，让人想到"垆边人似月，皓腕凝霜雪"的万千风情。

零星的小雪还不至于让人乡音聒碎、游子难梦，它只是像羽毛，刮过肌肤，让人心神浮动。小雪时节的物候是："一候虹藏不见；二候天气上升，地气下降；三候闭塞而成冬。"这15天，不长不短，正是冬天形成的时候，是冬之序曲、冬之先声。

我们生活的大地被称作神奇的东方，曾引无数英雄竞折腰，凭借多番风韵气魄，维度跨度之大给人们带来了独特的南北感受。小雪时节南北的景致也是不同的。北方大地褪去了生机点缀的绿色，"风萧萧兮木叶下"，老树早已枯黄，安静如死寂，杂草丛中纠缠缭绕,像魔鬼的须发。而南方似乎多了些人情味,无论农家还是城镇,腊肉与香肠的气味称雄四方,红得滋润,红得有烟火气,红得爱煞世人、惊羡一方。鲁迅先生曾在《野草》中写过雪花,同样也是南北风味各异:"江南的雪,可是滋润美艳之至了;那是还在隐约着的青春的消息,是极壮健的处子的皮肤。"而朔方的雪"在晴天之下,旋风忽来,便蓬勃地奋飞,在日光中灿灿地生光,如包藏火焰的大雾,旋转而且升腾,弥漫太空,使太空旋转而且升腾地闪烁"。一静一动都是雪独有的,都是雪最好的样子。一方人爱一方的水、土、风、云、雨、雪,可还有一方人,倾慕着远方种种,想去异乡的石子路上吱吱地踩新雪,去领略这城市的历史。红色的革命,纯白的纱布,青碧的塔楼,尘烟还是炊火,可都太小太小,小到不足以承载哲学家心头的重量,他们所打量城市的更多的是雪下的暗淡与敞亮、搏击与妥协、坠摇与平衡。

"都道无人愁似我,今夜雪,有梅花,似我愁。"很多东西是雪花可以埋住的,像地面上的尘啊、土啊。有些事情是雪花埋不住的,像女孩子爱恋的信笔,像绿皮火车上的思索,像山楂树下的憧憬与美好。敏感纤细的人儿,乌泱泱的潮、灰浓的雾、纸白的雪都遮不住他们磅礴火热的内心世界,哪怕帘卷西风的时候,弱小身躯中淡淡的挥之不去,冲不散,自难相忘。

多少个雪夜,多少个灵魂祈愿,甚至苦苦哀求一份贴合心灵的对话与陪伴。"瑞脑消金兽"的器物旁,帐幔暖暖,"并刀如水,吴盐胜雪,纤手破新橙"。这番其乐融融,说什么都是不换的,纵有"五花马,千金裘"。我们都爱在冷漠的时节,靠近生命之火取暖。有温暖、有朋友最是称心如意,《诗经·北风》中说:"北风其凉,雨雪其雱。惠而好我,携手同行。"暮色四合时,想到这画面,孩童独有的趣味、风华尽在其中,那是人生的书上用烫金字体书写的岁月。青白之年,有人"同行""同归""同车",心底铺满了羽毛,长满了茂林修竹,每寸土地都刻着善意、纯净、谦逊、温良。牵着我手的人啊,肌肤是有记忆的,但愿这能力在我身上更强烈、更神奇。当我东走西顾时,心中的风铃晃动熟悉的调子,枫叶飘落,青稞成熟,一切都变了,可脚步还是没有疑虑地走向雪花一般初心不移的你们。

暴力、情事、潮浪、春梦……都在第一瓣雪落下的那一刻收敛。岁月烈酒带来的不屑、不安是无药可救的顽疾,我们斗争其中,满面风沙,措手不及。可恰恰此刻,它们中的许多元素开始冰封。"吾生好清净,蔬食去情尘。"冬日里的一盏普洱、一碗罗宋汤,简简单单便能使不少嚼不透、忘不掉的东西一同咽下。不管我们是否情愿,生活总在催促我们向前,雪天不好赶路,那便"上言加餐食,下言长相忆"。

农家最渴望这第一场雪,"小雪雪满天,来年必丰年"。若真的"雪满天",农人便多了一份石头落地般的踏实。若天不遂愿,还是希望常在,锐气不减地相信不舍昼夜的耕作,相信那块记录着自己青春汗水、嬉笑怒骂的土地能将自己一家人带向好日子。

"绿蚁新醅酒,红泥小火炉。晚来天欲雪,能饮一杯无?"天欲雪,可无论这雪下还是不下,钟依旧笨拙地走着。生活中太多没有定数的东西,织就了生活没有规律的安排,无章法的乐趣、惊喜、意外都源于自然的馈赠。我们能把握的同样很多:守壁炉,爱好友,温老酒,话江湖。

大雪：拥抱洁白，爱我所爱

大雪时节，就连最轻薄、最平凡的空气里都漂浮着盛大的气象，北方大范围降雪，很多东西都被这片白茫茫遮住了，神圣的、下流的、皎洁的、卑污的、罪恶的也被大片大片的雪花轻掩，一副清白安详的伪面孔，望着流动的眼神，有时骗取怜悯，有时偿还散落人间的天真。

小雪的雪轻盈曼妙，而此时的雪却是增加了些重量的。"夜深知雪重，时闻折竹声。"一夜风雪压弯了枯竹，万片晶莹包围着风雅，长夜过去，多了许多无厘头的遗恨、假意惺惺的释然。当然，若推开门第一个走出来的人是自己，望着厚而白净的前路，如同美人的皓颈、处子的肌肤，让人望而生畏地触摸又胆怯地退回伸出去的手。谁能看得清雪下的隐晦与爱恋呢？唯美的雪国，斑驳的月色，哀伤的夜空，白花与杉树相互安慰，这雪曾见证驹子的纯净、叶子的淳美。面对这雪，你我都是鸟林，对美心向往之，四肢百无聊赖。

风雅之事，大约都在大雪之时发酵。大雪弥漫，前路险滑，可依旧有兴致盎然的赤子，立身芥舟，望长堤一痕，赏湖心亭一点。凛风夹着哀歌与愁绪挤过山川，发出声响，像悠悠箫鸣，世人不屑在这时节登临险远，弃如敝屣，可江湖雅士确偏爱远方，珍如宝藏。愿你我都"痴似相公"，独享雪花的面庞。《月亮与六便士》中写道："有些人天生就不属于他们出生的地方。命运将他们送到某种环境之中，可他们却总是渴望着一个就连他们自己也不知道在什么地方的家。"

或许我们慵懒地靠在壁炉旁望着餐桌上的一蔬一饭都会感到陌生而无奈,而当有一个契机,看到了异乡的冰雪与街道,看到了那里陌生人的眼睛与谈吐,就想奋不顾身地挥刀斩断过去,带着最爱的枕边书、顺手的钢笔、熟悉的生活方式,来到这素未谋面的故乡,生存,相爱,死去。在别人眼中,这是折腾,是不切实际,可这偏偏是我们自己心湖中涟漪一片,更是一段寻根的独旅。

大雪的物候是:"一候鹖鴠不鸣,二候虎始交,三候荔挺出。"有些沉寂,有些萌生,白色可以温柔地目送,同样可以弹奏软绵绵的迎歌。"柴门闻犬吠,风雪夜归人。"没人不渴望在雪夜能有一碗暖暖的粥或一碟热气腾腾的白菜炖豆腐犒劳僵硬的双脚,食材算不上精致,烹饪方法更是人人能行,可各家冬日里的炖菜都有自己独具一格的口感,那是属于家人的记忆。每逢雪天,如约而至,佐料随心搭配,食物简单质朴,人们爱吃这道菜,不单单因为它方便、包容,还因为它有家人的感觉,待在一起可心、舒服。我们的疲惫、软弱、牢骚、困惑,我们的欣慰、喜悦、情话、甜蜜,都伴着美食的味道,在忙碌生活的间隙,有意或无意地流露。门外大雪纷飞,家中灯火可亲,案头的盘中放着冬日的柑橘,"忆得霜柑分我,应自有、浓香噀手"。明快爽朗的橙色,净亮纯美的白色,碰拉着,融合着,诱人倾心。西方的家庭也有这样温暖的时刻,圣诞就要来临,好像每片雪花都被鲜艳的红绿色丝带装点,落在孩子的窗边。母亲念着《圣经》陪伴孩子入睡,看着孩子分明的睫毛,诵读着《以赛亚书》中"雨雪从天而降,并不返回,却滋润地土,使地上发芽结实……"此夜好梦,雪夜好梦,很多人相信雪夜圣洁的魔法,让窃贼金盆洗手,让浪子回头,让盲人重见光明,让罪恶的一切开始珍视天真。年少的心,无法拒绝偏爱浪漫主义诗篇,济慈在他的十四行诗中盼望看到在被遮盖在轻轻飘落的雪罩里的"荒野与群山",他渴望清醒又拒绝昏昏沉沉,他也有过只属于自己的雪夜,只不过隔着长长的时光与千百层的隐思、青涩,难为外人道。雪花伴人初尝恋情，分担苦难保守秘密，也曾见证荣光。进军意大利的路上，年轻的拿破仑骑着毛驴，看着风雪翻越阿尔卑斯山脉，风华绝代，声名盖世。雪中骄傲的青年，后人还在称颂你的故事，为你的梦想加冕。有些人天生闪耀，就像高纬度地区旷远的白，外表寂静，内心孤寂。冬日白昼匆匆过去，其实多年过去，你我会发现它与一个大时代的呼啸而过没有差别。在记忆的角落，泛着点点斑驳的铁锈，有人爱之如珊瑚，有人弃之若泥垢。

《双城记》开头说："It was the winter of despair."的确，很多时候，冬季常与绝望相伴。草木枯黄，风雪千山，人心也好像在此时结冰，懒懒散散，蜷缩在黑暗的一角，不愿点燃油灯。雪也给我们带来消极，在失望寒冷的沼泽越陷越深，不挣脱，也不前进。可是，还是有人书写道："正使尽情寒至骨，不妨桃李用年华。"少年维特的信中说："残冬行将消失，春天恍若来临。"想起再过上几个月，眼前的风貌就会大不同，不过多久，这冰雪的负能量也会消融，美丽的城市、灿烂的民族崛起于深渊，消失在寒冬。卡顿在刑场赴死，为了心之所爱，无怨无悔，为爱赴死，求仁得仁："我现在已做的远比我所做过的一切都美好，我将获得的休息远比我所知道的一切都甜蜜。"

瑞雪兆丰年，大雪时节，带来了土壤急需的水分，冬旱危机解除，大地重获安稳。心湖枯涸，谁又是你的一场大雪？

冬至:路人问我粥可温

天寒地冻的日子长了,闪耀一时的冰雪琉璃、万树银花也不再是人们目光的交汇之处,洁净至极、玲珑雪洞难免司空见惯。这时北方人会格外重视任何一个节日的由头,由它无限展开,带来烟火,带来暖意,带来话别已久的平凡热闹。这是视觉疲劳日子里的调色板,是漫漫寒冬的升温剂,喃喃着提醒我们,张灯结彩、热气腾腾的年节已然不远。

冬至这天,上帝将黑色的袍披在了整个北方身上。长夜漫漫,容不下一场声色大开的宴会,却能容下"闲敲棋子落灯花"的棋局。夏夜或许关于伏特加、龙舌兰,关于欢闹与尽情尽兴,但冬至的夜只留给温婉含蓄的心灵。这一夜挂在墙上的乐器只会被青年掸去浅浅的土灰,却不被轻狂的手弹拨,识趣的灵魂断不会在这一夜里吵吵闹闹。阳台上安稳地放置着天文望远镜,它望得见星辰却看不见北极圈精致的极昼。冬至的夜藏着太多世间的浅斟低唱,帝王心术,才子抱负,游侠马前,佳人缠绵,诗人的墨滴在这夜未消的残雪上,待化开的那天,满地的诗篇都笑颜对晴空,歌颂太阳。旅人的足迹留在这夜呼啸的狂风里,风停了,脚印都化身音符,还住在风里,让后来人轻轻哼唱,作无词之曲。

民间相传"冬至大如年",这时节的物候是:"一候蚯蚓结,二候麋角解,三候水泉动。"灵物萌动,万物发生,年的清发之气来了,最冷的日子里,人们有了最热切的盼头和最纯净的希冀。《后汉书》记载:"冬至前后,君子安身静体,百官绝事,不听政,择吉辰而后省事。"无论你曾疯狂追赶狂风的速度,还是钟情体验水的温度,都请你停一停,触摸一下时节的厚度。绚烂优雅、从容不迫的一年即将结束,长辈建议孩子们静下心来感受这一切,而不是一味玩乐于焰火爆竹。母亲在冬至这天,早已备好了水饺与热汤,驱散体内的寒气,它们成了母亲斩龙的利剑。大江南北,这台灶火永恒不灭,但酸甜苦辣,各有滋味。华北经典的水饺汤,如青年对莎士比亚一读再读般,对这碗汤一品再品,一口水饺,一口汤,面与肉提供淀粉、蛋白质等维持生命的营养素;滕州的羊肉汤是冬至时节的宠儿,浓白鲜香的一碗肉汤,最为温和滋补,一锅汤,几斤肉,一把佐料,足以安慰好几个体格健硕的山东大汉;向江南漫溯,苏杭与扬州的酿酒汤名扬四方,度数不高的自家米酒,加之潮汕地区的汤圆,香甜软糯,美味可心;宁波的汤中加番薯入味,也是自成体系。冬至景象,独立黄昏,西风紧,百木枯,树上锦绣华不再繁,唯有这一锅热汤伴君侧,日日复年年。

有人选择在春水满四泽的萌动时节付诸真情,也有人在最低温的日子里把心托付给一个缘分使然的人。我们的种族从丛林中走出来,质朴雄强的一面给了侵犯家园的野兽,机警精明的一面给了防不胜防的灾害,遇山翻山、遇水架桥、樵采狩猎这些被动选择的活动给了我们健硕的筋骨与肌肉。强大着,成长着,太多外界突如其来的苦难让我们不得不塑上一幅冰冷的钢铁面具,去彰显风声鹤唳的爪牙。可经历了太多,还是能保留着一份温情、依赖、爱恋,在历史的眼中,是如此的不易,就像悬崖峭壁上幸运地生长着一棵郁郁葱葱的树,而这树上又幸运地安置着一个暖黄色的蜂巢。谁人不贪恋温柔乡的美妙,襁褓、港湾这些词语,在冰天雪地中更具引力。这时向爱人伸出的一双手,更要比夏秋季来得热烈百倍,所谓冰雪眼里出西施,有时候,冬天,更容易爱上一个人。

《巴黎隐士》中有这样一段话:"我对任何唾手可得、快速、出自本能、即兴、含混的事物没有信心。我相信缓慢、平和、细水长流的力量,踏实,冷静。"冬至的风凝固了一切,万物的齿轮在此时变得迟缓,着急赶路的匆匆行人去了,蓬蓬勃勃的生长力也在这儿枯萎了,唯独一份与天地同寂、静心生根的力量,在这特别的时节绽放。山高水长,雪泥鸿爪,诚心诚意的人儿,自会感知这份能量。依旧是在十里长亭间,雪色映着群星,亭中石凳的面板发亮,像晶莹的黑玉。纵使风儿不来,长长的路,一道早已是一路清馨,没有春花秋月的悲逝之音,更不会抱怨夏虫的聒噪,只与爱人独享这冬至之夜,不思归去,只盼来者。

门楣上悬挂的风铃被低温冻过响得更加清脆,像白瓷瓶和玉镯相碰发出来的声响,叮叮当当,清盈地响动。冬至,寒霜至,江雪至,柚橙美味之至。从屋外走进温暖室内的一刻,看到棉被、暖床、热水……才会真切地抓住生活最起初的梦想。健康,富足,想着一年的经历,想起一身夏衣时的轻盈与喜乐,才忽觉白马飞驰之疾。四季有冬至,人生亦有冬至,还有民族的冬至、国家的冬至,一腔热血不卑不亢的你,是否要利剑出鞘、平定四方呢?居安当思危,居安乐当思忧患,再丰沃的田地也不会年复一年地拥有好收成。风不调、雨不顺的艰难之境,愿你我挺到最后一刻时,意念如铁地再坚守一秒钟,愿那碗热粥总能"知时节"地在掌心出现。

小寒：拣尽寒枝不肯栖，江海寄余生

冬至过去，空气里似是飘进来了些许年意了，混着甜腻腻的味道，是夹进了梅花的傲骨清香，还是偷得了春三月的一缕魂，这都不好说。总之这时节，紫檀木柜里的冬衣已穿了个遍，浪漫的冰河也已结实，一切安静绝妙，睡意昏昏的东西都活泛起来了，紧锣密鼓地想送走些什么，急慌慌地又想迎来些什么……

纵使生活冰天雪地、不尽人意，但在一年行将结束时，大多数人还是在追逐着自己的心甘情愿，好在团圆时刻，开口能体面，闭口也欣然。烟芜荒岭越过，江湖花草踏过，一年的见识与涵养慢慢升温，暴跳如雷后承认世界的合理，醉生梦死后发现平凡的可贵。到头来，看着三九时节的雾凇、琉璃，只是点燃一根烟，生出一份不再疑惑的心情，道一句："轻舟已过万重山。"

世人不满寒冬的干枯与荒芜，上天却在这时给了我们冬日的绝代"美人"，诗人说"梅花先趁小寒开"，的确是有这番景儿的。天上"大雁北回"，地上也是红梅添香，乾坤相映，和而大同。青花广口皿里的水仙还是一株株清拔葱绿没有骨朵添色增彩，院中的梅花便早已顾雪自怜惹人爱了。通信闭塞、娱乐单一、交通落后的时代，你站在小园赏梅，从它轻盈的瓣儿、娇嫩的蕊中咂摸出一句诗，吟着眼前景，诉着胸中情，而不是动动手拍下一张照片，传送在社交平台上，于是忽略了眼前的枝丫，去等别人的赞许。寂寞的时代，我们期许"天涯若比邻"的人长久，热闹的今天我们又咄咄逼人地喊：还我孤独。千百年过去,梅花还是凌寒自开,寂寞无主,高洁雅士们爱它正直勇敢、傲寒不摧,只留清气满乾坤,暗香浮动、低调又沉潜的伟大力量。我却独爱梅花那份灵动的通人性,它总能让不同性格、经历的人产生共鸣,勾人心魄。易安先生的词里写道:"年年雪里,常插梅花醉。挼尽梅花无好意,赢得满衣清泪。"触人情,要人泪,谁能轻视这花儿的灵气呢?"手种江梅渐好,又何必、临水登楼。"与人亲近、亲密,让你我看到凌霜笑靥后的那份渴望交流的灵魂。暖房香阁里若是金银玉器这些俗物,不如在厅里放置干净雅致的白骨瓷瓶,再插上几枝半开的红梅,便忽如清气来了,所以有人也说:"江南无所有,聊赠一枝春。"

《济南的冬天》里,老舍先生情真意切:"一个老城,有山有水,全在天底下晒着阳光,暖和安适地睡着,只等春风来把它们唤醒,这是不是个理想的境界?"慵懒又幸福,北方的冬天很慢却日日踏实。中医相信人体要与环境季候相宜,于是在冬季人们选择散步、踢毽子、跳长绳这些不温不火的运动,不求大汗淋漓,只求运动完坐下的那一刻,冰凉的手指尖泛出融融的暖意。运动后若恰逢一场雪,会比以往任何时候都希冀飞扬。身上热了,春要来了,张贤亮先生也讲:"北方的雪却令人想到美丽的春天。雪,才是黄土高原上真正的迎春花。"小寒的雪,像清越的胡琴声,时紧时缓,演绎完毕,青粉衣裳的旦角儿就要登场了。雪消冰又释,清晨的化雪声儿一响,昨天便跑远了,时间因为它的步履太快才让人极力挽留。山清水秀的苏州网师园的濯缨水阁对联写着"曾三颜四,禹寸陶分",寥寥数字,先人的教诲便在其间传承。惜时是习惯也是品德,尊重时间才能尊重正在发生着的美好。

不管我们记不记得万物皑皑的样子,小寒总有自己的心事。"一候雁北乡,二候鹊始巢,三候雉始雊。"岁月的冬不拉挂在墙上沉寂已久,这时又有双通晓音律的手开始弹拨它了。胡同里、院墙外的老树上,到处是寒鸦。东京大乌鸦飞翔,被人看作神鸟,往院儿外泼脏水的大奶嘴里却咕咕叨叨认为它们霉气,可乌鸦依旧世代繁衍着,拣尽寒枝,筑巢架窝且闹且逍遥。有人栖于寒枝,有人却如孤鸿,徘徊,逡巡,不肯栖,或许寂寞沙洲也并非它的君子国,不如泛游江海以托付此生。

  民谚讲:小寒大寒,收拾过年。上心的妇人们从小寒便开始张罗了,尽力想着头一年的那些准备,一时手忙脚慌不知所措,可一旦定了心思开始做,中国女人往往都能将过年预备得有里有面儿、井井有条。我们度尽的日子,有了节日、生日、纪念日的记忆,才不至于像一声惨白无光的叹息。小寒是最后的安静,因为过不久春运之声就要在中华大地上奏响了。很多人出生在一个并不属于他的世界,没有归属感,心底缺少认同,哪怕身边就是自己看着长大的一棵老树,哪怕周围都是亲戚家人,他们仍认为这里的土壤适合将自己埋葬。他们之中,有人认命,有人撕裂,有人振翅奋起,于是拎起轻得不能再轻的行囊,寻找强壮肌体的天堂,寻找一个连他们自己都不知道在经纬多少度的家。跋山涉水后,不幸的人死在冰冷的轨道上,幸运的人看到了自己久久寻找的一处熹微晨光,然后跃上最高的山岗,让艳阳将打湿的肩膀晒干,最后挑水、耕耘、筑巢,好好活着。

大寒:以往不谏,来者可追

往事又从头,来日还忆少年游。日历像被风哗啦啦地直接吹到了腊月,痛苦在这儿,希望在这儿,不可及的故事与不可亵玩的美丽都在这儿。我们满意这一年也好,厌恶这一年也罢,就算对这一年满腹牢骚,即便所有牢骚的间隙里都塞满了发霉腥臭的怨恨,水泄不通,我们还是要挂上一盏红,拼命地告诉自己好听的吉利话。张灯结彩、喜庆阖合的时节,没有人会煞风景,没有人会放弃将一份承载着无限可能的崭新机会封进撒金的红包,塞到自己第二年的手里。

贵酒助兴,蜡梅添香,三杯消愁,两枝疗伤。青瓶的边边角角拭尽了尘,镇纸冰凉,朱红桃符,墨飞扬,风不起,雪未消,每颗心灵都不如从前。勤劳、坚忍、保守、含蓄、内敛,在这些词汇里我们爬过了一年最后的日子。第一串爆竹响后,放肆、狂热、大胆,都互染了满地红,激情爆炸。宇宙规律、大地秘密、自然变化,它们在大寒是渐渐明晰了。美人露出了全貌,山丘露出了真容,有人认为隐隐约约、朦朦胧胧是含蓄大美,相反,同样也有人爱大鸣大放、开门见山、声色俱开的明爽舒朗之美。雕阁楼宇、小楫轻舟、千里阿房,一切的一切,在大寒时节好像沉睡了,又在不经意间有意地惊醒,吓了我们一跳,又用神秘缥缈的美裹挟了我们的眼球,前感清冽,后感温醇,余味绕梁。

水仙、兰花、桃花,平日不起眼的干枝从年节开始便惹人注目,不知不觉中被浓浓的期待填满了枝丫，或许有一天，暖气会拥抱着香气，暧昧地伫立在庭院里。茶几上，才子佳人，美如璧玉。但没有自然精灵点缀时，人们会自发地为这雪白干燥的大地添上瑞气与吉祥。当春联、灯笼、年画这些大红大绿的元素出现，你我的心也开始怦怦躁动了，这绝不是浮躁与轻狂，而是激动到坐立不安的盼望和一丝丝对未知的不安。为了安抚自己和家人，我们见了面便满口吉祥话，热满心血，虔诚祈求，执念希望，塞在空气中，极拥挤地流淌。此时此刻，没有清心寡欲，没有岁月静好，没有山野仙人，大家都更愿意放下那些假惺惺的附庸风雅，去俗一点、贴合地气一点。在这团拥挤中走一走，暂且放放过去一年的遗憾与衰事，且停停追功名、逐利益的奔跑姿态，且听听新年的风铃、鞭炮与心底对这一年崭新强烈的热望。

热气腾腾的暖房里，亲人私语，絮絮叨叨，身暖心皎，我们柔软得好像一条青藤，绵软又有韧性地向生命的顶端无悔地攀缘。"忆得霜柑分我，应自有、浓香噀手。"母亲递给你一个柑橘，非要帮你剥开，你打趣地拒绝，就在这一份份甘果的传递中，我们悄悄长大，对啊，又一年。窗上虽有雾气，但这屋内花花绿绿的摆设历历分明，模糊与清晰间，尽是中国人的处世哲学。年节里，失误与过节都不再斤斤计较而被人原谅，不为难，且饶人，"脸上无忧，来年无愁"。

费孝通先生在《乡土中国》中阐释，"中国乡村秩序是从血缘关系和地缘关系开始的"。此后时空流转，纵使百转千回，讨生活也好，讨理想也罢，走出去的中国人，还是会被故土的浓烈情思所牵绊。从这个意义上说，过年回家，大概是三件事：一是省亲，慰藉相思之苦；二是乡愁，归于故土之亲；三是仪式，濡染精神传承。也许除了这三种原因，现当代社会充斥了更多变迁的符合，大时代里，都市候鸟渐渐取代乡土黄牛，飞出去的总会回来低下头。坚忍朴实的家乡，车水马龙的远方，是双子星的两极，在这头儿盼那头儿，在他乡望着故乡灯火亲切,在故乡望着远方行返诱人。

大寒的物语是:"一候鸡乳,二候征鸟厉疾,三候水泽腹坚。"大地的消息从来都是明白的,青葱明丽,就像大自然裸露的心脏。"雪消冰又释,景和风复暄。"浓稠的腊八粥咕嘟咕嘟吃力地冒泡,豆子由硬到松,最后近乎豆沙了,黏糊糊,沙粒粒,这是腊月里独一份儿的口感。寒潮肆虐,庄稼防寒防冻的雪被与这碗杂而和美的粥,某种程度上是一样的。

进补的汤,壮骨的酒,一碗两盏,暖阳阳的气息从脊梁爬上颈椎,再到头皮。心里掐算着再过十多个日夜,月份牌上便又是那朱红的字体——"立春"了。陶渊明的《归去来兮辞》中写道:"悟已往之不谏,知来者之可追。"我爱极了这句话,过往的日子回头望时早就隔了一层毛玻璃。《圣经》中说:"我们度尽的年岁好像一声叹息。"既然逝者已逝,青春忽成丑老,柔和变成了凌厉,不必回头,"无为在歧路"。用无数的明天去补救,去再锤炼再创造,做明天的舵手,铺开斑斑的油纸地图,挑战惊涛骇浪、十里迷雾的港口。

敬这段太长的冬天、忽冷忽晴的风,还有那双偏爱夏日木栈道的双脚和春去秋来里零碎似花、飘散如叶的不安的灵魂。

第二篇
偶尔远行

还自己一次生活

你真的生活过吗?

别笑,也别觉得这个问题青涩幼稚,也许我们都不曾生活过。

我们朝九晚五,在城市的阴霾与轰鸣中追逐着金钱与效率;我们是搏击长空的鹰,矫健而敏锐,自认为能洞察先机,掌舵大局,可沾沾自喜时不知远山后面还有远山,亭阁尽头还是亭阁;我们在社交软件中活得风花雪月,在柴米油盐面前却难免苟且,有时附庸风雅,有时身不由己落入窠臼。顾城说:"当我们得到了生活,生命便悄悄飞离。"生命与生活能否完美地并存、融合,我想萨尔茨堡能给我答案。

萨尔茨堡的乡村小道上一片葱蒙,上下碧透的蓝天上坠着大朵大朵的云,窗前摆满了鲜花,这间粉刷细腻的屋子的主人一定有一双透明的眼睛和一颗精致的心。走在小城的街道,生活气息钻进了空气分子里,沿街的水果摊不用一句叫卖就显尽了新鲜,童装店的壁橱里灯光暖暖,黑色的长毛小狗带着粉色的蝴蝶结优雅地跑着。无论是喷泉上,还是花园里的雕塑,都比其他城市的多了点愁容,可小城却不染一丝悲哀,轻捷翻飞的墙体彩绘,修葺齐整的花坛小景,人文与自然携手的合作,成就了依山傍水的人间仙境,这里满是灵气,连砖头的缝隙都是流动着音符的。

从前,我们家门前有花,透着鲜活,透着空灵,透着艳丽背后虚怀若谷的根茎;如今,门前冰凉冷清,你说你想再听一遍蔷薇拔节的声音。轻叩米拉贝尔花园的门柱，聆听来自十六世纪的情人夜话。熊熊大火的到访也不能夺去这倾城春色，大理石反射的清亮微光照出了一座浓彩点染的花园，白色的长椅躺在花廊的怀里贪婪地欣赏粉色的霞，幸运的话，你会听见玛利亚与孩子们的欢声笑语，在杳远的地方。《音乐之声》是电影史上不可抹灭的精心之作，特拉普上校的孩子们是这土地上最纯的诗情画意，母爱、音乐、关注、善心，无数的美好在一部音乐剧中传达，飘到人们的灵魂深处。

城市若是有温度，那萨尔茨堡一定是十几度的宜人天，清新明丽。淡紫色、米黄色的小楼依山而居，窗下便是一路向东不知疲惫的河流，"树木丛生，百草丰茂"，树林深处不知道深藏着谁望穿隔岸灯火的眼神，梦中的王子正在河边看着白马饮水，亲昵地轻抚它的鬃毛。桥梁坚固，行人清闲，不仅仅有这些，这桥上紧扣的情人锁，还呼唤着永结同心的爱情。来自全世界的男女将婚礼举办在这里，一个日光常晴、月色胜醒的圣地。花花绿绿的锁有的锈迹斑斑，有的鲜明锃亮，刻着两个人的名字，他们也许已穿上了婚纱长相厮守，也许一拍两散各奔天涯，也许干柴烈火、如胶似漆，也许相敬如宾、相期以茶……你说这个时代没有真正的爱情，我让你去看看那锁桥，看看那相许一生的诺言留下的结晶。

"你来，绿洲就在。你在，春天就来。"想收集一切动人心魄的诗句，写在甜味犹在的糖纸上，撒满绿茵茵的小山坡。小山坡的深处传来扬花一般缥缈的音乐，变幻的曲调朦朦胧胧不真切，像《费加罗的婚礼》，像《唐璜》，又有点儿像《安魂曲》。不管是哪种，都是抛却了沉沉死气的，都是那分明的快乐，风格典雅，朝气明快。年少不听贝多芬，单是那《月光奏鸣曲》中暗涌的折磨与悲苦，就足以让人望而却步，这其中多少带些清教徒的气息。而莫扎特便不同了，曲风就如萨尔茨堡的云雨风雪，悠然自来去。在莫扎特广场中央，他的雕塑与青松为伴，立于山巅，眼神望着天际，右手握着铅笔，谱写着影响乐坛的歌剧。这片土地，可能天生孕育音乐。莫扎特、卡拉扬……大师的音乐生命，可能天生依赖这片土地。

有时你心爱的事物会不动声色褪去颜色、失去光芒，像有一个令人又恨又爱的小偷，在不经意间桃花依旧红，柳树依旧青，只是白了头，只是转眼星移物走。

但可以留住它们的意趣和味道，咀嚼当地特色——巧克力球，让牛轧与杏仁在口中跳一场探戈，坐在马车上体会浪漫的颠簸，游走在高大古堡的影子里，无暇去想夕阳、秋河，只是深浸在当下，只是去简简单单地活。

上帝往往用美景慰藉浪子的灵魂，鼓舞失意的孩子。吹散扰人的风尘，踏碎颠沛流离的潮汐，望穿霜打雪吹的痂，邂逅红泥火炉的家。生活在山下，不如度假在湖旁，奥地利和德国边境的国王湖，静得如处子的眼波，四面环山的峡湾风貌，配着大片的青草地附和着小野鸭的悠闲。不用担心飓风的呼啸，不用担心地中海灼人的日光，盘起脚，脱了帽，坐在木桥桩旁，似悲似喜不言语，然后飘然作歌去。绵延到青天的耳畔，到夜莺的巢床，到石子路的另一头，到老夫妇的拐杖前……生活在此，寄心未来，不杂乱不苟活，不染纤尘，这样才算活过，这样才叫活过，请你一定享受这没有烛光的光明，成为真我，也不辜负之前的一路奔袭。

饿了就喝酒，渴了就听歌，倦了就种花，累了就拿着火把探访山洞里的蝴蝶，带它们去见见太阳。《孟子·公孙丑上》曰："虽千万人，吾往矣。"贫穷的时代我们追求温饱，繁荣的时代但愿我们放下些浮躁浅薄的要求，"走吧，去寻找生命的湖"。雪莱在他的《孤独者》中写道："在芸芸众生的人海里，你敢否与世隔绝，独善其身？任周围的人们闹腾，你却漠不关心；冷落、孤寂，像一朵花在荒凉的沙漠里，不愿向着微风吐馨？"不用世俗标准桎梏双脚，活在自己独具一格的小世界里，像狄金森的阁楼一般宁静而淡泊，有城堡，有白鸥,有诗有酒有月光。

离开萨尔茨堡的路上,山上还是瑞气盘旋,彩色搭配和谐的小木屋坐落在山脚,冠木丛中还是无尽的神秘,想到冰心先生那句:"愿你的生命中有够多的云翳,来造成一个美丽的黄昏。"

或许没有人知道,这清丽的小城里,有着指挥家卡拉扬酣畅淋漓的表演,有着建筑师们创意十足的大手笔,谁会想到这低调下的生机勃勃呢?生活的力量,信仰的力量,如岩浆在我们看不到的地方涌动,而当瑰丽震撼的作品问世时,街道寻常。

多年以后,若我有了子孙,我应该会让他们去萨尔茨堡捡一块奇石,塞进我饱经风霜的手里,再听听他们想要的生活。

希望那时的手掌还光滑,关节还灵活,指尖还有上帝传给亚当的力量。

君不知,罗马之美天上来

化身一片落叶从天而降,飘落进台伯河,任由柔媚的身段随波漂荡,仰视两岸的梧桐如垂柳般生长,树叶悠扬,路边的老楼无声地矗立着,听轻言细语,看人来人往。

罗马人不能失去台伯河,就像国人不能失去长江。这条哺育了千秋万代子民的母亲河与城市的历史水乳交融,教学的钟声与国歌一起唱响:"问胜利在哪里,罗马城,众奴隶,把荣光带给你,创造者是上帝……"倾听着罗马人的歌声,身披着地中海灼人的日光与咸涩的海风,以一颗卑微而虔诚的心探访这座当地人引以为傲的"万城之城"。

行走于古城罗马,高大的地中海松昂着头颅,挺立在道路的两旁;废墟如历史般静默着,以无言与粗犷呼啸着往昔;角斗场庄严地矗立,以毁灭与残损宣示着永恒。穿过君士坦丁凯旋门,仔细端详脚下浑圆镶嵌的石路,像是在用凹凸起伏的行人的脚掌细言它青春时的风华正茂。左手松柏,右手立柱,站在路上的人不禁感到自己的渺小。斑驳的墙壁下的黄土,苍凉恍若中国塞外的莽莽黄沙,罗马的日光、海风、尘埃、废墟无不昭示着罗马人的方正与刚强。这让人联想到古罗马帝国的辉煌,雄胜一时,劲霸一方,迷人如烈酒,醉过一次便不再抱憾。捧一抔黄土,感受它从指缝中倾泻,罗马的一砖一瓦、一草一木都呈现着伟大与不凡。

一路向前,绵延到市中心,行人不再步履匆匆,而是慵懒地坐下来享受暖暖的日光,阳光倾泻在白色台阶上,发出闪亮的星星点点。《罗马假日》中绅士的乔含情脉脉地献上一个清凉的蛋筒冰激凌给安妮解闷小憩,画面永远定格在这儿,难以忘怀。想象着美好的爱情,面对着正前方的旧船喷泉,想着这条船会不会驶向大洋,会不会扬帆起航,会不会渡人向善,会不会划过白浪流淌芬芳?清澈的水柱宛如雕琢而成,让人想到极地的清凉,让人幻想纵身入诗,然后遗忘。说过诗意,那清新如仙的人间灵物,似乎与雄伟质朴的罗马格格不入,但并非如此,穿过人山人海,登上济慈、雪莱故居的小楼,这里没有"昨夜东风",也未能"望尽天涯路",但只要你肯凝神屏气去品读诗人们的手稿,便会受益无穷。那流畅轻快笔迹的主人啊,他是否也偏爱这阁楼窗外的风雪?他是否也为了生计无奈困顿?他是否也拥有甜蜜的爱情?纱质的窗帘轻卷,诗人的世界与窗外的喧嚣突然和谐起来,这世界需要繁华广厦、电响灯明,当然也需要沙汀烟雨、精饰红楼。

　　罗马的道路,没有长安街的宽阔气派,它更像博物馆中的小过廊,逼仄悠长。两边高大的巴洛克式建筑挤出一线窄窄的天,像藏民亮蓝色的缎带。前方的路永远神秘,它会让你拐来拐去,让你又恨又爱,又在不知不觉中带来惊喜。正是这"米"字状的路将我带到了黄昏的威尼斯广场,落落余晖笼罩着静默的罗马柱与人物雕塑,红绿白的旗帜飘荡,流浪乐手的萨克斯沉郁悠扬,但奔跑嬉戏的孩子是听不懂个中滋味的,年轻的心里怎会有阴沉的乐符呢?

　　年轻的心炽热无比,但当它一日日接触人间冷暖,经历过悲喜之海里的浮浮沉沉,当宠辱的风浪抚过赤子的胸膛,这颗心便需要有所归属,这时,西方人常常选择宗教。

　　罗马不失为一个了解西方宗教的好地方。若你想倾听那些美妙肃穆的圣经故事,圣彼得堡门前纯白的罗马柱会讲给你,门内瑰丽缤纷的穹顶壁画会讲给你,燃烧的壁炉像一位老管家守候着圣洁的灵柩,那里躺着人们尊崇爱戴的教皇,带着永不褪去的光芒。四周的光线迷离神秘,又像是精灵在身边游走,又醍醐灌顶般地灵光乍现,悲伤的圣母,含笑的天使,表情凝重的圣女,歌颂唱诗、忏悔、洗礼……宗教是生活拼图中不可或缺的一块,它给热血青年的身体理智降温,它让轻狂自大的人学会卑微与恭谦,它让人们有所敬畏。归依于上帝,肩上永葆力量,眼中常含光芒。头顶着神灵,面前有卫兵,高大的瑞士男子穿着米开朗基罗设计的服饰忠诚地守卫着,脚下的动作响亮利落,充满活力。

罗马有宗教带来的庄重,当然也有希冀带来的灵动。

探访特莱维喷泉,海神尼普顿驾驶着马车呼啸而来,翡翠色的清水流动,像极了少女含情脉脉的眼睛。四季女神翩翩起舞,仿佛在祈祷海晏河清,愿每个生命都如海安宁。"日光下澈,影布石上。"池中的硬币在折射下摇晃,每个硬币都是沉甸甸的,因为它们承载着一个个愿望;每个硬币都是飘飘然的,因为它们是人间与天堂的信使,张开翅膀上前去,飞向极地,飞向北方,飞进万神殿,落在圣龛旁。石神殿是建筑史上的不二奇迹,墙壁上、供桌上、座椅上都无一例外地雕刻和绘制着精美的花朵人像、圣经故事。殿内的气味是太阳的颜色,神圣庄严又不失生气与灵动,一砖一瓦都是超凡入圣的艺术精品,是大师眼中生出的春芽,是匠人手下开出的鲜花。

歌德说:"罗马,你诚然等于世界,可如果没有爱,世界将不成世界,罗马也不成罗马。"诚然,罗马不是冷冰冰的罗马,它充满了爱,抚摸过濒死垂伤的角斗士,抚慰过虔诚的信徒,抵挡过入侵的异教徒。脚踏光亮的石砖路,由着心情行走,累了就坐在一根罗马柱旁。我相信每根柱子的上方都萦绕着维吉尔、贺拉斯、奥维德、贝尼尼、莫兰迪的高贵灵魂,他们的精神永远陪伴着这座城市,纵无言语。罗马的爱在不经意间,咖啡店的门童灿烂地向你展示其独有的微笑,你不禁寒暄一句中文:"你好!"餐厅的女招待换上胭脂红格子方巾,筹备着一顿正宗意餐,小男孩骑在爸爸的肩头,听他讲每个雕像的故事……没有人会拒绝这里,这里的人也绝不拒绝来自世界的友好。

"罗马的伟大是一种永恒的典范。欧洲其他城市的历代设计者,连梦中都有一个影影绰绰的罗马。"我曾将手伸入"城市之嘴"默语:"罗马是个神话。"我曾惊叹于这里的人群、建筑、文化,今天终于理解了安妮公主那句:"罗马,当然是罗马。"

天的恩泽,造物主的点拨,让这座城充满活力,如意大利的国花——雏菊。罗马神话中,它是森林里的妖精贝尔帝丝的化身。闭目冥想,在罗马街头的花坛中,小雏菊睁开了朦朦胧胧的眼睛,喃喃低语,劝你放下行囊,留在罗马,但它终究是沉默了,因为它的花语是——隐藏在心中的爱。

满身风雨,你自水上来

十四世纪之前,古老的东方,美女佳人"当窗理云鬓,对镜贴花黄"的"镜"还是抛了光的铜璧,而在偏远的山村湖畔,也不乏清丽的临水照花人。中国人当然不会知道,在未知的大陆上,勤劳机敏的威尼斯人已然通晓了锡箔和水银涂抹制镜法,那清晰的反光水晶面照见水影之梦,照见一片碧蓝。

对威尼斯最早的期许,拜莎翁所赐。"世间的任何事物,追求时候的兴致总要比享用时候的兴致浓烈。一艘新下水的船只扬帆出港的当儿,多么像一个娇养的少年,给那轻狂的风儿爱抚搂抱!"形象真切的笔触,细腻贴切的形容,让安东尼奥、夏洛克活生生地走进少年的书本,威尼斯商人的温厚仁爱、真挚友谊连同早期资产阶级在宗教、金钱、法律的海里沉浮,是微不足道的污渍斑斑的账本,成就了亚得里亚海女王的兴衰史。

青史竹帛当然不会为下里巴人作传,正因为如此,它错过了太多的悲欣与苦乐,就像错过了威尼斯港的进进出出、潮起潮落。值得期待的只有彼岸,所以神色匆匆,所以步履不停。港口泊着上百艘客货用船,各为各的订单扬帆奔波,各为各的生计漂泊,商业无疑是沟通文明的最强纽带、物资的交换、商业理念的碰撞、带来富裕的物质生存资料和意料之外的语言文化或是美好(异域)爱情。

眼神跟着水鸟纯白的翅羽,从一艘船飞到另一艘船,从一座桥落到另一座桥,从一片天落到另一片天。水波潋滟,连波纹都五光十色，房屋与水相接处长着一层青苔，像王官贵族的拥趸，攀缘着牢牢的厚壁炫耀自己绿得闪光。置自贡多拉的羽毛座里，像婴童身躺进了母亲静心收拾的温床，毫无"寄蜉蝣于天地，渺沧海之一粟"的达观，只是简单地想在这柔波里"做一条水草"。孔武有力的威纳托男人举重若轻地撑着这只凤尾多拉，也撑着游人的幻想。"日落钟声响时，我要在叹息桥下亲吻你。"叹息桥跨着窄窄的水道，听着城市的风烛残年的呐喊，叹息一声，饱含悔改与怨愤，我们戴着罪来到人世，但愿穷尽一生濯净魂灵。青年男女在桥下拥吻，相传如此便能天长地久长相依，爱情的信徒啊，一方清渊中你奢望见到神龙，烟雨迷离里你却不懂疼惜。请你们将吻痕留在意大利透明的空气里，就像拜伦在叹息桥留下诗意。

　　狂欢属于二月天，艺术统归九月节，无论是二月里带着彩绘面具载歌载舞，抑或在秋天研习电影艺术的真谛，最热闹、最繁华的所在，一定是圣马可广场。这节日的威尼斯"户列珠玑，市盈罗绮竞豪奢"，不输钱塘，金色的飞狮镇着威尼斯的底气，左爪扶着《马可福音》："我的使者马可，安息吧！"西方世界里最精饰的地方安放着公民的信仰，愿此夜清霄，众神安眠。总督府的人还在为了国家机器的运转乐在案牍劳形中，黄金宫的面面巨窗被波浪声吵得睁开了昏昏欲睡的眼睛。拜占庭式、罗马式、哥特式，多风格熔铸了广场上的建筑，早期阿拉伯商人带来的伊斯兰元素，时至今日仍被世人仰望。巴西尼加钟塔长鸣，将这里的高贵告诉世人，水上世界的门户，地中海的霸主，它的尊贵，只关你我，无关风月。

　　东方版图上也有一座水城，古镇在橹声中醒来，备东南形胜，具吴越风貌，满目的紧凑与淡雅。乌镇是位雨巷深处的姑娘，结着愁怨，打江南走来，凝在霜桥夜泊的风雨楼。乌镇与威尼斯没有了车水马龙的喧嚣，没有了发动机的聒乱轰鸣，只有白昼的气势滚滚、夜晚的海潮暗涌。马可·波罗曾在哪个港口出发去探访黄金与香料富饶的东方,一部行记又安慰了多少航海家在狂风巨浪中茕茕孑立的灵魂。

威尼斯大运河上,打对面而过的两个游艇的船长相视一笑,问候一句"Ciao";凉丝丝的海风又在拨弄两岸坐着的少女的头发,她们不羁地脱下鞋袜沾着水,亲近这清新的水;凤凰歌剧院海报旖旎;达蓬特大师的里亚托桥上,孩子骑在父亲的脖子上认识更高更远的地方;皇家赌场气派依旧,花花绿绿的筹码早就备好,等着贵族的大冒险;修道院一个接一个,上帝的密字要义今天有谁在修习?莎士比亚"慈悲的力量却高于权力之上,它深藏在帝王的内心,是一种属于上帝的德行"。因为慈悲,金色飞狮也不露锋利的爪牙,绝对的权力不是用来压迫与毁灭,而是拯救更多流浪之心。"拔人于苦,谓之慈;授人以乐,谓之悲。"这是威尼斯的包容,渗透着亚平宁人心底的善意。

夜半梦醒,耳边涛声重现,在方才的梦里,人们粉刷着他们的彩房,桥上簇拥着丁香,港口嘈杂忙乱,出港的商人抛给妻子一束鲜花,这是银碗盛雪,亦是柴米油盐。

万恶之都,我爱你

海明威讲:"假如你有幸年轻时在巴黎生活过,那么你此后一生中不论去到哪里,她都与你同在,因为巴黎是一席流动的盛宴。"诚然,她真就流进了我十八岁的故事里。

若你涉世未深,眼神清亮,骨骼中充满求索未知的细胞,请你前往巴黎;若你饱经沧桑,流过血泪,在落花流水中满目萧然,请你依然选择巴黎。

作一幅画,刻一座碑,奏一支曲,抑或什么也不做,随便走走,你都能融入巴黎。穿过哪个区,走在哪条街,跨过哪座桥,每个人都有风情,或残败不堪,云淡风轻;或难以割舍,时光如云。这是一场追寻,长夜若风,梧桐叶凭风起,扶摇而上九万里。

巴黎如万花筒,挤满了财富、艺术、景观和时尚,让人眼花缭乱,人们爱她,埋怨她,容忍她,依赖她……但要了解鼎盛时期的巴黎还要前往凡尔赛宫去。没来到凡尔赛宫前,我一直不知道什么是金碧辉煌,金色与青灰充斥着外观,豪华与底蕴锋芒毕现,一曲巴洛克与洛可可的建筑重奏。花园一片翠葱,鲜花与草修葺整齐,富丽堂皇的厅室正为奢华的皇家气派歌功颂德;耀眼夺目的水晶灯"疑是银河落九天",器具与装饰品搁置得错落有致,合乎礼仪;天顶壁画上安安静静、稳稳妥妥地安放着天神,王者的信仰,王者的权力,王者的敬畏,王者的杀戮,这些微妙种种,在那缕金花边中发酵。站在巨幅油画下,似乎还能体会到画匠那卑弱的背影,色彩光鲜,一笔笔细致描摹;屏气凝神,一口口均匀呼吸,今天在他笔下的王,明天万众子民视之而歌唱。与王的眼睛对视,从路易十四到路易十六,他们微微上扬的嘴角意味深远,王室战争、生死霍乱、乱臣贼子,大风大浪刮过;迷幻香氛、高跟皮鞋、精密锁具、名窖美酒、小桥流水,风雅趣事多。王室的秘密,足够那偏好琐碎的长舌妇人说上几天几夜仍兴致不减、津津乐道。不知怀揣怎样的一种心情,我来到了签订《凡尔赛条约》的桌子旁,靛蓝缂丝的桌布、优雅的帷幔都无法吸引我的注意,这时的脑海中嘹亮地响起国人的口号:"外争主权,内惩国贼!取消'二十一条'!"风度翩翩的绅士顾维钧振呼:"中国不能失去山东,正如西方不能失去耶路撒冷。"此时如同置身学生们的游行队伍,穿着蓝衣黑裙,撒着花花绿绿的传单……神奇的桌子啊,你可知你影响了东方睡狮?你可知你曾告诉他"弱国无外交"?你可知今日雄狮已醒,四肢健硕,爪牙锋利,为世界所震撼?作别五四的烟云,心神又回到眼前的瑰丽,来到镜厅,来到这精灵锻造的仙界。蓝天与蜡烛在光的反射下融为一体,光滑的地板早就被王妃贵妇的裙摆打亮,王室贵族、皇亲国戚在此寻欢作乐,优雅起舞。交际的乐趣、国政外交的秘密隐匿在脚尖舞步中,一路明亮,一路荣光,一路的镜子中显现着佳人倩影,不用华服,就足以让人沉醉。

桃李春风一杯酒,这春最好是梧桐吐芽的春,这风最好是塞纳河畔的风,这酒最好是博若莱酒窖下大睡初醒的干红。

迈着轻快的步子,穿鸢尾枝,抚梧桐叶,享受巴黎少有的日光,清浅,不张扬,塞纳河畔的下午像是一场精心筹备的约会。上了游船,任由欲望脱缰,任由魂灵释放。碧蓝的河水闪着上百双眼睛,与船底的涡轮缠绵又挥手而过,水鸟轻狂地飞,放肆地振翅又滑翔,停落在河岸上。岸上的人们,或三五知己交谈;或恋人耳鬓厮磨;或拿着本雨果捧着杯摩卡;或什么也不带,孑然一身,潇潇洒洒,舒坦地享受日光浴整整一下午,看着相拥的恋人,惊叹于那美妙的缘分,去爱吧！去爱吧！你们是何其幸运，有着如诗如画的午后日光，还有那完善的另一半，懂你信你，视你如糖。两个人相爱的感觉真好，就像空港里泊着故乡的船……塞纳河里的船无一相似，河上架着的桥无一相似，像个性鲜明的艺术家，各有各的风度，各有各的棱角，各有各的魅力四射，各有各的生活姿态。但相同的是那一腔法兰西血液，热情似火，是那高卢雄鸡般的傲慢不妥协，是那温柔绸面下的一阵桀骜不驯的风。桥上的人笑着向你招手与呼喊，你回应，他们点头，这就是巴黎，不辜负每一份热情。我们清楚今生今世的缘分也许就在那几秒钟，我们清楚对方的模样终将远去黯淡，但那又怎样？岁月寒冷，人情冰凉，有了这相视一笑，仰面花开，融泉淙淙……

塞纳河畔有说不完的故事，荣军院的铁骨豪情，拿破仑的赫赫战功，凯旋门终究没为这天之骄子接风洗尘，但他的丰功伟绩、他的传世法典、他的勇毅人格，早就烙刻进了人心。这是黄昏的太阳，我们把它当作黎明的曙光。丑与美，爱与恨，卡西莫多的人性光辉今朝未散，从玫瑰窗中溢出来，就如圣母院前的鸽子，代表着圣灵，春季繁衍，生生不息。埃菲尔铁塔与简洁的几何构架诠释了时尚之都的刚柔并济，清晨薄雾冥冥中的它，夜晚闪闪发亮的它，蒙帕纳斯大厦俯瞰下鹤立鸡群、光彩夺目的它，就像在高调地向世界宣告："光之城，我的城！"

《文化苦旅》中说："世间真正温煦的美色，都熨帖着大地，潜伏在深谷。"抛却人山人海的景点，向拉丁区的小街道中走去。来自索邦大学的严整热烈之风呼啸而来，拂面而过。路灯下的这里，清新质朴，美食琳琅满目，你会邂逅捧着书本留着短发的女孩，心生爱慕。墙壁的爬山虎后隐隐约约地显出灿烂张扬的涂鸦，撕裂、夸张、狰狞，自由之风在铺张着……小店门前摆好新鲜的生蚝，酒吧的吉他手动情弹唱，咖啡座上零星数客，今日的安适静谧，让人很难想到"五月风暴"的豪情万丈。

若街角刮来一阵清风,带来三片棕榈叶的气息,那一定是从卢森堡公园来的。那是读书的好去处,诵诗的好去处,放空灵魂的好去处,洗涤心尘的好去处。每把漆绿椅子都有思想的头颅,每朵鲜花都有独一无二的名字,每个树洞都有少男少女的秘密。含情脉脉的杜鹃旁落了一只呆头呆脑的小鸟,整齐的羽毛像刚从水里钻出来似的,清凉的喷泉守护着捧着橄榄枝的圣女,人们站着、坐着、漫步着,无言温柔,仿佛都在静等一根针的坠落。请一定要大口欢畅地呼吸,不负这绿茵茵的良辰与上帝的美意。若真的有天堂,我想应该是书店的模样。韵味十足的莎士比亚书屋安放着法国文人的钟爱与孤傲,麻雀虽小,但是种类繁多,包罗万象。是那一行行流畅的法文编织起了文艺梦想,孕育出了宽容开放的骨血,让人不禁叹道:"读书之乐乐无穷,瑶琴一曲来熏风。"

法国人悠闲散漫,但这个民族并没有在闲暇中不作为。且看卢浮宫数十万件展品,没有堆砌与拥挤,没有眼花缭乱与透不过气,就是优雅地一个个亭亭玉立在那里,像书香门第中的姑娘。宗教油画,人体雕塑,东西方艺术在此碰撞,火光四射,让人惊羡。是人文主义的魅力让圣母嘴角含笑,让忧郁的男青年静默,让航海家不辞辛苦、笃定远方。娴静的维纳斯,神秘的胜利女神,还有那集万千宠爱的蒙娜丽莎,年少的我还没有成熟的审美能力,也许我还不能读懂她更深一个境界的美,但她身上的闲适端庄,没有一丝脂粉气与谄媚的女性美是我永远会仰望与铭记的。

我们的时代缺少大师,缺少精神领袖,而巴黎则见证过大师的时代。伏尔泰与卢梭关于自由、平等、博爱的呐喊声震天钟,大仲马的非议与才华仍纠结着民心,雨果与巴尔扎克的文字将永远为我们凡人超度,居里夫妇依旧执着地点亮着科学之光,莫奈的睡莲仍夜放清幽,莫拉的羽管键琴还是才情无限……他们疯狂且特立独行,他们惹是生非且不停折腾,他们与生俱来的与众不同和世界格格不入，他们不拘小节，不修边幅，不墨守成规又不安于现状，可他们的的确确开创了时代，启迪了人心。数以万计的心灵，不分种族、没有国别、毫无隔阂地向他们致敬，正如檐壁上镏金的大字——致伟人们，国家永远感念您，愿他们庇佑我们，愿他们在另一个世界日日精彩、夜夜安宁。

香榭丽舍繁华依旧，戴高乐广场悠然依旧，协和广场的方尖碑还是直冲云霄，但感念着伟人们，心境都不同了。《马塞曲》奏响，法兰西的夜来临，昏黄的大街小巷停下了脚步，点燃一支烟，端起一杯唐培里侬，作别匆忙。街角的恋人依偎亲吻，母亲推着淡蓝色的婴儿车，穿布衣裙的小孩挽着玫瑰花篮，街头艺人享乐在属于自己的旋律里。世界之奇妙不在于多少富丽奇幻的豪华建筑，不在于多么险远的奇伟山川河流，而在于你不知道的地方，有另一群人正在以你不知道的方式呼吸着、生活着。也许他们看起来的幸福背后也有那苟且的不满与小麻烦，也许他们也在羡慕你，你想与他们握手交流，但差了那一点点勇气、果敢，又含羞地缩回了手。

夏夜的巴黎美得让人窒息，不住地想这里春来花似海，一片粉白；秋天梧桐金黄，烂若朝阳；冬季天茫地阔，冰清玉洁，万树银花……可爱的她正在与谁邂逅呢？这时，爱熄灭了灯，心围一座城。

没有曼哈顿的高楼广厦，没有香港的灯红酒绿，没有上海的车水马龙，没有一个确切的词能一言以蔽之的美。"少年不识愁滋味，爱上层楼。"楼上的巴黎多了几分风致，落落大方，给旅人唱尽白昼之歌，冷冷清清，风风火火。巴黎亦动亦静，让人爱不过来，正如尼采所说："谁终将声震人间，必长久深自缄默；谁终将点燃闪电，必长久如云漂泊。"

赠你一眼泉

当斜阳的余温依偎着砖红色的壁炉,夜来香浅浅地伸展它曼妙的身姿,男孩跳在父亲的双腿上,听着亲人诵读着《圣经》。

白鸽飞出他家的窗檐,落在了布拉格城堡,红色的小眼睛灵动机警,摇摇晃晃地踱步,把这座童话城市的景致不紧不慢地告诉离家的人。

每块老砖都有沧海桑田的故事,每扇窗子都有匠心独运的设计,每个浮雕都有引人入胜的情书,每条花纹都有锦绣未央的神韵。仔细看昏黄的墙壁,细碎的裂纹犹如迟暮美人的额角;忍不住用手抚摸,它不光滑,如成熟男性的胡髭;它不尖锐,如贝斯乐手手下的曲调。

"有我所不乐意的在天堂里,我不愿意去;有我所不乐意的在地狱里,我不愿意去;有我所不乐意的在你们将来的黄金世界里,我不愿意去。"看到布拉格城堡的影子,就想到这诗句。这是一个不折不扣的童话世界,不愿苟活于明暗之间,它生来就注定要光芒四射。色彩斑斓的花窗,用琉璃与颜料的碰撞讲述着工匠与信徒的不平凡,将阳光分割成它想要的样子。一个人站在高大的城堡下是那么渺小,登高自卑的意境油然而生。精致到极限的教堂外观引无数旅人赞叹,物华天宝,人杰地灵,花纹铁窗在不知不觉中将我卷入了十八世纪的梦,铁锈长满藤蔓的错觉,千年的信仰萦绕在城堡上空最漂亮、最耀眼的地方。尖锐与圆润,昏暗与明亮,现实与理想,那玫瑰花窗最会骗人耳目，墨迹斑斑的外表下潜伏着一番别有洞天的景致。呆呆地坐在教堂的长椅上，邂逅一场婚礼，见证这世间一份情爱变成责任与陪伴，墙上、屋檐上雕筑的圣母与家教故事，好像都在另一个世界见证着这一切。疑虑过，退缩过，懦弱过，但真爱还是将青年男女系在了一起，这座城市天生就适合恋爱，我的灵魂天生就适合唤醒你的灵魂。

石子小路一径悠长，正气凛然的卫兵目视前方，守卫着总统府。政治的风起云涌、当局的外交国政与这梦之童话看着格格不入，却又骨肉相连，理性、负责、宽容、承担……美好的政治哺育出性情温和的子民。复行数十步，来到老城的制高点，向下俯视，最精致不过眼前，房顶无一不是那热烈而含蓄的砖红色，漆绿的小教堂点缀其中，连带着绿色的山丘，一眼望去，满目苍翠，无止休……舒适、干净、清新，这红与绿的碰撞无疑是灿烂的布拉格文明献给我们的礼物。亲爱的你，此时，你应该想呐喊吧？喊出生活的苟且，让浪漫的诗翼，盈满胸膛。

既然摸不回来时的路，那就向青草更青处漫步。广阔的草坪里伫立着一尊米色的雕塑喷泉，含情脉脉地流着纯净的水，不悲不喜，就站在那里，看着青年读晨报，看着孩子追逐空中的羽毛。布拉格的气质，在那从容悠闲的步伐里，在那气定神闲的眼波中。

"生命中有些东西，对我来说是如此之重，对你来说却是如此之轻。"米兰·昆德拉是无数人对布拉格印象的启蒙。青春年少的你，也许还不懂爱与背叛，也许还不懂卡夫卡的生命哲学，纵然如此，也请去查理大桥上走一走。神秘的桥，传说满满的桥，岁月洗刷的桥，深沉地卧在伏尔塔瓦河上。河水潺潺而过，阳光下碧波粼粼，水鸭与天鹅没有阶级地共处，它们才不懂这恍如十八世纪走来的良辰美景，和那杨柳岸边的晓风残月。巴洛克风格的雕塑三五步便能遇到一个，三十座形态不同、灵魂迥异的雕像栩栩如生，摸一摸圣约翰·

内波穆克,祈求那五颗星带来好运;闻一闻雨后的湿气,品尝土壤口味的蜜糖;听一听流浪歌手弹吉他,让他带着你漂泊四方……若是累了倦了,就伏在桥上望望远处,如空山新雨,如烟柳钱塘。上帝从来不说他爱你,但你看,漫山遍野开满鲜花。

天文钟又响起,老广场上依旧停不下匆忙,在缤纷中泯灭,在浪漫中永恒。马车嗒嗒而过,从黎明到黄昏,波西米亚民乐奏响,七彩的泡泡也被那音符推送上了天堂。当一对拍婚纱照的璧人莞尔一笑的时候,当街边的面包圈散发出甜腻的信号的时候,当金色头发的女孩从大叔手中拿走一个绿色气球的时候,你都能感受到这座城的善意。不慌乱,不物质,不俗套,不眼花缭乱,不落入窠臼,就如温泉一般,浸润你的思想,唤醒你的每个细胞。

"遇到喜欢的人,就像浩劫余生,漂流过海,终见陆地。"于湖心亭看雪的你,独钓寒江的你,痴痴空守着城春草木深的你,有没有这样一座城,可以像布拉格一样,为你敞开一扇城堡之门,给你一个避风港?有没有这样一座城,可以深邃地、隐忍地爱着你,默默地凝视着你,包容着你的倔强,排遣着你的忧愁,爱你却又拒绝你?

布拉格的一草一木、一花一鸟都荡漾着灵气,像是每个角落都飘浮着隐形的星云。它的名字,来自古语,意为"泉",贴切而出彩,正是一眼泉,挨过了三九寒冬,终于千百次追逐恰逢春天。"什么是爱?这其实很简单。凡是提高、充实、丰富我们生活的东西就是爱。通向一切高度和深度的东西就是爱。"卡夫卡一言点醒世人,爱终究是全人类的桃花源,祖辈父辈见过爱,孩子眸子里闪着爱,我曾经也享受过爱。

赠流浪的人六尺温床,赠红粉佳人绫罗绸缎,赠沙场将士赫赫功勋,赠风流逸士田野丘山……享受的你,迷茫的你,看你形只影单,不如赠你一眼泉。

水晶球的梦之城

大多数女孩童年时都拥有过一个水晶球,滑动的液体,零零星星的漂浮物,碧水云天,黄叶满地,积翠如云,春意阑珊。那只有油画中才会出现的明丽色彩让人忍不住想要钻进那美轮美奂的世界,如同坠入瑞士的小镇。

"这不是我的城,却也因我灿烂过。这是你的城,可也为你徒萧瑟。"这个城,从传统的钢筋水泥的城市模型中剥离,幻如仙子,轻若如骨,像是云雀衔来的,像是琴弦中奏出来的,像是母乳中流淌出来的。"幸福"在这里不是一个普通的词语,而是诗意的生活。

薄雾冥冥的清晨,乳白色的雾绕着阿尔卑斯山的余脉,就像如胶似漆、难舍难分的恋人。迷蒙的森林睁开了眼,微微一瞥便发枝吐蕊,像舒婷的诗句:"你曾有一个水杉的名字,和一个逆光隐去的季节。"日光下泄一缕缕金色的光柱犹如古希腊神话中海伦的长发,熠熠生光却不灼手,伊人青丝挠指柔。大朵大朵的云压在青山之顶,却了无压抑阴郁,繁重而笨拙,纯洁惹人爱,让你担心它会不会掉下来,砸着你,让你被动地做一场软绵绵的梦。当然,梦里还有那碧色的湖,静谧如玉璧,清澈通透如少年的瞳孔。白色摩登的现代化游艇在湖中划过一条长痕,让人想起东坡的词:"一叶舟轻,双桨鸿惊,水天清,影湛波平。"那游艇的主人,大概也爱那马达嗡嗡带来的快感,爱与白浪同行,在湖光山色中,做个贪婪的享受者,做个世界的水手,游遍所有港口。

在湖畔与山脚交汇处抬头望,瑞气上升,祥云盘旋,褐色的小木屋遥遥相望,林林总总。码头的木桩上落着一只水鸟,还穿着红得娇艳的"靴子"。薰衣草的诱惑俯仰皆是,散发着紫色的清香,桥、路、房屋随水而形,汲水而生,让绿波拍打着你的波心,沁养着你的品格。金色山口火车一路向上,途中的美景不忍忘怀,黄白相间的奶牛听着轻音乐吃着草,农妇将自家院子收拾得花团锦簇、井井有条,小草丘上安安妥妥地放着一架橙色的滑梯,可那个淘气鬼跑哪里去了?老树道骨仙风地肃立在山水间,看惯了风与雨、云与湖、沙与雪、情与爱,见证着瑞吉山的春秋,是瑞吉山的眼睛。踩着软软的青草,登上山顶,"气蒸云梦泽"的气势扑面而来,风停了,绵延的山和镶嵌其中的湖,一切都意志昂扬、欣欣向荣,让人不自觉地想守候着下个季节的来临。深吸一口清新的空气,胸膛满满的薄荷清凉,这里曾让无数登山爱好者流连忘返,让伊丽莎白女王许许称赞。"水让我们感受世事无常,山让我们领悟天地恒昌。"不真切了,那云雾不真切了,配着山的雪顶,"白茫茫一片,真干净",若有一日我白发苍苍,带着儿女重回此地游荡,我会热泪盈眶,给他们指着那翠山碧水、白帆红船,坚定地讲:"那是我年少时的林海雪原。"

走过多少湖海山林,人们终究要回到平地上,去生活劳作、创造文明。因特拉肯小镇的街道上,左手是一片草地,落英缤纷,温柔地仰视着滑翔人;右手是一家家精制的钟表行,款式琳琅满目,精细的指针有条不紊地游走,像一个西装革履的绅士,打好领带、按好领扣才款款出行。瑞士的和平稳定和乐观且高度发达的资本主义工农业、服务业让这里的公民有着与生俱来的高贵修养,耐得住心神,心细如发,心静似水。一柄高精螺丝刀,一架独眼放大镜,一台数百瓦的聚光灯,一守就是一下午,任时空流转百年,我自如山顶青松岿然不动,怀揣匠人的毅力、大师的创造力、温和的秉性、恭谦的学习态度,集世之珍贵品质于一身的钟表师让我们高山仰止,无数次雕琢换来一丝灵光乍现，如郑板桥所言："必极工而后写意。"钢铁、金银的品质自不用说，单是那洁白无瑕的表盘，就足够照见人的清澈。不温不火，不急于求成，对于心中成形的那块精品低声呐喊宣誓，借一句席慕蓉的话："我有着长长的一生，而你，你一定会来。"GDP与社会发展，这块钟，也需要我们耐心雕琢，速度可以慢一点，只求步步扎实，人民幸福。

生命就像那空中白色的羽毛，或迎风搏击，或随风飘荡，或翱翔蓝天，或坠入深渊。而当这羽毛吹到了琉森，便只有载歌载舞。到了琉森已是黄昏，店铺关着门，行人零星，风儿安宁，唯一忙碌的只是那交通信号灯。漫步在桥上，那清新的瑞士土地多了几分韵致与迷魅。白天鹅悠闲地踱步，节奏轻俊，脑海中响起约翰·施特劳斯的《天鹅湖》，它们是如此高傲，近乎傲慢与不可一世。红色的旗帜被路灯小心呵护着，如亲兵保护着王的仪驾。这城市睡着了，只剩夜来香展开了它层层叠叠的波心。

一块牛角包，两片黄肉，一杯热拿铁，简约的欧陆式早餐唤醒了活力满满的一天。清晨的琉森一改夜的悠闲浪漫，骑着自行车的上班族一身清爽，车速飞快，行人匆匆，这是快节奏的清晨，一天意义非凡的工作正等着懂它的人去书写，如果一个国家的人民以气宇轩昂的步伐和百分百的热情投入事业，那么这个国家的发展一定是高效的、飞速前行的。财富不属于那些用大把走神的光阴换取的人，而当你无比专注热忱地缔造事业如信徒修筑教堂时，财富自然会来到你的面前。重守时诚信，重高效精准，瑞士的钟表与银行业如此发达，我想这也是一个原因吧。

在花桥伫立，倚桥顾盼，凭栏张望，杏色的花蕊，紫色、橘色、玫红色的小花正一排排攀比芬芳，水鸟滑过天鹅的旁边，可天鹅却没有发觉，继续着它公主跳交际舞般的游走，"最是那一低头的温柔"，长长的颈显出一条弧度，婀娜万分。此刻，没人与人争夺眼前的和谐，无论功名利禄、家财万贯，管他世事纷争、芸芸众生，天地之间，唯我一心，宁可借半生的颠沛流离，换这水波潋滟中的一番清丽。愿鸢飞戾天者，能在桥上洗尽心尘；愿经纶世务者，能在桥上放下物欲。

　　水晶球中纵有千般景致，终究少了些烟火气，你我都是生活浑水里摸爬滚打的人，想来心疼，哪有那么多湖光山色的享受呢？湖中的水甘甜清凉，但摆在超市的货架上还是要用金钱衡量，亲爱的，别掉泪，不如这样吧，放下一切，让人偶尔远行。

能饮一杯无？

进入德国的路上，一眼望去，满目苍翠，非典型性田园风光乍现，一块块硕大的太阳能电池板，细腻打磨的高速公路，无一不低调地显示着德国经济实力的雄厚。一个国家就这样用工业将自己从两次世界大战的颓败与凋敝中拯救出来，让世人惊羡于它的严谨与精细，光荣属于日耳曼。

在巴伐利亚心脏深处，一座活力满满的城巍峨伫立，它的双耳领略过铁马冰河，它的眉眼见证过风风雨雨，慕尼黑像是一棵自泥沼中长出的树，巍峨挺拔，生生不息，自有一番风骨。永远冲动，永远感性，想在这座希望之城冒各种风险，冒世之不韪探索一片新天地。可温驯从谨的德国人又不厌其烦地用现实告诉你："还是太年轻。"

王尔德说："不要虚掷你的黄金时代，不要去倾听枯燥乏味的东西，不要设法挽留无望的失败，不要把你的生命献给无知、平庸和低俗。"但慕尼黑一定是一个值得托付情感和时光的异乡。追寻着杳远又清亮的钟声，来到玛丽恩广场，游人如织，熙熙攘攘，大大小小的商店鳞次栉比，天空飘起雨来，这是欧洲送我的第一场雨，纷纷扬扬温柔地撒下来，为城市带来郊区的青草气、泥壤气。"雨是一生错过，雨是悲欢离合。"匆匆行人不知道何时拿出了雨伞，神色不慌地继续赶路。灰蓝色的天映在翠色的喷泉池里，粉紫色的小花躺在街口的花坛里，老教堂安之若素地盘算着自己的日月，老窗最是鬼斧神工，其间穿插着肃穆的神像，这世上有多少扇窗子，就有多少种人生。灰鸽一群一圈圈环绕，注视着老城的秘密，翅羽间闪烁着愁楚，这愁楚是德意志国土与生俱来的，隐隐然回荡在最细的缝隙中的气象，让人望而却步，波谲云诡，猜不透的迷离。正是这高贵而不可一世的穹顶和气息，给予了康德、黑格尔、费尔巴哈高屋建瓴的言辞与思想风暴，他们的哲学，无疑也是德意志的哲学。

深深的小街道是慕尼黑的一条条血管，保持着德意志的温度。一辆红色女式自行车静默地倚在街边，含蓄而内向。每一家药店、皮鞋店、玩具店的橱窗都装点着不一样的梦境，脚下的路舒适而平坦。这些路将这个严于律己的民族送向世界的前端，推上制造强国的前列。

仰望着厚实的云翳，披上散发着薰衣草味的纱幔，来到仙气十足的新天鹅堡，巴伐利亚国王路德维希二世倾尽一生心血的梦之地，比不得美泉宫的雅致，比不得泰姬陵的纯真，也比不得凡尔赛宫的奢华，但无论走进哪个房间、哪个过厅，都能真切地体悟到这里的主人对艺术的痴狂。站在这里，享受着阵阵清风，远处的阿尔卑斯山上还有未融的积雪，雾凇沉砀，红顶的房子林林总总，青草和湖水流淌成诗，充满魔力的仙境晶莹润泽，连罪犯的心都能重显光明，连窃贼的手都能洗濯干净。环山的湖泊拉起一条蓝宝石项链，系在这浪漫的童话里。听人讲，这年轻浪漫的国王曾与铁血首相是忘年好友，曾与优雅美丽的茜茜公主义重情深。好脾气的人遇上好脾气的天，好脾气的天眷顾好脾气的人，美轮美奂的城堡为豆蔻少女们奏响青春之歌，也启迪了灰姑娘故事里的心中奇梦。

慕尼黑是蓝色的，天是清湛的蓝，湖是静谧的蓝，大气是烟波浩渺的蓝；而它又是红色的，啤酒馆里热烈的红，足球场中信仰的红。步入宫廷啤酒屋，一杯小麦啤，一碟酱猪肘，啤酒里上升的气泡清清爽爽，叉下的肉油油腻腻，它们天生是一对情人，浑然天成。穿着红格子衫衣和褐色短裤的巴伐利亚风侍者提着精饰的篮子供人挑选，与慈眉善目的大叔拼桌，一同闲聊着德甲的逸事，举一杯酒，遥敬安联球场上的拜仁战士。正是诺伊尔的金手套、莱万的机警果敢、拉姆的精心调配、穆勒的前场闪电……让拜仁成为无可取代的德甲神话，这群年轻人代表的不仅是足球运动，更是这欧洲波德平原上生长出的竞技信仰继承人。享受比赛，享受胜利，九十分钟的激情，五湖四海的瞩目。这个不平凡的啤酒屋，排遣过男男女女的烦心事，聆听过球迷的狂热呐喊。当然，希特勒在这里向天花板开的一声震天的枪响仍有余音，政变、暴动的风云过去，以往风云人物的故事沉入大海，两次世界大战的硝烟随风淡去，可这里风雅依旧，安放着德意志那冰冷性格下的如许激情。

《浮士德》里讲："仍然拥有的，仿佛从眼前远遁。已经逝去的，又变得栩栩如生。"慕尼黑会议上的绥靖政策，奥林匹克体育场上矫健的身影，宝马展厅中琳琅满目的经典展品，大剧院门前席勒的轻轻一挥……政治、经济、文化，包罗万象，集古老与现代、机械与艺术于一座城，能不赞叹？

这绝不是一座寂寞的城，室外咖啡店的餐布像夹竹桃一样洁白，穿着一身黑礼服的男人有着忧郁的灰色脸孔，若有所思地弹着吉他，越是清越，越是能听出几分悲切。老留声机里循环播放着巴赫的《马太受难曲》，每一遍都能听出新情绪，坐在这里，单是侧耳听，就有一种月落乌啼的韵味，更不必说心境如何。一阵风吹过桌角，你才从这文化的深谷里醒来，可怎么都听不见回声，低头看到杯子里还剩半杯玛奇朵，冒着热气，那香甜的诱惑问你道："能饮一杯无？"

那个世纪兵荒马乱，无处安身，你也躲不过；这世纪颓废、肮脏、腐败，只有你清醒、温柔、洗尽铅华。你是初春忙碌的瓢虫，你是夕阳下饮水的黑马，你是小满季节的西域棉花，你是初生女婴的细茸毛发,你是富士山口的熔岩,你是险远山涧的兰花,你是酒吧吧台上整齐的水晶杯,你是幼狼尚不锋利的乳牙……后来我把我这双蒙尘的眼里在朦胧中看到的一切最干净的事物比作雨后的你——心中的慕尼黑。

翡冷翠花未眠

若你一觉醒来，发觉自己置身向日葵花海，金灿灿一片照亮了瞳孔，一眼望去，不知深浅，请你一定不要醒来，就醉在其中，独享托斯卡纳的艳阳。如果运气再好一点，你会听到弗朗西斯·梅耶斯在你耳畔轻柔地呼唤："毋庸置疑，好的事情总会来，而当它来晚的时候，也不失为一种惊喜。"

是这里浪漫的气息让才子徐志摩写下诗篇："但愿你为我多放光明，隔着夜，隔着天，通着恋爱的灵犀一点……"是这里静淌的微澜让黄永玉赞赏它为"婀娜河"，是这里花树独有的清寂形影让来自五湖四海的游客都倾倒其中。花之城，世界的城。

人们常说："生活是需要些仪式感的。"步入佛罗伦萨也是要有仪式感的，横冲直撞、目不识丁的鲁莽之人勿入此城，只因连这里的空气都是会识别人的，都洋溢着来自中世纪的涓涓情意。当你踏上这条朝圣之路，就会发现，这里，连疯子都是尊重艺术的。

让后来的人想不到的是，波及世界的文艺复兴，就从这南欧的一座小小的城兴起，一露面便是地动山摇。圣十字教堂里安放着大师们的灵魂，艺术与科学的火花熠熠发光，但丁的雕塑挺立门前，灰色的鸽子落在他的肩上，呼扇着翅膀，轻轻地，怕惊扰了沉睡的灵魂。太阳照着但丁的骨身，我看不懂他的嘴角，是欣慰？是冷笑？还是对这让他深爱着的又亲手将他流放的佛罗伦萨给予清浅的一瞥？他终究是没回到故乡，但在拉文纳的灵位前，长明灯里的灯油由佛罗伦萨长期提供,不生母亲的气了吧?心头的结还无法释怀吗?离家的游子,漂泊的灵魂与衣衫,让来自家的光明补偿你、劝慰你吧!即使今后"只有眼前路,再无身后身"。

粉红、浓绿、奶白,这三种颜色的交融会有怎样的效果呢?世上有很多庄严雄伟的教堂,但很少有教堂能如此优雅、美妙、清俊、忧郁。马蹄声飘悠在街道的拐角,驾车夫胡髭浓密,双眼深邃,带你探访这透明与空无,修得一场转世的雪路浪游。世之奇伟瑰丽建筑,无一不是大师与匠人珠联璧合的珍宝,激情与耐心、感性与理性、电光石火与持之以恒,惊天动地又润物细无声。诗歌、浪漫、爱情挑拨了大师的心弦,而坚毅、精准、责任则弄皱了匠人的眉头。坐在圣母百花大教堂的门前,一个人会明白很多东西,关乎道德诗意,关于伦理光辉,可又会缺失少许自信心,在圣母面前,我们永远都是孩子。

有些人,注定是飘浮在浩渺宇宙中孤独的星球,蒙蒙灰,难被常人发现,可又积蓄着开天辟地的能量。翡冷翠的大师们便如是。但幸好一个叫作美第奇的家族洞烛先机,挖掘、培养了明日之星。一个神话般医药起家的家族像妩媚晚霞一般,笼罩着一座历史斑驳的城,两者的命运早就难舍难分了。走进家族的宅邸,主人的画像,夫人的梳妆台,迷离金百合花、带着六枚药丸的家族徽标,无不昭示着美第奇低调的黄金时代。凭借雄厚的财力与行政手段,还有主人的如炬慧眼,一个又一个大师在美第奇这棵老树的林荫下茁壮崛起。绝不是培养御用文人,也绝不是附庸风雅,而是用财力与权力的铜枝铁干为自由而不拘束的美学创作撑起了一座水晶宫。自然光折射进来,化身七彩祥云,飘上托斯卡纳的万丈青天,将人性光芒分享给每个子民、每寸土地。

用手指轻抚咖啡色的墙壁,像中医切脉一样,考究了佛罗伦萨的呼吸,均匀、稳健、成熟、有力。置身君主广场,仰视科西摩一世的马上风姿,同情沙宾妇女被掠夺时的卑微疼惜,欣赏美杜莎的头颅被珀尔修斯高举,体察寻找乌托邦的理想心理,数不清的雕塑各怀私情,古老的精神寄托于唯物哲学,无人可细言其中的微妙关系。灯光渐暗,诚不知从哪个具体的时间点停止了动静,昏黄的街旁门窗轻掩,一只灰鸽在小道中央,连摆头的频率都变缓了,流浪音乐人收起了吉他谱,城市静得让人害怕。它可不像巴黎,连夜都是异彩纷呈的,翡冷翠永远呆板地遵循古人日落而息的秘密。

"你是我蓄谋已久的暗恋,我是你万迷其中的桃花源。"清晨的你注视着晨光披露的大卫时,一定有同样的心境。君主广场上,中世纪最健美的男子,青铜色的肌肤,骨骼干练,肌肉紧张,眼神坚定,他像是看着你,却又像在躲避你。一次神交,瞬时又欲逃离,心潮浪涌,这是一个人的爱恋。不要回避心头萌动的情愫,去看这个男人吧,肉体也是美丽的,忽略纲常禁锢,只是跟从心灵!

有了看过穹顶壁画的眼睛,有了闻过紫色鸢尾的鼻,有了吟过《神曲》的喉舌,才算真正来过佛罗伦萨。创意在喷薄迸发,人性在生根发芽,欲望在张牙舞爪,这一切都是你避之不及的她。钟声淳厚地撞了两声,又到了子夜,异乡难眠的我望着矍铄的星,盘问着圣灵,那是不是米开朗基罗的眼睛?

翡冷翠,花未眠,此夜何人心更玄?期盼属于佛罗伦萨的时代入梦,让我与大师有那一次短暂的交集,哪怕为他们挤一管颜料,备几支笔。

奈良：唯有信者留其名

车马劳顿甚是磨人，再次睁开眼时，已是在盘山小路上，沿途民居多呈灰褐色，褐色的檐像是刺猬的棕毛，灰色的墙如鸽子的羽毛，总之这是筚路蓝缕的风雨路、调养生息的休栖所。所以啊，奈良的小道在不同的人心中味道也不同。

落脚在生驹市的山腰旅舍，清风不疾不徐，也带不走蚊虫，一整块青石板作为天然的阶梯铺起了上山的路。古刹响起钟声，若不是这钟声杳远清越，我们还发现不了远处的宝山寺。山道两侧两排献灯亭亭玉立，青苔爬满了雕刻，茸茸的、细碎的、精致的样子像萤火虫绿色的"小眼睛"。几十层台阶走过，献灯依旧绵延不绝，时不时有数块细条状的竖牌，记录着不愿张扬的心灵的善行，如月光泻地，自是一身清骨。

"你曾有一个水杉的名字，和一个逆光隐去的季节。"山路上到处可见水杉，在国内名贵的品种到了这里少了清冷的调子，多了份温和。沿着青石小路漫步，想到自己并非虔诚的信徒，便想停下脚步，可是抬头可见的山寺就是这般勾人魂魄。承天之祐，吉无不利、风雨的特殊眷恋点燃了灵秀的画面。富氧的黄昏，古意浓融的小路上，一位女青年身袭运动装，选择在这里释放压力，随风奔跑，经过山寺时她低眉合掌，对着山上的庙宇鞠了一躬。那一刻我们屏住呼吸，像一个孩子，畏惧大海；像一位老人，不敢回望青春的银河。青瓦布满了苔痕，白帐让人不忍用浊手触摸，质感的檐，神圣的佛像，识趣的人绝不能错过这一刻。香雾弥漫,坐在石阶上出神,一只乌鸦飞过,使我如醉方醒,似梦初觉。《礼记》有言:"入国而问俗。"在文殊菩萨前,几位日本女士向我们示意,要围着菩萨转十圈,求学的孩子方能学业有成。青灯古刹,梵洁圣灵,这里没有精密的科学理论,没有世俗的说教,向澄澈的空气里随手一握,就有可能惊扰了虔诚的灵魂。《海边的卡夫卡》中写道:"于是我们领教了世界是何等凶顽,同时又得知世界也可以变得温存和美好。"在奈良,哪怕是寻常花草,它们的一呼一吸都受着极大的尊重与爱怜,独立的浇水器看护着并不名贵的它们,这些花草郁郁葱葱地摆在门口,是主人性格的第一张名片。黄昏不来,小酒馆的灯火不亮,杯盏空空,待君消愁。布制的门帘被风轻柔地挑弄,图案精心而作,薰衣草丛中彩蝶纷飞,虽然蝶与花的体格不成比例,但美学世界里有时也会原谅这些不合常理的考量。我突然想到香汗满额的宝钗扑着大如团扇的彩蝶,圆融八方、迎合世俗的心底,但愿都能留下这顽皮与纯真。

小山丘的公路安静地数着一辆又一辆黑色轿车驰过,它们像冬季运动会滑冰赛道上的黑衣健儿,雄姿飞逝,只留"唰、唰"的声响。仁者乐山,正是群山带来仙寿恒昌、风雨兴旺。沉静缄默的黑眼睛俯瞰着奈良城,决心在这里盖筑房屋、起火生灶。若一个人年少轻狂,带着游侠气质,愤愤不平,炽热地捶胸,决不和世界和解,他定会选择栖于水滨,每日与灵动陌生的眼前流水互诉衷肠。但若他年事已高,鬓也斑斑,心也安详,不妨在山旁落脚。

既然远方混沌迷蒙,不妨关注眼前,公路上不知在哪一刻出现了第一块"鹿出没"的牌子,紧接着这些古城的精灵便住进了我们柔软的心头,就像琉璃掉进松蓬蓬的雪窝。漫步神鹿公园的小径,草色青青,鹿姿优雅。右手摸小鹿的脊背,不像摸青草那样担心刺伤,不像触摸娇嫩的花蕾那样小心翼翼,小鹿皮毛治愈了这双曾经淘洗泥垢、搬起重担的手,并在有缘人的掌心种下梅花朵朵,色彩斑斓。

蒲公英的种子被小鹿挂在蹄上，为它精心挑选适宜孕育它的远方，对称的鹿角像将要抽芽的梅花枝丫，灵犀相通。

"如鸟斯革，如翚斯飞。"《诗经·小雅》中的飞檐被文化交流的力量带到东大寺的建筑构架血液中，奈良古建筑名震遐迩，少不了文化底蕴刚柔并济的支撑。川端康成讲："风雅，就是发现存在的美，感觉已经发现的美。"东大寺处处皆美，或敦肃凝重，或古朴简单，从粗糙结实的大梁，到金铸佛身、寺前梵香，每个人都能发现素未谋面的美。

也许很多年前，才女萧红也和我一样，趴在竹垫上，吃着青杏，盼一场雨，感到短暂的幸福，期望"惊涛骇浪"这些字眼不再出现在自己的人生中，只不过隔着浪漫岁月，这份心意愈发模糊，而与生活抗争的意识愈发清醒了。于是有了洁白精神、清冽骨气，它们不知不觉地泻在纸上。《旧诗》也讲："纯净的言语，如同银子在泥炉中炼过七次。"

大阪：樱花吹满头

就像很多人相信城市会呼吸、有心跳一样，我相信城市是有分工的，有的城市就注定要装扮成水泥森林，去追求电光石火一样的发展速度。对大阪的初印象就是快节奏。

处在商业区的寻常街道，日料店、皮具店热切地等候着零星的客人。电线杂乱无章，有点不像这个民族追求齐整规范的性格，可正是因为这无序才有了烟火气，每走十步，细心的人都能发现三十多块不同的广告牌，新鲜、时髦、出奇、国际化……空气中发酵着商业区本色，漫步心斋桥，花花绿绿的药妆符号击打着少女物欲的弦。小书店门面窄小，却安放着不与人知的秘密，西塞罗、歌德、尼采的著作被译成日文，被又一个民族渴望的双眼浏览、吸收，化进深黑的瞳孔，变闪亮，变洞明，再用束束目光望向正在长大的孩子。一线奢侈品店也选择在这里落脚，时尚品格，盛气凌人。饮食突破了传统，放大了交融，跨大洲伴随着舌尖享受，文化冲撞带来了饮食融合。看着墙壁上个性张扬、鲜活恣肆的涂鸦，闻着半干未干的涂鸦味，仿佛置身纽约的街区，舞蹈的冲动一时抑制不住，便加快了脚步。从路灯到行道的装扮都模仿了英格兰风格，立身被霓虹灯彩饰的桥上，清澈的水流静淌在足下，感受着两旁的商业气息。这里的人向往欧罗巴的辉煌，因此带着向往建筑了这个地方——欧洲村。

大阪的水土也养育了日本文学代表川端康成。在学生时代，我就深切地迷恋他文学中哀物孤郁的底色，他称他的文字"无言地死，无限地活"。即使和幽灵同处地狱也能心安理得，随便什么时候都能拔腿而去。这就是我，一个天涯孤客心底所拥有的自由。驹子撞击墙壁的空虚回声，让岛村听起来有如雪花飘落在自己心田里。岛村的爱就像此刻大阪城公园里的风，温煦，回旋，又惆怅不知归处。大阪城公园两旁的樱花树，有着舒展婀娜的体态。"春日游，杏花吹满头。陌上谁家年少，足风流。"这里的翩翩公子，也许也会折樱赠予心上人，游人如织的春日，他的心只在一缕青丝之间停留。樱花凋谢，这里也并不清寒，随处可见推着婴儿车的妇女，带着大包小包出行，让年轻人见识静谧和谐的公园和蓬蓬勃勃的夏天。这儿的夜晚也动人，没有月色阑珊，闪闪星斗也愁眉不展，只有顽皮的轻云，摸不透它们的心思，也不愿被这机灵鬼劳烦。多少年前，鲁迅先生的《藤野先生》中，我也见识过这样的景色："上野樱花烂漫的时节，望去确也像绯红的轻云。"

电车飞逝，河水潺潺，石墙完全成了青苔的领土，漫步在松树盘公园，历史宛如藤蔓层层将你缠绕。从十六世纪开始的敬天奉神的气息不减，天守阁寓意这里的城主代表上天来统治人间，纷乱战事平息，军事防御功能不在，建筑便掩于黄沙之下。青瓦白壁，铂金的虎，彰显着丰臣秀吉的骄傲与赫赫威名，他当年下马的垫脚石上如今有一只小鸟悠闲地休憩，孩子围绕着疯跑。世事匆匆，雪泥鸿爪，我们看着别人的浮沉，品评着他们的战国时代，却无人怜惜自己卑微平凡的一生。护城河边，奇花异卉，蜂拥蝶绕，满目青翠，穿着夸张的马戏演员在一排贩卖机前逗着老人孩子，讨着自己笑泪两全的生活。人活着，总有各式各样的营生，若你标榜自己与生俱来的善意温良，那么请带上百分之一的挑剔和百分之百的尊重。时光胶囊里的器皿静候着两千年后的主人将它擦拭干净，叹上一句"此乃上好精品"，惊艳于前代工匠的手艺，继续传递和平的消息。乌鸦叫了两声，又躲进榕树密而簇的枝叶中，赤诚的孩子能看见它黑色羽翼包裹不住的光芒。

在大阪城公园，除了休闲的本地人，还有戴着面纱的少女、拖家带口的游客、颤颤巍巍坐在长椅上的老人……在河边，我看到一位采风的画家，背影挺拔，侧面分明，带着欧洲人的文艺与优雅，面庞就像佛罗伦萨皮蒂宫里安放的提香·韦切利奥的画像中的男人，他的画还未添上色彩，灰白浅淡，像十几岁男孩的白衬衫。虽然走出去了许久，还是不禁回头望向那个画家，金褐的发鬓，细白的腮上不挂胡须，整个人像从海边走来，眼睛里有海鸥飞翔的心事，这时脑海中浮现出芥川龙之介的一句话："年少时代的忧郁是对整个宇宙的骄傲。"

傍晚落脚在琵琶湖旁，当地人奉之为生命之湖，著名的八景被插上翅膀，带着每个人的好奇心——烟雨、夕阳、凉风、晓雾、新雪、明月，春色是上帝的偏爱，人间的玉连枝，将琵琶湖画进波光粼粼、氤氲四布的光环里，风和日丽的日子里，这里是天堂的镜子。"远山长，云山乱，晓山青。"眼前泛舟湖中的游人好像误进了人间词语中，海底惊愕与深邃，是温和平静的湖泊素未谋面的冒险乐园。《梦十》里说："我感到非常不安，既不知何时才能靠岸，也不知去向何方，只知大船不断吐着黑烟，破浪而行。湛蓝的波浪看来仿佛无边无际，有时还会变成紫色，不过，纯白的泡沫围绕在船身周围。我非常不安。与其一直待在这艘船上，倒不如跳入海中，一死百了。"这世上，本就是有人追求海上的汽笛，有人沉醉于湖泊的安宁。起锚扬帆，乘风破浪，释怀世间不可言说的沉闷与烦忧；闲来垂钓，一叶扁舟，放空头颅中升温的压抑。爱海的人，爱湖的人，千辛万苦，自有所获。

你看，上帝安慰受伤的孩子，总是有不同的方式。

京都：静而后能安

政治和历史之浮沉并非是没有原因的，做过都城的地方，自有那一方风水的出奇魅力，万事的筹谋与发展自然有理可循。

建筑固然是天下之至坚，又无时不是天下之至柔，大厦随时面临倾倒的浩难，一朝灰飞烟灭，后世子孙只得抱着遗留的摄影资料扼腕叹息。京都的城市规划者深知历史的千金分量，于是放轻手脚，精致、精心、精益求精地去保护遗迹，完全不敢惊扰京都的酣梦。像巴黎夜幕降临后披上暖黄灯光的面纱一样，京都的街道、建筑、民居都裹着深沉的冷色调，驼色、青木灰、深咖、净白……总之，每当这些色彩邂逅你的目光，你总会从灵魂深深之境惊叹这份难得一见的古朴。商业气息浓重的麦当劳也为了京都的城市整体风格褪去了鲜红亮黄的衣裳，在这里，只有敬畏传统，现代商业才有归处。环境决定论不是毫无道理的，古朴敦厚的房屋巷陌，连风云雨雪也会濡染冥冥与共的精神传承。这就不难想到《源氏物语》《罗生门》《古都》《挪威的森林》为何纷纷以京都为背景了。这里有文学之源头活水，作家们曲水流觞，共宴游，怜独影，舔伤口。这里安放着深情款款的女性悲歌，泊着芥川龙之介沉郁悲伤又温情敏感的船，记着北山杉株飘满自然箫声的时节，目送着绿子与渡边阳台上的初吻。充斥着矛盾的日本文学，宁静又潇洒，轻柔又悲凉，幸运何其短暂，孤独才是一生。

置身京都，更不能回避的文学话题照耀在波光粼粼的水中央，金阁寺亭亭玉立,金玉其身,金玉其心。这位水中伊人,须得在强烈的阳光下才得见真容,寺顶的金凤凰,非梧桐不止,飞翼畅展,拥着分散缥缈的彩云。三岛由纪夫笔下的少年,对着金阁揣着满满的沉迷、想象、眷恋,那金阁见证着肉体的疲惫、清醒、消没,人类渴望被拯救。于是千山万水,寻寻觅觅。人们竟如此糊涂,殊不知,爱之温度,一日不减,心中的金阁便一日不会付之炬火。沿着"才通人"的小径,路过鲤鱼池、白蛇场,每走一步都要回首一次,望向金阁寺顶,只不过隔着云海枫桥,那金色渐渐远遁了,就如回望人生路,少年红烛罗帐、中年客舟、老年僧庐……想到生命之鲜活终化作一缕青烟,不觉间热泪涟涟。

不只风景,金阁寺还用美味慰藉着绝望的灵魂。金凤凰抖动翅翼,散下的金箔流入了抹茶冷饮,这里的抹茶,少了苦与涩,余味尽是清甜。前美国总统奥巴马曾与母亲同游镰仓,在大佛面前品尝过抹茶味冰淇淋。日本茶道的和、寂、清、静又正在与时代相融,幻化进不同肤色的人的心里。不经心地漫步,走进园子,古香古色的小道与檐帘,自行车躺在邮筒边,老妇人守在公车站旁,花花草草和小猫一起静默在家门口。花见小路上,各色蝴蝶兰挂着露水,身着和服的善男信女烧香祈福,此刻平安其实不在心外而化身物中。绿色的电车去去来来,与八坂神社那少见的鲜亮的红相亲相融,神社对面的长街,纪念品琳琅满目。一灶烟火,就传了八代人,一件和服,便针脚细密,来自传统的针织,一衣一食,自当充满仪式感。

我在所有对于幸福感的阐述中独喜欢太宰治的那句话:"所谓幸福感,难道不是像沉默在悲哀的河流底下微微闪耀着的沙金一样的东西吗?经历过无限悲哀之后,看到一丝朦胧的光明这种奇妙的心情。"京都也曾见证过战乱,二战时,日本犹如太平洋孤岛中一棵风雨摇摆的树,城市在美军空投炸弹下已是满目疮痍。东京已是废墟一片,而包括梁思成在内的文化学者,向美军建议保护文化名迹的根，这样奈良、京都才幸免于难。

在祇园的长椅上，呆头呆脑的灰鸽在脚边觅着吃食。风来了又走，这样的下午，只想放下急功近利的苟且，做场白日梦，在粉紫、靛蓝的花酒里推敲文字，像风尘仆仆的诗人。"年轻的时候，即使身无分文，一贫如洗，也会享受生活。在没有列车的时候，我和她如猫躺在铁轨上，安静得简直像坐在湖底，我们年轻，新婚不久，阳光免费。"愿我也能遇到村上笔下的那个百分百的爱人，他疯狂而孤独，神秘又温柔。

富士："所谓世间，不就是你吗？"

  有人追逐日月深沉、星汉灿烂的气象人生，就有人偏爱沉心静性、坚实稳当的步伐。马上厮战披靡天下，庐中静卧羽扇纶巾，战争与和平萦绕着人类社会自始至终的进程。人们发动战争，人们祈愿和平，人们互伤软肋，人们彼此疗伤，枪炮军火、橄榄玫瑰，这些看起来永远矛盾，答案并非偏爱打破砂锅，撩开迷雾的任务不妨留给明天的孩子。在海岛南部的顶端，阵亡战士、平民的名字安稳地被永久镌刻，舍利白塔，金铸佛身，用宗教独特的力量超度着被炮火惊到的灵魂，安息吧，安息吧。山楂果红了，挂满树。悲天悯人，庄严肃穆，反战的钟声反复被敲响，来自亚洲各地捐献的石狮，威严十足地守护着这山野间的安宁。从平和公园望向远处，城市安详，房屋鳞次栉比，演绎着平凡的故事，争吵、冲突、不合的时分，山下的窗子里是否有一双眼神望向根本看不到的白塔，而这里泛着金光的钟声又能春风化雨般地传到多少漫不经心的耳畔？

  山上神圣，山下净且纯。松茸丰茂，古树依依，群山像襁褓一般环抱着山中湖。仔细观察，当地人在路标上将此地译为 swan-lake。脑海中浮现柴可夫斯基的芭蕾舞剧，虽没有齐格弗里德与奥杰塔公主的脉脉深情，也堪比一段惊世骇俗的爱情。山中湖景象中藏着四种蓝色，天空湛蓝，云是被天映射的淡蓝，远山是青绿蓝，湖面的蓝又泛着银光。我第一次如此热切地爱这蓝色，与世无争，矗立独立，不娇媚，也不苦涩。走进湖岸，黑天鹅悠闲自得，白天鹅却爱好热闹，与喂食的人们亲近，十余条淡水鱼欢腾跳跃。天鹅、淡水鱼、行人、远山，融成一张老照片。庆幸现在是夏天，光着脚踝走在木栈道上，原木肌理粗糙，水波温柔，我屏住呼吸，放大勇气，径直向前走。精神驾着酒神的车，翩翩飞向彼岸，留在脚下的，是一份不安，一份眷恋。任凭自然灾害，风雨无情，可爱的心灵，还是愿意彩饰身边的温馨小物，这里的轮船、游船，都被画笔换了容颜。三岛由纪夫在《爱的饥渴》中写道："生活——是无边无际的、浮满各种漂流物的、变幻无常的、暴力的，但总是一片澄明而湛蓝的海。"在这座海陲小城，不少人在此欢呼、落泪，可过不了多久还要镇定下来，想想去处，慰藉倦乏的身骨。我们生活的河道，有时宽阔，有时狭窄，水流有时稳健，有时湍急，清闲懒散的日子还有多少人能放下牢骚，做个会怀念的人，静默如山中湖。

垃圾会在此降解，谩骂在此消逝，仇人在此言和，面对这蓝，即使再暴跳如雷的狂人，也能不言不语地听湖水说说话。肮脏、侮辱、血腥、性与蛮暴，很多现实中始终不可避免、无法调和却又时时发生的事情，先贤古哲们也曾寻求至美、至纯、至净的某种事物去感化，但每每事与愿违，太多迷失的情感，多半是不幸地没有一双领略过美的眼睛。

沿着盘山公路，阳光从两旁高耸的树林中挤出来，目光在与浓郁的树林争斗，心意缭乱，只想见到富士山的真容。在影视资料中神交已久的富士山，多是冬末春初雪顶未消的冰美人，不知在六月骄阳的现在，她又姿态如何呢？暂且安慰自己，多情的富士山，此刻正"当窗理云鬓，对镜贴花黄"，等着悦己者。

云海奔涌，松针青葱，一个回身，梦中美人便在眼前。空气清新、满意的透明度是五合目观景的优势，山顶的岩浆呈着锈红色，傍晚的云被这锈红映射成粉色。山体质感很强，像巨人一日日濒临腐烂却紧绷的皮肤，野雏菊傍着树根脚下浑厚丰饶的泥土，洁白而空灵,穿着青黛色棒球衣的少年,围着它们不厌其烦地奔跑,空气濡湿,甜甜的,一个呼吸,心旷神怡。远方的富士山,池中各色的锦鲤真正让我与柳宗元灵犀一点,吟道"皆若空游无所依"。凭栏休憩,微粉的山茶花从脖颈后冒出来,粉面丹心,低头看着油滑柔媚的水草,鱼儿能只身穿梭,虔诚的女孩向锦鲤池中抛掷硬币,银点一闪,神灵也许能听到口中喃喃的执念:"我渴望自由。"树上春树说:"有希望之处定有磨炼。"此际之后,哪怕路上沟壑纵横,荆棘丛生,想起这神山下与上天的约定,也会咬着牙走下去。

东京:来日还忆少年游

年轻的生命兴许都醉心于繁华闹市,就像雏鸟听到大鸟的鸣叫便头脑摇摆,喜出望外。每每看到年轻时辰这几个字眼,心中总有一位子建公子的背影,吟风月、狎池苑、骑白马、撒清酒……莎翁有诗句:"为了爱你,我要跟时间决斗,把你接上比青春更永久的枝头。"我爱青春,四肢肌肉美好,头脑灵光频现,走在大都市,看见路牌就像到了远方,天际、月亮、夜晚、红绿灯、伏特加、电吉他手,贴满邀请函的路灯……我享受这种思维圆舞曲,比起老是蜷在壁橱点着灯芯长太息,还是把握当下使人生多份甜。

城市隧道穿过,新宿靓丽新鲜,都市感逼人,不自觉地脉搏活跃,各类广告鳞次栉比,店面装潢别具一格,看似低调柔和的民族,在东京的街道上,通过满目炫浪的视觉冲击,被调动起来、张扬起来,节奏里鼓点甚密,心弦被频频拨弄。这里的高楼数量与巴黎相似,没有曼哈顿那样压抑,少有接九天的高楼。类似银杏叶的标志代表着这座城的温度,郁郁蓬蓬,活色生香,那生动的绿色来自这里的宁静、休闲与成长。东京塔与晴空塔,相伴而立,像粉面含羞的少女,双方心底暗暗较劲,觉得这里只有一位洛神。登上都市的顶层,城市尽收眼底,密集、规律、整洁,秩序井然,无数温暖、苦楚、深情、辜负,在街巷、在桥下,在与东京一起长大,痛过的疤结了痂,懂得了成长的痛感与意义。俯瞰全城,一片植被密布的中心便是日本皇宫,门前种满松树,姿态各异,上百年的树木,见证过太多战争、调停、告败……终年青翠，不怒不嗔。

芥川龙之介讲："人生还不如波德莱尔的一行诗。"可我就是爱非诗的那些嘈杂、浮土、小小的不对称、不如意，爱诗之外的境地，没有云雀、橡树、月桂、缪斯与水仙花。清醒之于幸福是太必要的所在，诗歌划破天空，那光注定还要照进现实。但人们还是敬畏诗句的，长短骈文句中有我们为了祈求事事顺遂、风调雨顺，默默又震耳欲聋的声音。浅草寺净手池，就有这种声音，人们醒目跳跃的风雷神门能震慑住不好的恶魔，香客、信者步伐轻盈，云集在灯笼旁、佛龛前。

领略过游人如织的浅草寺，向东京最令人惊叹的银座前进。东京作为日本第三大都市，单是银座的车水马龙便可见一斑。多少年前这里人们的耳畔首次响起世界工业化的声音，我们生存的星球，熠熠生光之处不计其数，这里信息爆炸，但传媒相通，优胜者桂冠上的珍珠，万水千山、星河湖海都能看见。各个大洲人的眼中，影影绰绰，都有一个故乡。正宗也好，神不似而形似也罢，只要肯寻觅，家乡菜肴总在目光所及处静候。若你承认自己贫瘠的日子不得不用少许物质调剂，银座的一至八丁目，纷纷落脚的奢侈品门店就足以满足饥渴的心，尖端、时尚、雅致，不落窠臼，天马行空，这是全球设计师的斗法场。在橱窗的擂台上，输赢无定家，美、优秀、潮流，在于每一颗对生活更高一层理解的心。银座也用自己的繁华告诉奋斗的人们，当你足够强大时，才会有更多合作的诚意之手伸向你，闪耀的环，从来不缺珠宝点缀，对角线形交叉的马路，衣着简朴或拎着公文包或踩着高跟鞋的男女，飞驰的跑车，极辉煌的路灯，庞大的流量与消费额，银座怎么没有骄傲之底气？看了这一切，发现银座真的是银色的，比张扬高调，比金富有格调。

夜幕降临，忙碌 20 小时的写字楼依旧断断续续、不规则地亮着灯，别致的光带像是一串摩斯电码传给精明的头脑，是这城市的秘密。城郊港口，游船沉静，稳稳地泊着，它们筋骨疲累，披星戴月，人去远方。今夜，无人不尽兴，笙箫平静，曲终人散的晚上，水也妩媚，风也怜人。沉醉在东京，凭桥栏，放空双目，圆满的和风摩天轮，如古老教堂里的花玻璃窗，神秘的宗教，明之忘义，年少思成丑老……一个人的时候，世界才与你同在。

再见东京，我不要你目送我踏上归程，只带走一片太阳光宠幸的银杏。回忆起旅行的起点，是关西那片晶蓝的海、洁白的快艇、欢娱的海鸟，或乘风破浪，或向死而生。如今不得不回首挥手，心头温澜潮生，好像三九天里早晨的第一口温水。

始于湛蓝，"盈盈一水间"。

止于波澜，"脉脉不得语"。

白桦与群山

如果不是世界杯余温的缘故，我会和大多数国内游客一样，不会选择来到莫斯科。在我们的日常教育与刻板印象之下，俄罗斯的形象往往隐晦又模糊，带着些分裂与矛盾，又有点自大和孤独，加上让中纬度人闻风丧胆的恶劣低温、难度颇高的民族语言、别具一格的文化氛围，似乎都拒人千里之外。而当今的这片土地处于地缘政治偏远而辽阔的一隅，似乎也与世界保持着一种若即若离的疏远感。在世界众多旅游城市里，巴黎、纽约、米兰都像一个个花枝招展的小姑娘，把自己妆奁里的所有饰品都挂在身上，去拥抱每一个善意的陌生人，而莫斯科则更像一个羞涩、健硕的大男孩，没有现代化的旅游接待能力，没有令人心驰神往的宣传标语，没有营销气质，只是孑然一身、清清冷冷，不吵吵嚷嚷，不哭天抢地，不悲悯地去诉说自己命运的多舛、这片土地上的苦难，以及苦难背后的自愈与强大。

莫斯科自有它的可爱之处，文明与野蛮，开化与粗鲁，傲慢与内向，都让来到这个城市的人惊叹又沉醉。初入莫斯科，我们甚至会失望地叹气，它看上去与其他杂乱无章的现代都市别无二致，普通单一的老式楼房，拥堵的道路交通状况，杂乱的电线与飞鸽，有股工业城市的气息，建筑风格混乱参差，让人有些头昏脑涨。又看到这里宽阔的街道，想到这片土地上丰富的矿藏、林木、天然气，想到挺拔的建筑和漫天的白雪，才平静踏实起来。我们的第一站选择在谢尔盖耶夫小镇，色彩清新缤纷的教堂，金色的穹顶，蜂环蝶绕的花园,充满了东正风味。恰逢礼拜天,这里的人格外多,蓝色的钟楼亭亭玉立,招徕每一位有缘人。厚重的石头墙壁,除了防寒避暑的实用功能以外,也让人在视觉上有一种压迫感和神圣感,仿佛被一双笨重的手把控着,让人惊叹美丽的同时,屏气凝神,不敢造次,这里的信徒个个形神肃穆。生而为人,我们都有自己的困境与不堪,面对期许的落空、亲朋好友的离散、天灾人祸的降临、生老病死的无奈,内心总是需要一位神,尽力减少一点肉体凡胎的孤独和脆弱。无论现实中来自工作、生计、阶层的压力多么让人走投无路,这一间间神话般美丽的教堂,让人有机会去诉说衷肠、拥抱阳光。在人群里做弥撒,专注地唱诗,排着队去接受洗礼,这些仪式将人们聚在一起,他们结识、聊天、拥抱、幻想,凝聚成一个远离樊笼的共同体。在这里你可以是个小孩子,放下伪装与坚强、虚假与张扬,暴露缺点,直面恐惧,坦白诱惑,承认软弱,在这些露出水面之后,才会有爱的渴望和美德的前奏。

"你的名字无人知晓,你的功勋永世长存。"清晨来到无名烈士墓前致敬,那些保家卫国的战士在祖国的怀里长眠。二战几乎摧毁了他们的家园,他们用胸膛立起一座铜墙铁壁,他们的血液变成了一个世纪后不熄的圣火,在这里永恒地燃烧着,正义和平是世界反法西斯人民共同的心愿。战火未熄,何以家为?战士们英雄的民族魂就像对面草坪上的白桦树,挺拔地钻出地表,坚硬冷酷,英姿飒爽,就像大地的髭须。所以安德烈的《乡愁》里讲:"不回俄罗斯,我会死,那些白桦林,那些童年呼吸过的空气。"在这个红色的海洋里漫步,每个人都会感到身体微妙的变化,血脉微微贲张。想起感人肺腑的肖斯塔科维奇第七交响曲,浴血奋战、顽强拼搏的岁月里,物质匮乏、全民皆兵的岁月里,大敌压城、炮火临境的岁月里,这首曲子盘旋在莫斯科上空给人民极大的鼓舞和片刻的宁静。有了特定的环境,艺术家们就不难有珍贵的情绪。走在阿尔巴特大街上,用心猜想,体会普希金与冈察洛娃最灿烂、浪漫的时光,品味拉赫玛尼诺夫的创作灵感,回想托尔斯泰真诚的呼唤。这个民族的文艺大师们,用深邃的主题、抒情的笔调、克制心绪的从容、对人类命运的沉默和怜悯来拼凑出一个近乎完美的灵魂休憩地。俄国文学用独特的温度安慰了一代又一代青年人,对待现代人的失落、迷惘、分裂、飘忽不定、轻浅无根,黄金时代的俄国文学用它的庞大、规整,合理地开出了一剂良药,就像《死魂灵》里讲的那样:"不论我们的生活中有多少忧愁和烦恼,总会有那么一天,我们的眼前忽然掠过一种令人喜不自胜的灿烂光辉。"马雅可夫斯基说道:"我可以变成无可指摘的温情的人,不是男人,而是——穿裤子的云!"屠格涅夫也讲:要判定自己价值多少,那是别人的事情,重要的是做好你自己。你不比一颗星暗,不比一棵树低。《癌症楼》里讲:"人只要自己愿意,随时可得到幸福,任何人都不能妨碍他。"很多时候,俄国文学现实批判的背后,有治愈心灵的糖果。告诉读者,你是平凡的,又是非凡的,你是阳光甘霖、琼浆玉露,你是宠儿,是天使。你是胡桃夹子里的芭蕾舞步,是宁静悠扬的天鹅湖,是深不可测的贝加尔湖;你更是余味自得的伏特加,是郊外的夜晚,是哀伤的溪流在春日流淌,汇成奔腾永恒的大河。

不仅仅是文艺,这个民族在工程、建筑、军械、化学方面也硕果累累,从我们少年时代就熟知的门捷列夫元素同期表、重工业的惊人成就等等到这次旅行感受到的世界独一份的莫斯科地铁,庞大的地下世界神秘又宽大,古老的壁画向游客介绍着历史的烟云,昏黄的光线为地铁站营造出朦胧的磨砂感,这里秩序井然,全没了快节奏都市的喧哗与急躁,处处都是安静与艺术感,人们步伐缓缓地来回走动,气度翩翩地等待列车,优雅且自得。无论坐在车站的长椅上,还是走在教堂前的小路上,夜幕降临的时候,你总会对这个城市、这个国家生出些不一样的感动,感动这片土地上的作家,他们将自己扔进黑暗,在冷漠的悬崖边缘伫立着,去俯瞰苦难深重、亟须拯救的人民,他们是一个人物背后的一群人。俄罗斯没有西欧神采奕奕的大狂喜,也没有东方水深火热的大悲恸,他开眼看世界,却被讽刺,被拒绝,兜兜转转,还是最爱尘间的自己。他呻吟、忍耐、挣扎、反抗,他在富丽堂皇的宫殿里学习文明硕果,又在西伯利亚的荒原上失声嘶喊。

《静静的顿河》里有这样一段话:"青草淹没了坟墓,时间吞噬了悲伤。清风扫去征人的脚印,——岁月舔尽了创痛和那些久未盼到亲人,而且无日再盼的人们的怀念。人生苦短,上帝赐给我们大家践踏青草的时间是很有限的。"时光是有限的,十年的光阴,可以种一颗白桦树,也可以将自己放逐到群山深处,但无论在哪里,清澈的思想总有歌声与传说相伴,也许你很腼腆,也许你不会推销自己,没有宣传的标语和辞藻,但坚信,有人会深深地探访你的魅力,了解你的所有。察里津诺庄园里,情侣们在各处取景、拍摄婚纱照,音乐喷泉泛出七色光,坐在草地上看灰色的鸽子踱来踱去,阳光特别美好,像《喀秋莎》中所唱:"正当梨花开遍了天涯,河上飘着柔曼的轻纱。"

顾盼向西,遗世独立
——献给圣彼得堡的情书

上一次在八月份穿上风衣,大概还是在瑞吉山上。我下了列车,披上这件粉红色的外套,并非随心所欲,而是早早决定,这个城市配得上最明媚敞亮的颜色。

面前的车站,古老又神秘,熙熙攘攘又井然有序,匆忙的人潮里,有那么一刻,想起多少年前安娜是否也是这车站攒动的人头中的一个呢?"有一股压抑着的生气在她的脸上流露出来,在她那亮晶晶的眼睛和隐隐约约弯曲了她的朱唇的微笑之间掠过。仿佛有一种过剩的生命力洋溢在她的整个身心,想要违反她的意志,时而在她眼睛的闪光里,时而在她的微笑中显露出来。"可以这样说,在我企盼已久微微发热的心里,安娜是圣彼得堡第一个迎接我的人。

地理位置说明了这个城市对世界的态度。圣彼得堡建立在波罗的海沿岸的河漫滩,地势低洼,处于整个国家的西北方向,张开双臂吐露着交流、学习的欲望。开放的姿态,融合的文化,多情的魅力,让这座城不再封闭内向,脱离了冷冷清清的民族性格,一反常态,给人大大的温暖与惊喜。在辽阔与聚合之间,在沉郁与浪漫之间,在高傲与平易之间,人们能看到帝王的野心、谦卑的礼貌、招摇的风采。没有一个人能拒绝来自这里的热情,就像一口冰封千年的泉口突然沸腾地冒着泡,再怎么见多识广的人也会好奇地驻足,多看上几眼。在圣彼得堡的建筑中,充斥流溢着开放多元的文化心态,哥特式、拜占庭式、罗马式、巴洛克、洛可可风格都有一席之地,各个时期的建筑设计师和艺术家们都在这里留下了或斑斑点点或浓墨重彩的一笔。开疆扩土的俄罗斯人在这里看到了梦寐以求的企愿。一滴情人泪,万年琥珀城,寻寻觅觅的空欢喜,东走西顾的痴痴留恋,都化为向西边的一次深情凝视。"也许会想起我这个人来,像想起那永不重开的花朵。"或许你会想起我,像想起沉阔静深的涅瓦河。这条河流像一位永远不会随意插话的聆听者,一位目光炯炯有神的见证者,一位所向披靡的开拓者。城市的命运往往和河流一脉相承、息息相关,就像泰晤士河之于伦敦,塞纳河之于巴黎。若有一天,战争爆发,烽火连月,家书万金,信息网络中断,邮政系统被摧毁,桥梁坍塌,雕塑覆面,亲友离家,前程萧瑟……但涅瓦河是不会消失的,还是会有一艘艘轮渡停泊,一片片云彩飘过,如果真有这么一天,我期望爱我的人能在这条河畔等我。身处游船,倚在纯白的藤椅上,水鸟成对,风也善良。淡蓝的天际,湛蓝的河水,连空气的味道也好像是烟蓝色的,如痴如醉,好像被锁进了贵妇人精致剔透的玻璃匣子,不愿跳出去。这条河目睹了三百多年的梦想与荣光,它从拉多加湖走来,抚慰圣彼得堡在白海、波罗的海分别写下传奇后心满意足地注入芬兰湾。"河流与河流交汇的地方,必有神迹。"河流的确有独特的方式安慰人心,河流的灵性总是让人琢磨不透又给人意外之喜,涅瓦河见证着拉斯柯尔尼科夫曾经的内心波澜与灵魂疑问,教给他恒久忍耐、仁慈感恩,见证着罗亭从能说会道到潦倒漂泊,见证着安德烈、皮埃尔的找寻与求索。时代的变迁,政局的流转,人世的代谢,古今的顺延,在充满不安定的世界里、民族里、城市里,只有河流是常在的、可亲的。涅瓦河好像时时刻刻教诲着他的孩子,正如《战争与和平》中的发问:你能否做到胆大而不急躁,迅速而不轻佻,爱动而不轻浮,服从上司而不阿谀奉承,身居职守而不刚愎自用,胜而不骄,喜功而不自炫,自重而不自傲,豪爽而不欺人,刚强而不执拗,谦虚而不做作,认真而不迂腐,活泼而不轻浮,直爽而不幼稚……涅瓦河的游船上,手风琴清越的旋律层层飘摇卷起了云海,伏特加在杯中晃动,激动的心只要想到这些画面变会美美地醉起来。河流映照着建筑,建筑陪伴着河流,河畔伫立着青铜骑士像、列宾美术学院、联邦宪法法院、国立大学,这些现代文明的见证者用最公平宽容的态度去开拓民族的未来。彼得大帝在马上指向西方,昭示着向欧洲国家学习的抱负;联邦宪法法院敦肃威严、不可侵犯;列宾美术学院与国立大学在阳光下泛出青春的颜色。列宾美术学院同样带着俄国向西方学习的痕迹,青年列宾在意大利、法国留学回国后扎根俄罗斯土壤,创作出批判现实主义画作的巅峰,他的作品富有动感又饱含深情,这个民族的沉静与安稳、激情与动荡都从他作品中人物的眼神中表现出来,他们的坚强、耐忍,他们的欢乐、苦衷无一不是俄罗斯民族的风俗与精神写照。知识、艺术、文化、情怀、土地若生生不息,那么这些民族国家的底色将永恒缤纷。

圣埃萨大教堂金灿灿的穹顶,喀山大教堂宏伟的怀抱,海军大教堂清新的色彩,滴血大教堂的富丽都在为圣彼得堡丰富其精神内涵和建筑魅力,浓郁的东正风味,庄严肃穆、神秘、孤独、气质不凡的历史感扑面而来,唤醒这片辽阔大地上无数的心灵。无论是《卡拉马佐夫兄弟》里阿廖沙对信仰的释放、对人间的热爱,还是《罪与罚》的放逐里索尼娅的拯救;无论是达吉亚娜的纯洁宽厚,还是日瓦戈医生对于尊严的坚守;无论是作别樱桃园的美丽,还是玛丝洛娃的复活,这片土地上的文学来源于信仰和民族滋育出的独特的人性,像西伯利亚的风、圣保罗的海水,沉稳、辽阔。唱诗的歌声响起,教堂中年迈白皙的老妇人谦卑地伏下身子用指尖触碰上帝的福祉,轻轻地,柔柔地。高大的体魄下,不是野蛮的暴行,而是一种敬畏,一种只有真心才能聆听到的幸福。宗教与文学穿越百年,隐隐地在深夜里向每一位俄罗斯人发问,我们到底为了什么在生活?是靠着祖辈的世界存在神?宇宙的终极是否可名状?

还是说有双温柔的手？折磨与牵绊后是否有上帝永不缺席的救赎？这些都在引导着俄罗斯民族思考。

作别这条母亲河，来到沙皇的宫殿，夏宫和冬宫无疑是圣彼得堡的两颗明珠。夏宫的建筑理念无一不在展示着"普天之下，莫非王土"的帝王心胸，喷泉群依着森林直通大海，拥抱无限的广阔，百余座雕塑金光流溢，光芒万丈，喷泉水珠四射，洋洋洒洒，大力士参孙掰开狮子的上下颚喷出高高的水柱，宣示着与瑞典角逐后的胜利。"金风玉露一相逢，便胜却人间无数。"无论是喷泉的姿态，还是高大又修葺整齐的植被，都让人品味到欧洲宫殿建筑艺术的一脉相承，遥遥望去，那头是彼得大帝念念不忘的"西方"。富丽堂皇的表面背后，是多元文化碰撞出的火焰。同样冬宫也是这样的一处非凡所在，从活灵活现、市井气息浓厚的荷兰画作，到意大利威尼斯大师们的宗教画，从庄重又不失情趣的装饰品，到充满启蒙思想的艺术品，处处闪现着人性、尊严的光芒。或动态狰狞，或神色慈祥，在固定的题材下，艺术家们用毕生的精力去雕琢、去升华，让来自五湖四海的观看者们被那些高贵自由的神态、虔诚宁静的忏悔、坚忍乐观的性格所震颤。世界的模样，也许就是我们看它的目光，作家去摹物，实则是在求证灵魂深处看世界的态度。惊艳无比的约旦楼梯、奢华气派的彼得大厅，还有纪念1812年卫国战争的统帅将领画像厅、尼古拉二世图书馆，这些俄国本色的元素与世界各地的展品交融，加深了冬宫的魅力。冬宫的展品风格无疑是充斥着"俄罗斯性"的，保守与开放、自我与世界的花开两朵，一边热衷于自身凤凰涅槃下的民族文化，一边又打开开放包容的胸襟去努力与欧洲文明同步，质朴实用的理念、铺张繁缛的修饰意味深长地牵起了手。这是一个看似高傲冷酷却从未停止过学习的国家，圣彼得堡无疑是俄罗斯改革意识、锐意进取的一张名片。走在这里，某些瞬间已经与西欧国家无差别了，它比莫斯科更热情，也更快乐。漫步在圣彼得堡，脑海中总想浮现出《白痴》中的呼唤："我不明白，当一个人走过一棵树影婆娑的大树，怎能不感到幸福呢？当您能跟一个您所爱的人说话，怎能不感到幸福呢？……世界上这样美好的事物比比皆是，连最不可救药的人也会认为它们是美的。您不妨看看孩子，看看朝霞，看看正在生长的青草，看看那些注视着您的、爱您的眼睛……"不仅仅是保守与开放，俄罗斯民族身上还有很多存在两极之趣的地方，它好像深知自己的弊病与不足，渴望步调沉缓地去改变，有时却又敏捷果断，它能画出一个比穹顶壁画还美丽的天堂，也能打造一个磨难连连的地狱。它胸怀激烈、胆识极大却又有所忌惮，它野蛮、任性、粗糙、谄媚、暴力独断、酗酒成性，却又温良、忍耐、正义、宽容、理智冷静，三思后行，这个民族的人民，也在这两极中间东走西顾。

多少年来，俄国开疆扩土，把自己"打"成了世界上版图最大的国家。游历叶卡捷琳娜二世女王大帝宫殿，"假如我能活到200岁，整个欧洲都将匍匐在我脚下"言犹在耳，富丽堂皇的琥珀厅、景色曼妙的逍遥湖，都见证着沙皇鼎盛的时代和民族血性形成的童年。这个民族马踏万里、纵横驰骋，又相信人间受难才能得到拯救，他们拷问自己，又品味苦难，甘之如饴，灵魂的分解、重塑、煎熬后终得解脱、释放与升华，这个过程有沦丧了自我的痛苦，也有重振河山的悲壮，可以说这一过程抚慰过千千万万的人。

普希金的《自由颂》里说道："当一颗夜半的星辰，照耀着幽暗的涅瓦河，当一场静静的梦，重压着无忧无虑的头，沉思的歌手正在凝视一座被遗弃的皇宫，那暴君荒芜的纪念碑，正威严地沉睡在雾中。"亲爱的圣彼得堡，我离开你时整个世界都睡着了。你敏感又温柔，常哀叹悔恨往日的不甘，又常在澄澈轻盈的现实中自得其乐。你是沙皇的、贵族的，也是凡人的、农奴的。你是傲慢的、倦怠的，也是谦卑的、勤奋的。在亚历山大花园里，你是自律的鸟儿；在澎湃的桨声灯路里，你是思绪万千的水手，你规劝偏执者停下纷纷战火，你教育懵懂者低下智慧的头。你美了太久，哭了太久，等了太久。

第三篇
常读常新

戳破胸中的红气球

"世界上有两种悲剧，一种是求之不得，一种是得偿所愿。"第一次看到王尔德这句话时，心里还是有种懵懵懂懂的慌张，怕自己看不懂，又怕自己因日后有了刻骨铭心的经历而弄得太懂。这句话第二次出现在脑海中，是在观莎剧《麦克白》后，淤紫色的幕缓缓合上，我看到欲望，看到命运，看到庸颓的男子气焰，看到昨昔渴望的衰老、膨胀或不屑，冷静与癫狂，这部剧都一一包容了，使我们有机会更真实地逼视人生。

一个曾经横刀立马的苏格兰将军，用自己立下的赫赫功勋和无上敬意去摘取了无力承受的王冠，欲求得不到满足的毒汁浇灌出邪恶的藤蔓，缠住理智与良心的双脚，牵进了焦虑忏悔的命数。莎剧中好像从未停止探讨日月星辰的出现、人事代谢的无偿，震人心魄的暴风骤雨下了几百年，也没能浇灭凝结在心底的放纵欲望和爆发力。《麦克白》也不例外，整篇充斥着沉甸甸的热望，高尚也好，卑微也罢，为人也好，利己也罢，想飞，想跳，想挣扎，这些欲求一天不被满足，人就还是奴隶。在前段麦克白与麦克白夫人的台词中，人性的贪婪，心肠的冷酷，言辞不留情面，锋芒毕露，两张各走极端的面相，散发出人性气息。王权与富贵的诱惑并非根本不存在，只是被女巫的语言点燃罢了。"星星啊，收起你的火焰！不要让光亮照见我的黑暗幽深的欲望。"这些欲望将二人拉进了漩涡，深陷内心的桎梏。坦然自若地抬起你的头来，恐惧往往是误事的根源，这份恐惧仅仅是弑君前的踌躇吗？或许还有在政治秩序、伦理道德间徘徊的不安，与自己的良心、正义感对话时，被质疑、被提问时的羞愧难当。欲望让麦克白慌乱恐惧，张牙舞爪，蜷缩一团，告别了沙场上一夫当关的单纯与直截了当，成了一串无可救赎的绝望。这份欲望发展得越快，恐惧便越磨人心志，它们相生相伴、相依相存，直到将麦克白的精神世界搅乱，将仅存的理智摧得粉碎，再随手一挥，抛进朔云的寒风。我从来没有见过这样阴郁而光明的日子。从麦克白登场的第一句台词中，我们好像就能感受到这不单单是一个鲁莽有力的将领，好像若有所思，他好像灵魂里始终有抚不平、熄不灭的东西，野心的种子在本剧开始之前就种下了。之后女巫的预言、麦克白人的怂恿只是让野心壮大。当这些模糊隐晦的碎片被他人用圆融完整的语言大声说出来时，麦克白的希冀与畏惧再没有蔽体的外衣，变得血肉毕地，变得赤裸裸。当干枯的草垛里飞进了烟熏的小火花，一念之差间，正邪便从此泾渭分明。剧本在不遗余力铺张笔墨展示麦克白欲壑难填的痛苦时，是否也在向读者探讨欲的界限呢？人常言心头总是欲难平，欲也有合理与过度之分，而这个界又常常让人雾里看花、琢磨不透。一个多么理智有节又富有智慧的人才能把握这一界限呢？尽管是清心寡欲、高高在上的理想人士，我们也有"寡"而不用"无"来放在"欲"的前面。人类不可否认地共有着欲望与羁绊，因为我们太灵活的头脑，因为我们太丰盈的思想，因为我们太活泛的心灵。我们总幻想一直停滞在富有创造力的青壮年，追求肉身的解放，追求名利加身，追求登上巅峰的激情，将勇气注入完美的肌体，让自我从群体中走出来，甚至是跑出来，不为合群，不为瓦全，只为享受孤独和独特的情操。不屑甘于平凡、低头妥协，不屑随波逐流，鄙视斤斤计较的小得小失。我们和麦克白一样，听过太多是非，如何为人臣子，如何维护纲常，太清楚孰是孰非，这样压抑久了，一旦点燃了欲望，甚至会以离经叛道为荣，拒绝世俗的庸庸碌碌。诱惑与迫使让麦克白再无力去三思后行了,于是杀人如麻,于是决绝狠辣,奋力剔除前方的障碍,扭转心中的慌张与不安宁。

不单是麦克白,当命数清晰地摆在那里时,我们任何一个人都不会无动于衷。在与欲望比肩的位置上,命运也是(麦克白)思考的问题。人生是否早早木已成舟,就连驶向何方也有一条固定的航线?

莎剧里钟爱一些与命运息息相关的超自然元素,鬼魂也好,女巫也好,都或多或少对主人翁的心绪产生了非凡的作用,即"风乍起,吹皱一池春水"般的效果。黑格尔《美学》第一卷女巫们其实只不过是麦克白自己的顽强意志诗的恐惧,这些神秘的命运,激活了麦克白的希望,因着强烈的心理暗示,因着虽九死其犹未悔的执念,确定了那些隐隐约约的东西,然后有所行为。数学术语中两元素的集之间有着相互对应的关系,称为映射,而麦克白内心的黑暗、欲求与女巫的话似乎也组成了一组映射。在命运面前,麦克白无论逆流而上还是顺流而下,都无外抽象命运的具象外化,这些缥缈的、玄之又玄的东西,让麦克白颤抖、敬畏又渴望试探,毕竟,人对未知的事物总是充满无限的热情。风雨如晦的 17 世纪初,自然科学果断地走出中世纪的死胡同,目光坚定,带着深情,从业者谦卑地承认着自己"不知道"。与东方的"全知道"相比,西方人这份求之、思之若愚的心志更理所应当地迎来一个自然繁荣大发展的时代。天体运行论、血液循环论、地理大发现纷纷崭露头角,人们比以往任何时候都更认识自己和身边的世界,眼睛更加清亮了,放大了胆子,又屏住了呼吸。人的胆子一旦变大,礼崩乐坏、私欲说监等乱象就有了解释的缘由。无数的"麦克白"蠢蠢欲动,仰望着头上曾经以为遥不可及的诱惑物,思考着"彼可取而代之"的蓝图。莎士比亚是否是要引入"命运""鬼魂""女巫"这些与神学密不可分的元素,包括女巫出现时的一系列让脊背发凉的奇异意象,去警示喜形于色、为所欲为的人们。在自然与上帝面前，我们掌握再多的知识、技能，我们拥有再健硕完美的仪表，都要低下谦敬的头。作者绝不是一个只知鼓吹"宇宙之精华，万物之灵长"的旗手，在个性解放、本我觉醒的时代，莎士比亚永远站在高处，手擎着审慎、谋言、节制、理性的纯火。告诉人们伦理秩序就像天体运行的轨道，只有大小行星各归其位，恪守本分，管理约束好欲望，才能使人文发出最美的颜色。

暂且放下大有深意的思想，单看波云诡谲，想象铺张的台词，恐惧、不安、激情、煽动，去触动人类更深的内心世界。除了生命的喜悦、欢愉、安乐飞扬，我们还要保留一份真诚与质疑，去接近一些冷冷清清的或者说更有硬度的东西，宇宙的无限与神秘，时间、空间的深邃与不可知，发现自我的渺小与膨胀的追求，承认自己的欲望、冲动，也走向了承认背后的承担，去接受罪孽的罚处，不求同情，不求怜悯，过不靠施舍的生活。麦克白面对"一块拱在前途前的阶石"，下定决心越过去，不愿颠信于此。而麦克白夫人则有更胜一筹的绝决："来，注视着人类恶念的魔鬼们！解除我的女性的柔弱，用最凶恶的残忍自顶至踵贯注在我的全身；凝结我的血液，不要让悔恨通过我的心头，不要让天性中的恻隐摇动我的狠毒的决意！来，你们这些杀人的助手，你们无形的躯体散满在空间，到处找寻为非作恶的机会，进入我的妇人的胸中，把我的乳水当作胆汁吧！"在这些震人心魄的台词里，除了对欲望得到满足的坚定与内心的冰冷阴毒，也让人们反思，当我们追求一件欲成之事时，无论是为了捍卫高尚的纯洁，还是为达肮脏目的的铺垫，是否也有着这样的一份坚毅呢？女人当真是男人的第二大脑，麦克白夫人对丈夫心性的洞察，是很多恩爱夫妻也达不到的境地。"可是我却为你的天性忧虑：它充满了太多的人情的乳臭，使你不敢采取最近的捷径；你希望做一个伟大的人物，你不是没有野心，可是你却缺少和那种野心相联属的奸恶；你希望用正直的手段，达到你的崇高的企图；一方面不愿玩弄机诈,一方面却又要作非分的攫夺;你没有事后的追悔,却太多事前的顾忌。"这些语言像一场来势汹汹的大风暴,让麦克白被贪欲吞噬的正义连同自己一起席卷出去,束手束脚无力脱身。麦克白夫人的犀利语言像一个娴熟刽子手手中的剑,总能准确无误地刺在麦克白灵魂中的有效部位,深谙丈夫的纠结与软弱。"你宁愿像一只畏首畏尾的猫儿,顾全你所认为生命的装饰品的名誉,不惜让你在自己眼中成为一个懦夫,让'我不敢'永远跟随在'我想要'的后面吗?"相比于之后的马尔康、麦克德夫人的兵戎相见,这些语言上的交手,更让读者兴致盎然又振聋发聩,放下了伦理与是非标始,甚至我们也诉求在自己两难的时候有一个这样坚定的声音在耳畔唱起。在麦克白夫人的鼓动下,麦克白杀死了邓肯,之后又除掉了班柯,这一连串的势不可挡,让麦克白彻底与往昔的良知、理性、善良、道德划清了界限,开篇那个披坚执锐的葛莱密斯爵士不复存在了。

　　欲望的巨染、至亲的煽动、女巫的预言、命运的指引、军场的显赫,太多名与利的狂风从四面八方到来,吹动了麦克白胸中的红气球。红色是繁荣,是血,是从"碧绿到殷红"的罪工,当球内压强达到极值时,或有外力将其戳破时,它就会爆掉。不为玉碎的人往往会选择后一条路,主动采取行动,求心灵的畅快与安宁。"人生已经失去它的严肃的意义,一切都不过是儿戏;荣名和美德已经死了,生命的美酒已经喝完,剩下来的只是一些无味的渣滓。"麦克白此刻已经被人生的矛盾绑架了,生命的美好从此消失,日后无尽的杀戮开始了,阳春烟景,大块文革,都被埋没了,世界徒留黑白。我们是否要去思考,既然人们胸中都有一个红气球,如何让它安逸舒然地飘摇呢?我们生来有一颗"仰不愧于天,俯不怍于人"的珍贵心灵,是什么又让这块净土上升起一个又一个红气球?是否真的有一种人,没有强烈的喜怒哀乐,只是平凡而真实地生活着?春去秋来,一缕缕阳光投射进来,温柔又静谧,仿佛地久天长,这种最平淡无奇的生活,竟让人开始缅怀起来。《麦克白》给了人类一杯冷水,饮下之后,忽然记起自己的本分来,重新思想梦寐以求的壮丽传奇与英雄心、帝王梦,而只想回归真实,做一个平凡的自己。歌德在《莎士比亚纪念日的讲话》中说:"我读到他的第一页,就使我这一生都属于他了;当我首次读完他的一部作品时,我觉得好像原来是一个先天的盲人,这时的一瞬间一只神奇的手赋予了我双目以视力。我认识到,我很清楚地体会到我的生活是被无限地扩大了;一切对于我都是新鲜的、陌生的,还未习惯的光明刺痛着我的眼睛。"莎翁给我们面对胸中的红气球时,有人无望若守痴等它爆掉;有人一个潇洒果决的回旋,将其刺破;而一些更为明智的人,云淡风轻的一个松手,让红气球成了云海中的鲜艳泪珠。

关于悲剧,可能我们从来没有品评的权利
——读《美国的悲剧》

  不同于我们以往印象中的悲剧,关乎众神与英雄,或庄重肃穆,或令人泪沾衣裳、引吭高歌,这本书只是精饰地勾勒一个普通人的悲剧。我们暂不管形象背后还藏着多少阴晦的拳拳心语,单是故事本身,就令人动容。每个精微细腻的神志都是角落里色泽暗淡、质地粗糙的毛线团,但德莱塞不像大多数人一样忽视它们,而是接一接,整一整,在笔尖勾出雅致动人的花儿来。德莱塞把自己亲身经历的那些没有钱、出身低微、不谙世故而又无特殊才能的人所过的那种凄凉、疲乏、受人欺凌的生活中全部生动的事实都写进了这一部小说。他带着深沉的同情,从来没有要求得到对他人的行为进行道德评判的权利。这是作家最温柔的状态,没有锋芒处亮剑。

  追求波澜壮阔史诗感和九曲回肠的情节的读者,也许你不该选择德莱塞。《美国的悲剧》骨架甚简,脉络清晰,像茶余饭后讲述一个毫不相干的人的命运一般好掌握,但其中有血有肉的部分是丰盈而匠心独运的,塑造形象过程的重要性有时大过了形象本身的复杂多姿。克莱德生在一个与他脆弱敏感的自尊心格格不入的虔诚的信教徒家庭,父母安贫乐道的布道生活完全没有让他们的儿子从信仰中得到内心的平静,相反克莱德做的是"比过去更坚决地考虑着要进行一次反抗,为了以后不至于再像这样抛头露面"。也可能正是因为童年对物质的适当需求被学教氛围压抑,拮据的青少年时光

注定了一场为了对岸十里洋场竞豪感的追逐。这个小伙子有点爱动感情,还喜欢富于浪漫情调的东西,渴求更新鲜的体验,抓住五光十色的机遇,生动地、充满幻想地寻求改变现状,邂逅另一番人生景色。不喜欢一眼从生看到死的人生的人往往选择出走,走出或不安、或舒适的圈子,于是克莱德走出了家,在小酒店当推销招待,在商店里做杂工,做手工,随着流水渐渐多起来,克莱德发现了金钱可以带来的欢乐,似乎金钱通往一处洞天福地,有气派的装潢,有得体奢侈的礼服,有曼妙女孩的纤纤细腰……与朋友们出入灯红酒绿的场所让克莱德对自己和外部的认识都大有改观,放下一些东西的同一瞬间又被另一些东西填满,父母那里宣扬的简朴、忍耐被抛到风中,今朝有酒今朝醉的行乐思维占据了这个年轻人,再到后来逃避车祸责任离开萨斯投奔叔父,这种思维也是只进未衰。他开始感觉到行动自由的快乐,他可以亲自尝尝甜蜜的风流滋味。世俗的艳丽美让克莱德的心无法拒绝,在与霍旦丝的感情交锋中,克莱德一方面很享受这种你进我退的探戈风格,一方面又因自己经济状况无法支撑霍旦丝的物质需求而更加利欲熏心,想要一次更精彩、更心满意足的风险旅程。也许是自幼在贫困世界里的颠沛流离,才让他渴求一个琳琅满目、物质极大丰盈的安乐所。"世界上有不少人,凭了心灵澄澈和刚毅的精神,能够在人生的种种色相和种种渠道之中,找出青云直上的门径来。"但作者又指明了克莱德不具有这种本领,敏感的克莱德谨小慎微地模仿着别人的成功,但这个过程他自己是心虚且没底的。不仅是所谓的事业与金钱,克莱德对爱情也是不满平淡的幸福而奢求想象中另一半的品味、门第、光环。对于罗伯塔,克莱德并非深思熟虑后决定这是相伴一生的爱人,也不是爱得地动山摇、死去活来的恋人,他只是在冲动、欲望的催化下,被一种俊俏的美丽吸引了。他第一眼看见她,就觉得她有一种这个房间里少有的魅力,一种融合着渴望和惊异的神情,又交织着自信的勇气和决心，这些一下子就显示出她是个有坚强意志和信心的人。温顺的罗伯塔很难让人不起怜爱、疼惜，何况对方还是在叔父企业里强压欲火无处发泄的克莱德。虽然罗伯塔不是他的花瓶上镶嵌的宝石，但也难掩她散发出来的光芒，激起克莱德"天性中那一份被压制而反抗着的性之力的骚动"。相反桑德拉吸引他的却不是由内向外的，而是映于表面的、漂亮的皮囊和显赫的身份，以及能让克莱德衣食无忧的职位和生活。纵观这两份感情，没有一种是让人感动、心灵震颤并自心底认可、欢欣、伤神、拭泪的情绪。谋杀罗伯塔之后，克莱德走上了电刑椅："妈妈，您必须相信，我是心无怨言地去死的。我觉得死并不可怕啦。上帝已听到了我的祈祷。他已经给了我力量，让我的灵魂得到安宁。"

美国的悲剧不仅仅是克莱德走向刑场这样的个例，在名缰利锁的拴系下，在强烈财富意识的角逐中，被商业化、淡漠化深荡的心灵，无依无靠地漂浮在冰冷的马路上。他们没有"苟非吾之所有，虽一毫而莫取"的教育，他们尝过美酒，渴望体验五彩纷呈的人生，这种渴望要比一出生什么都拥有的人强烈千百倍。像伯父格里菲斯一样阶级的人住着公园一样的豪华府邸，庄严气派的奢侈感让下层穷苦的工人、劳动者在大反差、大沟渠中感到自己一文不值，于是扪心自问，我为什么没有拥有？为什么不能拥有？过高过分的标准在心中框出雏形，同样也勾勒出痛苦深渊的入口。在每个人青少年的时期，可能没有经历过引导，在锁定合理的欲求、理想之下的一个重要的前提是合乎理性，遵从智慧，不给自己带来沦陷与痛苦。接受自己的平凡，不是所有人都拥有这样的勇气，嫉妒、失望、绝地未逢生……这些境遇都是两个世界之间的距离带给人们的。一个世界金光闪闪得若无忧无挂无牵绊的洞天福地，一个世界只能筚路蓝缕、栉风沐雨地跪着讨生活。对于一个处世耐心、外表漂亮的年轻人，他有心力去向第一个世界吹响冲锋号，但无奈克莱德从教养到才学都支撑不起野心。欲望难填,得到越多,需求与妄想也会更多,像克莱德一样的人,可能穷极一生都在为欲望卖命,过不上理想的、完美的、与灵魂举樽与共的生活。电刑椅之后,肉体陨灭之后,平淡与纯真的日子才会到来,或者永远不会来,彼岸世界中的克莱德依旧是迷失的,不认命的。如果来世他不那么倔强,会不会得不到此生尽头的这份怜悯与悲憾?无力回天时,我们是学会接受还是苟延残喘?从文中看,克莱德是忏悔了,得到从容与平静了,但是,还是保留着一份怀疑,一份只有他的经历才会酿造的怀疑。从他身上,作者可能在阐释人该如何学会跟自己相处,独善其身的观念为什么在那个时代的年轻人心中无法安放,世界的金粉银饰让这些璞心梵志蒙上了本色。那么社会是否应当去有意引导青年培养良好的心性、品质,得不到时选择释怀,积极向上又不沉湎于名利场的交手,用悉心的教育养成智慧、品格、德行,红红火火又清清爽爽地过完一生,且从容不迫?

悲剧的本身是克莱德身处的社会,书中出现的形形色色的青年,身上或多或少都会沾上尘土。橱窗里精致的外套、敞篷车上风驰电掣的刺激、舞厅里的耳鬓厮磨……这些诱惑让支撑不起它们的人活在枷锁里,活在乌云下面。贫困也是造成悲剧的原因之一,"克莱德早年贫困,这造成了,至少是助长了他心灵上和道德上的懦怯。加上后来有了一些新的往上爬的机会,是他过去从没有能抓住的,这才影响了他这'也许是太容易受到外界影响、太色情、太不切实际而富于空想的心灵'"。贫穷的家庭可能给不了孩子贵族一样的精英教育,就像贫瘠的土地、温湿条件也不符合名贵花品的生长环境,贫困也许会局限一个人的眼界与心智,包括对于渴求事物的态度也是咄咄逼人、急功近利的,因而贫困状态里的人,也可能更需要平和。

克莱德最终对麦克米伦牧师的信仰着迷,我们可以认为这是一种逃避，逃进幻想也好，希望也好，有用也罢，徒劳也罢。这个年轻人的世界一点点被夜幕笼罩，没有孤寡的月、无奈的星，他用尽全力关上一道与昨日挥别的门，别人如何看往日的成与败、希望与罪孽，都会烟消云散，就像《圣经》里告诉我们的那样："我们度尽的年岁好像一声叹息。"

从"陆仙遗风"到"生意兴隆"

——品影视作品《茶馆》

不知道什么时候起,国人又开始说"情怀"了,家国情怀、社会情怀、恋旧情怀……胸怀中一往情深。因着冥冥之中的默契,因着挥之不去的独家记忆,因着"虽九死其犹未悔"的强烈心理暗示,人们有疼痛、有偏爱、有欢欣地活着。日常饮水,用食,劳作,喝茶,走在人生每一段去茶馆的路上。

牛骨铃铛伴着数来宝,牵笼挂鸟的横梁,热腾腾的茶盏,古色古香的匾额对联……茶馆的故事就从这儿开始。大清内忧外患摇摇欲坠,大有"山雨欲来风满楼"的气象,可这不大的茶馆里却尽显欣欣向荣的景象。新掌柜王利发确实比他父亲敢做敢干,一心想把老裕泰经营得红火起来,可他万万想不到,自己眼前的一切,是裕泰绝对风华的日子。

这是属于茶馆的时代,清朝子弟盘着玲珑核桃狮子头,戴着青绿手串,稀罕着蛐蛐、蝈蝈,依着"铁杆庄稼"过着吃喝不愁的日子,街上游手好闲的打手,占卜算卦、贩卖人口的混混,忠实念旧的老伙计,仗势欺人的捕快,暗中干政的太监,实业救国的地主……形形色色的人物,将茶馆塑造成了一个小社会,亦正亦邪,有苦有乐,也只有左右逢源、精明正义的王掌柜能把控住这池微澜不断、暗流汹涌的泥潭。

生活就是一日遇佛,一日遇魔。尤其在这小小的天地间,完全正直的人活不下去，锱铢必较的人留不下来，老实巴交的人活不下去，侠肝义胆的人留不下来。人吃五谷杂粮，配着山珍海味、油腻肉食，安抚一身疲累。而茶馆，正是一个下里巴人清清肠胃的地方，一个阳春白雪雅士们谈笑风生的所在。中国人不喜欢追名逐利满身风尘，失去生活体面，"讲理儿""要面儿"也融入了四九城的血液。老舍对低层人的温柔，对文化的关怀，都从他这位末世人的眼里延展出去。

　　晚清的风雨，近代的屈辱，反帝反封，实业救国，民主革命的浪潮，民国、抗日的烙印，无一不浸染了这间茶馆，在正义与混乱之间，在热闹与冷清之间，茶馆像钢丝上行走的人，谨小慎微、低眉顺眼地苟活着。早年间热闹腾腾的场景，自在若仙的光阴却是实实在在地不在了，政治的走向可能只是决策者的事，可政治的影响却灼烧着万家灯火、寻常阡陌。老裕泰是见证者，更是经历者，进门的立柱上，永远贴着"莫谈国事"的立联，但"天下兴亡，匹夫有责"，一腔热血的国人怎能回避国事？发国难财的地痞流氓怎能放弃国事？国事在茶馆里，是禁忌，是茶余闲谈，是内心深处的疼痒，只是就着一口点心，酽着一口茶，就化为云淡风轻罢了。常四爷那句话还是萦绕心头："我爱我的国，可谁爱我呢？"谁爱百姓子民？谁能将百姓冷暖置于心尖？富兰克林讲："哪里有自由，哪里就是我的祖国。"而在风雨飘摇的近代，能立足的地方，能知你冷暖的地方，就是你爱的祖国。茶馆像一位从沙漠、从海上走来的故人，每一盏龙井、普洱、观音中都有他们自己的味道和故事，不同的人品，味道也不同。有人爱茶，有人糟蹋茶；有人懂茶，有人亵渎茶；有人把它当历史唱，有人把它当水喝。

　　《茶馆》中的情怀就像老城里的旧折子戏，温言软语。王利发是有执念的、单纯做事的生意人，一心想振兴老裕泰，踏踏实实地赚钱，一张笑脸迎来送往，从牙缝节省下的钱两还要用到上下关节的打通上……他敢想敢干,一次又一次对茶馆的改良充斥着一个"变"字,形式翻新,菜品改良,心境也不再是当时年少了。他一生都在紧张中度过,一日舒坦不得,可在这苦得发涩的光景里,也要为自己活出点颜色。松二爷、常四爷、秦仲义等人的友谊,说是友谊,不如说是交情,老北京爷们的情谊,厚实而不张扬。

老天给了每个人饭碗,尤其是在动乱的年代。可不是每个饭碗都是干干净净的,你不愿苟且地活,不愿坐吃山空地活,不愿看人脸色地活,不愿卑卑怯怯地活,不愿理想的糖掉进泥里,沾了一层尘,不愿现实的山长满苍翠,只留一片绿,生活是要有些鲜活点缀的,是要有盼头的。

三教九流,世间百态,老实营生,沽名钓誉,依附权贵,脏的,发霉的,满目疮痍的,在这乱世,在这四九城的小角落里纤毫毕见。唏嘘不已的悲喜,"改良改良,越改越凉",未知的政治体制与社会风气,在改良中一次又一次地令人失望:"这年头让人高兴的事一件没有,让人笑的事见天是。"一声苦笑,一皱眉,日月从不温柔,跪着爬着讨生活罢了。

衔着白面馍打狗,嘴里脚下都紧张。幸好还有裕泰,这日子也不至于凉到骨血里去,文化的情意绵绵,是我们活着的意义,古朴大方的茶馆装潢,让人过目不忘:"金鸡未唱水先沸,旭日东升茶溢香。""裕如大雅畅饮甘露,泰然我心神游六合。"看到它们,像是听见了父辈的叮咛,望见了先人的嘱托,有了这精神依靠,生活再难,也难不过当年开辟江山。

耕织分离,纺织分离,洋货充斥市场,排挤国货,农民破产,民族工业春天短暂,民生凋敝,伦理丧失。一系列的国计民生问题都被老舍藏进了老裕泰。老裕泰看了中国五十年,陪了中国五十年。我们读《茶馆》不但要了解老舍的幽默,还要理解、体恤他的身份,和那些含着泪的故事。

"由于漫长的等待,我的心已不那么年轻,再不愿用泪去擦洗,圣坛上庸人的脚印。"年轻的心在风雨过后拼杀,只是为了保住春去秋来的感动。

影片里有一个细节,让我难受了许久,茶馆的匾额从"陆仙遗风"变成了"生意兴隆",由雅到俗,由诗意到生计,就像《断魂枪》里的沙子龙,英雄迟暮,空有豪情万丈,可他的时代已走远了。环境决定论藏在老舍的作品里,有些消极,有些不适合年轻的生命。老子云:"天之道,损有余而补不足;人之道则不然,损不足以奉有余。"茶馆的世界,还是将博大的爱献给了底层。

满天的纸钱,是从自己手中撒出来的,自己可怜自己,自己了结自己,如《一代宗师》中所说:"我选择留在我自己的岁月里了。"年迈的王利发老态龙钟地坐在台阶上,满眼望去,都是自己四十几岁精明干练的样子。不要悲哀了吧,茶馆辉煌一时,帮我们读史明智,帮我们读己明心。

从尘埃里开出花来
——观《一个陌生女人的来信》有感

罗素在《我为什么活着》中,将对"爱情的渴望"放在第一位,诚然,爱情是人生绕不开避不过、饥之渴之、又孜孜以求的东西。想我这一生也会有幸体味吧,但就现在而言,缘分未到,只能从书中、影视作品中浅尝辄止地触及一二。

想象着几十年后满目风霜、过千帆、踏百桥、历经铅华的我,暖暖的灯伴着,膝下的儿孙闹着,青涩不敢言地问我:"爱情是什么?"我会告诉他们,若你想体验炙热的绝恋,去读《荆棘鸟》;若你想尝试细水长流的爱情,去读《霍乱时期的爱情》;若你想尝试一头扎进爱情,不反抗,不自我救赎,就去读张爱玲,去读《一个陌生女人的来信》。

才女导演将茨威格的名著揉碎了塞进老北京的血管里,搬上了大屏幕,哪有那么多"人生若只如初见",再相见时,她以一身风尘、疮疤铺满了乱世中一颗卑微的心。复古卷发、紧身旗袍、舞池中摇曳的暧昧、挑逗的音乐抹去了风雪,抹去了苍山,就算麻痹了战乱中赤子的灵魂,也没能淡化一份固执而热烈的恋爱。

她形容姣好,举止得体,大方、妩媚,但和那些风月场所格格不入,只因她是有偏爱、有坚守的。金钱至上、娱乐至死的世界,她是最清的酒;崇高消解、犬儒横行的岁月里,她是最轻的云。为了给儿子不苟且的生活,她选择了自己走向苟且,这其中单靠母爱是支撑不住的,还有那份让爱情的结晶不染纤尘的执念,哪怕这爱是单向的。但这爱是骄傲的,像将军高高抬起的带着胡须的下巴,像传教士心底里的信条。就像那束每年必至的白玫瑰,清丽脱俗,我独自吞下世间所有的污秽,只为给你献上一捧花,它会枯萎,氧化作用静悄悄地发生在花瓣,让它渐渐泛黄,可它的根茎、它的叶,都是我的忠诚,因而你看它时觉得它足够孤傲,别在我的发髻吧!让它不断地对着我耳语"我足够与你相配"的花语。

"早啊,小姐!"所有人都记得她,可唯独他忘却了。忘了吗,打打闹闹的孩子群里,唯有她的眼睛里有期待;忘了吗,临别时的夜,万籁俱寂,唯有她蹲在你房门口;忘了吗,街上游行的队伍中,唯有她一笑融水;忘了吗,雪花缤纷的窄胡同,唯有她放下矜持,大声告诉你:"方便,我……都方便。"

或许你忘了吧,亦是记得不真切了……

可当他读了她那封厚厚的信,再看那窗、那雪、那玫瑰,应自有,百般滋味说不出口。会自叹吧,叹自己何德何能,能让一个女子赴汤蹈火,押上一生的爱恋;会埋怨,怨没能在第一次重逢时认出她来,握住她的手。可是"我爱你,与你何干"。一本本英文点藏书,精致古典的家居摆设,儒雅的眼神,风驰电掣的摩托车后座,带着香烟味道的领口……数不清的边边角角,都是她赖以度日的英雄梦想,是来自童年微弱杳远的爱之初宣言。

他咬过的苹果,久久腐烂在窗边,她又何尝不是他咬过的苹果,咬了一口忘却了唇齿间的清爽与甘甜,只留她久久在窗边看月落乌啼、柳暗花明……"You're the apple of my eyes."苹果是多美好的象征,是禁忌之恋,是瞳孔,最为珍贵。可是四合院中的苹果,却是凋零的、踩碎的吻痕。

所有今世的苦难都会有来生的补偿吗?

"不抱希望,低声下气,曲意逢迎,热情奔放。"这种爱情的苦难里，只有心甘情愿的人才能体觉一丝丝欢娱，这份坚持陪着她挤在去往异乡的列车厢，陪她坐在黄包车里数着雪花，陪她游走在名利场，左右重逢，脸上永远含着笑。不会的，一定不会把受过的苦难、孕育的历程告诉你，不会，绝不会让世间的愁苦、柴米油盐的烦恼玷污了她单纯的爱。

你只要待在无风无雨的年岁里，被我爱着就好。

"我要你一辈子想到我的时候，心里没有忧愁。""少年听雨歌楼上，红烛昏罗帐。壮年听雨客舟中，江阔云低，断雁叫西风。"少年的暗恋，爬过了千山万水，血肉淋淋地爬上了中年人的月台，隐忍、倔强、卑微、疯狂，原来，爱情不只有两情相悦的缠绵，还有大胆单恋的悲壮。老北京的姑娘，不会软绵绵地献媚取悦，只会用她自己的坚强，不妥协于爱，有风骨有力量。这爱像鲁迅笔下朔方的雪花，"在纷飞之后，却永远如粉，如沙，他们绝不粘连，撒在屋上、地上、枯草上"。不粘你，只是用被霜冻住的眼温热地投向你的波心。

多次为她感到不值，但细细想来，我们这些局外人，可能真的不懂他对她的意义，寡母维系的生活，拮据，沉寂，而北面传来的音乐、戏剧、欢笑，为她点亮了心灯。

这盏灯的灯芯是一个少女到中年女人的所有所有了，拧在一起，靠着那一眼风流神态，目色柔和地走下去。这灯就摆在一扇古朴的窗前，照亮女孩的眸子，让她看向自己深信不疑的爱情。张爱玲说，爱让她"低到尘埃里，但她心里是欢喜的，从尘埃里开出花来"。是啊，那花一定告诉世人："一生太短，只够爱一个人。"

还有，那花一定是朵白玫瑰，躺在金边的西洋花瓶里。

你的诗,点醒我的混沌无知
——读《莎士比亚十四行诗》有感

年少时我们有梦,关于信仰,关于友情,关于对清绮的美与发霉的丑的伟大修行。我们热切地为胸中不可平的情山意海织绣浪花,我们为心头上翻飞的水鸟海鸥喂食筑巢,但我们欲拥有这一切需要一个坚定明确的方向,青年欲拥有这个方向,他们的父辈总会引导他们从莎翁的十四行诗中吸取乳汁、吸取力量。

生活是需要诗的,饥饿、瘟疫、衣衫褴褛充斥的时代,面包重要;温饱和平的年代,诗歌重要。若你有梦,诗是助燃剂;若你无路可寻,诗是启明星。此时的我们有幸拥有了莎士比亚,连同他的欢欣、他的悲泣、他的义愤填膺、他的温良美丽,裹挟着从16世纪翻来的风,风从海上舰队的光荣与骄傲中来,吹开文学、诗歌的香根鸢尾花。世人偏爱宫廷又不失果决的王子、命运相惜的恋人、伟大自负的领袖、机智仁厚的商人……戏剧的力量固然强大,而莎士比亚的十四行诗中温暖炽热的情愫与深邃强大的思想力量同样可以兴风雨、撼泰山。

《莎士比亚十四行诗》是极丰富的诗集。许慎《说文解字》中说:"丰,豆之丰满者也。""富,备也,一曰厚也。"《莎士比亚十四行诗》在"丰"这一层面上,首先具有庞大的数量,154首诗歌,如颗颗珊瑚珠串成光彩夺目的手钏;其次,在叙述与倾诉主体上,也很多,目前学界认为的对象分为三类:第一部分写给贵族青年,第二部分写给梦与欲寄托的一位黑肤色的女郎,第三部分是写给自己一些挚友;再次,在思想内容上也是包罗万象,清丽的辞藻与耐人寻味的意蕴结合,如同日月共当空,大放异彩。

《尚书》中曰:"诗言志,歌永言,声依永,律和声。"陆机在《文赋》中也讲:"诗缘情而绮靡。"情与志也不同程度地成了莎翁的写作主题。先说志,与其讲志,不如说是诗人的信仰,他信仰时间和永恒,他深信繁衍的魔力和让游走的时间凝固的力量,因为不愿"美的玫瑰"消亡,所以愿"优美的子孙就应当来承继芬芳";因为希望不死,如大多数世人贪恋温煦的人间时间,所以不愿让"时间的镰刀"将皱纹镌刻上"美人的额角"。诗人体悟的时间与永恒的概念不仅在于一日之内,也在四时之间。"三度阳春,都成了苍黄的秋季;六月的骄阳,也已经三次烧光了四月的花香;而你却始终鲜丽。"莎士比亚的语言风格在描述自然方面明显比梭罗来得浓郁而雅致,散发着一种华丽丽的忧伤;但又不同于川端康成感觉至上的哀物之风,莎士比亚的哲哀只是片刻黯淡,瞬间又是明快而开阔。诗人相信永恒,渴求"恢复青春",永垂不朽的事物好像都入了他的诗,比如爱情、友谊、传世的美貌、反反复复的梦境。宋词追求的永恒是"万古长空,一朝风月";佛家的永恒在于经历了堪破,放下后刹那的自在;果戈理相信:"当歌声和传说都缄默的时候,建筑还在说话。"每种言论都包含着自己深信不疑的、恒常的沧海桑田,而《莎士比亚十四行诗》似乎将这一概念开拓出来了,从庙堂的庄严肃穆,到江湖的人间草木。

像大多数诗人一样,莎翁也有他自己的审美价值观。首先不可厚非的是他以人文主义光芒为美,人的美质在他的时代近乎登顶;而另一方面乃是对古希腊、罗马文化的美加以敬仰与称颂。人的生存有了新的希望,自由平等,"发现你自己",骄傲自信于人无我有的独特个性。在发掘美德的同时也并不忽略娇好的容颜与匀称的形体。用"宇宙之精华，万物之灵长"的观念击荡洗涤禁欲主义和神权压迫的黑暗毒草。

与中国古典文学不同，诗集中的玄想大都带着西方 16 世纪独有的馥郁与雄强，柔与刚并立。在温柔的玄学场中是：夜莺、紫罗兰、百合花、野草、智慧果、迷梦、精灵、羽毛、明眸、脂粉、娇蕾、处子，而在刚硬的玄学中又是：金石、巨厦、巉岩、雄狮、猛虎、洪波、舢板、巨舰、纪念碑。两者融合而不分裂，和谐而不隔膜，搭调而不突兀。美好的时辰放在丑恶的罪愆中，孱弱的灵魂放在伟毅的躯壳里，这些玄学的搭配形成了玄学的情感的起伏、节奏的变化，诗人摇着桨，我们躺在舟中。在这两种玄学的比对中，我们也可以发掘莎士比亚的入世态度，不沉溺于红烛罗帐，也观赏天地、山水、云雨等大的图景。他"相信不屈不挠的努力，相信战胜死之的年轻"，与时间决斗，用刚柔并济的和谐姿态，柔情似水又热情如焰，只有博大、多元、融合的心胸，才能将这两极化的意象运用得灵活自如。

对于品读《莎士比亚十四行诗》，我主张一种整体感识与"捕风捉影"相信结合的品鉴方法，这种方法更需要加以说者"置身诗境，缘境明情"的心性，只因"情"是诗人所传达的重中之重。"我怀着你的厚爱，如获至宝，教我不屑把处境跟帝王对调。"此句描绘的是挚友之情，因为有你，点亮我们的心灯，敏感的、卑微的自己遇见了神采奕奕的星辰般的你。爱不断升温，闪烁时比高堂大殿的荣华还要富得诱人。表达爱之初之余诗人也列出了与友伴灵魂的契合的心有灵犀之感。"我读别人的文笔，却读他的爱。"世人愚笨鲁莽，唯你纤细善良，能洞察爱人、友人的弦外之音，休戚与共有了你，良辰美景便有了佳人说。思念让夜难眠，"思想睡了，你肖像就走进我眼睛，唤醒我的心，叫心跟眼睛都高兴"，"梦里见到你，夜夜放白天的光烨！"怀远人可以有"小楼独倚玉阑杆"的婉约，也可以如诗人一般热烈。既然不甘心躲藏，那就将思念的声音灌注进疲惫而麻木的皮囊,只因视你为珍宝,"有了你,好夸耀;没你,好盼望",想尽办法告诉友人自己的忠贞、自己的矢志不渝、自己的坚如磐石。可是你又是忽冷忽热、忽远忽近,让我自己看起来爱得有些笨拙。也许,只能为你做些事,比如"我为你守夜",比如痴傻地重复——既然太阳每天都有新旧的交替,我的爱也就永远把旧话重提。诗人似乎也经历过苦恼的单相思。那是一个人的兵荒马乱,一个人的百分百倾注,可似乎抛出的橄榄枝并无人拾撷,落魄的、潦倒的,是一个人的征程。

还是需要有一丝幻想的,就要小剂量的乙醚,让欣喜的假象将这段单恋的旅程开拓得美好而辽阔。就像诗人说:"我曾经有过你,像一场阿谀的迷梦,我在那梦里称了王,醒来一场空。"诗人的意中人不仅是具象的人。个人认为诗人的另一个恋人是他的青春岁月,四肢与肌肉都美丽而健硕,容颜与人格都不忧愁老之将至。"有人说,你错在青春,有点儿纵情;有人说,你美在青春,风流倜傥。"每个人的青春都有过贵公子般风度翩翩的瞬间,欲"青春作赋,皓首穷经",任光阴偷移,有了成就后却迷恋平庸。可还是有人年轻着,"正像衰老的父亲,见到下一代活跃于青春的事业,就兴高采烈"。诗人同样深爱着多少年前或此时此刻,那个不知天高地厚、锐意进取的自己,去追求一切自己想要的东西。

儿女情之后,《莎士比亚十四行诗》还透露着风云气。其中不乏对"要忘的世界"的指控,封建社会还在艰辛而漫长地解体,新型的工业资产阶级正欲求着地位与权力,社会发展的路上,矛盾与弊端暴露无遗,人心不由得残酷,尔虞我诈的复杂,弱肉强食的可怕……都是诗人的眼中钉、心头恨。莎士比亚用揭丑的笔触来表达对真善的求索,他为时代呐喊,可有时也顾影自怜。他的地位卑微,受人冷眼与轻视,这种种歧视与淡漠,也一定程度上启发了诗人的灵感。"阴谋、罪恶和杀机变得野蛮",这般的诗句吐露了出来。总有一天,世人从这青年坚定的眼神、紧握的双拳、不俗的谈吐中看出他的不凡,于是有了千丝万缕的光照进了人间。

《莎士比亚十四行诗》在形式上构架严谨、规整。四、四、四、二格式被后人称作"伊丽莎白式",它只属于那个时代。中规中矩的框框中,流动着想象的溪泉,在诗中,多以最后两句达到抒情的巅峰,给我们层层递进、突然迸发的品读感受。我国冯至先生也是言辞清丽、充满哲理,自带一番中国味道。这也正体现了这种诗人自身的包容性、魅力值与吸引性。

莎翁生活的时代,被恩格斯认为是"人类前所未有的最伟大的进步的革命"。人文主义的光芒照亮了每个渴求太阳的角落。莎士比亚给我们留下了沉甸甸的巨作与诗歌,这是怎样的幸运与福气!2016年8月,我在巴黎旅行,从巴黎圣母院向拉丁区走,前方是上下翻飞的圣灵化身的白鸽,左手是深邃寂静的塞纳河,走上人行道漫步街区,一家绿漆门窗配着霓虹灯的书店,让我驻足——"SHAKE-SPEARE AND COMPANY",正中间门槛儿上是莎士比亚的画像。我看着他,心中浓浓的敬畏与激动湍流出眼泪,听了太多他笔下的人间悲喜,以至与他的画像对视的一瞬间,我发觉这伟大的人儿的眼睛眨了一下。

你要比洁白更洁白
——品读《德伯家的苔丝》

在世界文学人物走廊里，有两种女人给我们的印象普遍深刻，一种像神圣虔诚、完满纯良、救赎灵魂的圣母，一种是放纵情欲、坠落风尘的女子。还有一种女人，是像苔丝一样的女人。她们虽然不是纯正的信教者，但在某个瞬间却显得高贵敦肃，她们虽难见识过罪恶感的渊薮，但不幸从未转移自己对爱情、对生活的原则，除了青春美貌、良善坚韧，这种女人还有那么多令人动容的东西。

或许是在还原并讽刺书中的两个男人对苔丝的许诺，或许是在激起翻开书的这些局外人的同情，又或许是哈代不欲为人知的独特情怀。所以他在开卷引用莎士比亚的名言："可怜的受伤的名字！我的胸膛将是一张供你养息的眠床。"也许苔丝最终得到了平静，但这一路对她来讲，太艰难，太苦涩。若是剥离了此恨绵绵的情节，全书给人印象最深的便是哈代塑造的英格兰西南部的美人、美景。群山环绕，幽僻寂静，常春藤、天竺葵无忧无虑地生长，从不去顾忌什么。郁郁葱葱的山谷深处，总有一种不可名状的绿意闪闪烁烁。这里春秋分明，而清新恬淡的意境却朦朦胧胧，可能只有这种环境下成长的女孩才有一些遗世独立的清拔之气。造化钟神秀，同样钟情于山谷里的好姑娘，让她生气勃勃，纯洁如画，像清冽濡湿的风，像源源向东的溪流，像每个美好心灵的初恋。"她是个漂亮标致的姑娘——也许，并不比别的姑娘娇美，但是她那两片充满灵性的牡丹般的嘴唇和一双天真纯净的大眼睛,给她的容颜增添了无可置疑的妩媚。"在甜如花蜜的女孩儿面前,苔丝更像一盏清茶,连同她的朴实、温厚、勤劳的品性,也愈发耐人咂摸。在描写劳动中的苔丝时,有哈代对农民的特殊情感,苔丝无论在驾车、挤牛奶还是捆麦子时,动作都十分麻利连贯,神情专注,不拘小节。那是乡村姑娘独有的魅力,一种胭脂水粉装扮不出的力量美。这种美让亚雷起了奸淫念头,又让克莱尔心驰神往。克莱尔醉心于苔丝"真实的活力、真实的温暖、真实的血肉"。到后来,我们才察觉,这种可爱怜人的美好涅槃时,悲痛的力量竟会放大如此多倍。

浪漫与美好总是短暂,可总让人记忆犹新。斯托堡小镇的夜晚,繁星点点,风也醉人,苔丝和弟弟亚伯拉罕享受着这片刻的休闲时光,弟弟"背靠着蜂箱,仰着脸儿凝望星辰,星星那冷峻的脉搏正在天上无数的黑洞之间跳动,安详地远离地面上的这两个渺小的生命"。姐弟深信一个星星承载着一个世界,并不像看起来那般地无忧无虑又轻盈,而年轻的生命又有种灰暗的认识,认为投胎时没有投在"光洁完好"的一颗,而偏偏落入了"遭了虫害"的。这画面让人叹惋又心疼,可能苔丝真的是落入邪恶星星的仙子,生之艰辛,行之苦难,上帝都让她尝了个遍。贫困破产的杂货店父母,看重物质生活的举足轻重,却忽视了教给纯良的女儿如何自卫、防范。代表着附庸风雅、伪善新贵、荒淫无耻的亚雷,一而再再而三地折磨着苔丝的肉体。直到遇见克莱尔,命运让苔丝尝到了顷刻欢娱、真挚的爱恋。可好景不长,新婚之夜的坦白将克莱尔这个先进温暖的青年的落后、残酷、狠心暴露无遗。同样是伤害,一个是恶人卑劣,一个略显高明罢了。苔丝是第二次离家,显然向世人展示了这个乡村姑娘的刚毅勇敢。她没有被肉体击垮,却在克莱尔潜在又露骨的精神攻击下一蹶不振。新兴资产阶级与旧式伦理道德像一副枷板的两扇,毫不留情又冷血地扣在了这个善良女孩儿身上,留下沉甸甸、走投无路的噩梦,留下一道道发人深省的雪印。伪善、压迫、悲剧、苦果……这些不单烙在苔丝一个人的灵魂上,更寄托、昭示了19世纪后期英国农民的命运。个体农民多年来平静的湖面出现一片惊心动魄的涟漪,"风乍起,吹皱一池春水",于是他走向解体、贫困、破产。设想苔丝若养尊处优,怎会抱着愧疚的心理去投奔一个可笑的本家呢?追逐家族名利声望的意识仍旧根深蒂固,自然风光唯美如牧歌的乡村,正在日复一日地处于危机与萧条之中,农民生活的惨淡渐渐彰显。可在旧式伦常的捆绑下,苔丝陷入自卑,认为自己侵犯了纯洁的领地,事发后,每每用道德谴责自己,破旧褴褛的妖风媚俗一次次将苔丝缠绕。昔日那个鲜活勤劳的乡村女孩儿,如今却怯生生地畏惧灰色原野里吹出来的风,那是与绿色山谷正相反的所在。回家路上的狂热教徒想着"摩西十诫"里的话——你不该犯奸淫。缱绻疲惫、高贵虔诚的母亲,为早夭的孩子私自受洗,这个"伤风败俗"的小生命带给他母亲的是无上的生命热望。送走他们的晚上,苔丝灵魂中的一部分羽化而登仙;伪善的亚雷披上精致的外衣,标榜自己的高尚……整本书中多次质疑宗教的意义,到底是解脱了生命还是束缚了生命?从克莱尔对牧师家庭的反叛中,从苔丝的起起伏伏中,哈代都在批判基督教固化成立式的伪善道德。从宗教神学中引申出的一些迷信观念也在侵蚀单纯乡村人群的价值观,影响着他们的判断,被"玫瑰花刺扎到下巴",被"孤独的苍鹭"直勾勾地凝视。母亲曾唱过一首民歌:"妻子一旦做了错事,永远穿不了这件衣裳。"许多延伸的过程也一直笼罩着苔丝。

玛格丽特在评论苔丝形象时,讲到了她的几个阶段:一个天真的少女,一个病婴自豪又愤怒的母亲,一个缄默却富有魅力的女人,自我摧残的可怜受害者,最终成为凶手。若打乱了顺序,逻辑和内在情节就会乱掉,哈代要塑造的是一个丰富饱满的苔丝,面面可观,面面可爱,面面可怜。被无能父母推向被奸污的不幸时,她无辜又刚强，心事重重的女孩儿独自伤感到天亮。"一个悲伤的十月和她的一个更为悲伤的自我，——只有这两者在大路上徘徊。"直觉引领着她走向逃避，深居简出，羞于见人。黄昏独自愁，顾影怜自身，可也许就是在这些躲在角落看风雨、白雪、暗影、皓月的日子里，激发了苔丝骨子里更为强劲的能量，告诉她生活还可以再开始。少女情怀里，踏踏实实工作，当个教员，照顾家人弟妹的理想还没有完全被撕碎。她给孩子的坟边插上用简单的木板拼插的十字架和鲜花，又坚强地走出阴霾，这种力量令人惊颤、感动，可排山倒海，可惊动云颤，可又是从一个柔弱女子身体里酝酿出的，似乎难以置信。但哈代又热情激愤地解释："这是没有耗尽的青春，经过暂时的压抑之后，又重新激荡起来，并且还带来了希望，以及寻求欢乐的不可抑制的本能。"

　　苔丝迈向了艾格敦荒原的奶牛场，从深层看，农民的女儿开始靠出卖劳动力取得立身之本，资本主义生产经营方式侵入了乡村。可作者愿意安排一些美好的爱情，去酝酿更大的波浪，卷起千堆雪。在梦幻甜美的牧场气氛的渲染下，苔丝、克莱尔之间相互吸引的磁力不断升温，赤诚到毫无保留，甜蜜到万籁俱寂，明亮到粲然生辉，彻底到掏心掏肺。五彩缤纷的遐想带领着青年男女改变了他们的宇宙中心，爱上的这一刻，"每个人的视野中都出现了一片新的天地，它也许天长地久，也许为时短暂"。但在真实情况坦白的那一刻，克莱尔却狂笑、责备，将苔丝不留情面地抛弃。那些从宗族价值、血液中根深蒂固的东西放带出来，血淋淋、光秃秃，极为丑陋地对着那个昔日温文尔雅、风度翩翩的克莱尔。他的进步终究是表层的，思想独立，追求自由，勇于实践，换新自己的想法，突破阶级寻找爱情，信仰自然科学，厌恶门第、贵族、宗教……这些优长之处在苔丝坦露心胸后被道德藩篱、阶级偏见打回了原形。我们为苔丝悲哀，哀其丈夫的冷酷绝情，哀她从未真正地了解自己。

在自然原始气氛浓郁强烈的巴西、远离根深蒂固道德观念的英格兰，克莱尔逃避过往，又读懂了过往。太多的日晒风吹，心境不再年轻，可是对道德的理解更看重一个人的未来，重拾苔丝的爱，不仅源于那封歇斯底里、呼啸号啕的告白信，还源于克莱尔自身的醒悟。远离故土，去国怀乡，太多遗憾，可万幸的是，两颗破碎的心还是获得了电光石火般的解放、释然、欢乐。"我们不是赤裸裸地来到尘世，而是驾着一团团朦胧的光辉。"到了晚上会有一个新的星星冉冉升起，安稳地偏居天空的一隅，它身后也是一个崭新的世界，千千万万的可怜人向往那星星代表的桃花源。那句话再次回响，回荡在四下无人的夜："我准备好了，走吧。"

希望不死

——读《肖申克的救赎》有感

如果有人问我信念是什么,我会向他推荐这本书;如果有人问我希望是什么,我会向他推荐这本书;如果有人问我友谊是什么,我会向他推荐这本书。一本荡涤灵魂、点醒众生的书——《肖申克的救赎》。

一本登顶《纽约时报》排行榜的当红之作,一本在美国狂销二十八万册的读本,足以让我抱着猎奇与敬畏之心去阅读。

牢狱题材难免让人感到压抑与绝望,监狱长冷肃的脸上写着:"把灵魂交给上帝,把贱命交给我。"高高的电网、冷冰冰的铁栏、男人们的污言秽语、形只影单的鸟儿……比"枯藤老树昏鸦"的凄清更胜一筹的是令人窒息的恐慌与绝望。前路洒满了图钉,而这条路仅仅是含冤入狱的安迪苦难与反抗的开始。

繁重的苦力劳动、单调的日常、变态罪犯的欺凌,种种侮辱与折磨如尖刀,剡动着安迪的骨骼,挑拨着他的血管……忍辱含垢,生活还要继续,靠着与瑞德的来往,安迪渐渐体悟出这高墙深院中的生存之道。面对残酷的环境,人本能的反应便是奋斗抗争,而当周围环境恶劣到一定程度,我们的抗争之心便会消磨殆尽,取而代之的则是无垠的麻木与顺从。有些人流泪悔恨,有些人怙恶不悛,有些人顺从体制、随波逐流……但安迪没有,不知从哪天起,也许就是入狱的第一天,他就把男人的血性与坚韧磨炼得坚定如磐石,稳坐风云身不动。回忆起来，一切似乎举重若轻，大大小小的石块码在窗前，女明星的海报挂在墙上，一柄石锤，一本《圣经》，有意志的人可以将苦行僧般的生活过得苦中有乐、津津有味。

"强者自救，圣者渡人。"安迪不仅用超凡的意志将自己渡出了苦海，更加珍贵的是他还将这种充满希冀的精神状态带给了他人。执念下的一封封信，给他与狱友们带来了一座图书馆；屋顶上的啤酒与阳光交相辉映，上升的冰凉气泡应和着朋友的汗水与微笑，安迪没有加入其中，而是静静地看着，嘴角含笑；留声机诵读着黑胶唱片，一首《费加罗的婚礼》传遍监狱，甜美纯净的嗓音、轻捷翻飞的旋律将每个人的瞳孔变幻得神采奕奕，将每颗曾经被邪恶占领过的心灵濯洗得纤尘不染。安迪一直没放弃，一遍一遍不厌其烦地温习着自由，启迪着他人。

才华在任何时候都是一个人的救命稻草，是一个人的启明星，安迪的才华是这肮脏世俗的牢狱中仅剩的一抹灿烂。智者总是善于利用环境、融入环境，使其为我所用。而安迪面对的是诡计多端的狱长和冷血残暴的狱警，这时，他那银行家的本领开始闪闪发光，借助着精湛的职业技能和敏锐的洞察力，他与黑暗势力在交易中角逐，逃税、洗钱，建立假身份，安迪用自己的价值换来救赎路上的垫脚石。"怯懦囚禁灵魂，希望还你自由。"相信未来，相信光明，可以在阳光下自由呼吸的凡人都能完全做到的事，却是安迪心底的信条。

斯蒂芬·金在书中如是说："有的人忙着生，有的人忙着死。"忙着追名逐利的你，忙着柴米油盐的你，忙着觥筹交错的你，是否还携着自由之心与坚定的信仰呢？安迪代表着一类人——"忙着生"的人，他的第二次生命是自己带来的，是心灵深处那份不朽的希望之光带来的。希望是种好东西，甚至是人间至善，而美好的事物永远不会消失。正是这美好的事物，让安迪忍受了五百码的恶臭，在闪电狂雨中重生。读到此处,潸然泪下,脑海中闪现出同名电影中的画面:安迪撕碎了自己的上衣,张开双臂,与雨夜拥抱,与自由缠绵!

"有些鸟儿天生就是关不住的,它们的羽毛太鲜明,歌声太甜美。"瑞德依旧守候着他们的友谊,那共患难的情谊如金刚石般珍贵而坚不可摧。终于,他跨越边境,与朋友握手,看见了那如梦一般蓝的太平洋海水。

不是每个人都是宗教徒,但每个人都有自己的《圣经》。安迪捧了十九年的《圣经》中记载了犹太人的《出埃及记》,而我们的呢?亲爱的你,世上有没有什么让你辗转反侧、牵肠挂肚却又登九天而不得?有没有什么让你数十年如一日地保持狂热?我们似上帝的宠儿,如此幸运地拥有了自由,但我们是否常怀希望呢?当你不顺心的时候,当被挚爱背叛的时候,当看不见前路的时候,请你回望安迪的那张印着性感女郎的海报,那背后有条用双手开掘的自由之道,给你安慰,让你沉醉。

愿我们都能明白自由与希望的含义吧,那仰面花开的魔力生长其中,泉水浸染了山水之间的诗,你站在几净的窗前,像极了远方的火把,与上帝对话。

临渊情更怯
——品读《罪与罚》

很多年以后，我可能还是会感恩机缘，让我在富有创造力的精力丰沛之年，阅读过陀思妥耶夫斯基。他不像巴尔扎克那样雕刻社会的波澜壮阔，也跳出了狄更斯颇为享受的市民舒适圈，更不人云亦云地同多数俄国文学那样止步于同情卑小人物的苦痛和赤贫，而是另起炉灶，大胆探寻一块爬满深刻、癫狂、冲动、紧张错综藤蔓的人性的灰暗的墙，试图用笔尖的钝器，执着地凿出深沉而伟大的缝隙，让我们从中看见熊熊的火在那里燃烧，于是怯懦，于是质疑，于是感动。作家通过人性、意识及宗教传递出的冲击力，让人们怀疑自身是否真正踏进过这个真真切切的世界；通过挣扎、撕裂和重生勾勒出的巨大精神疆域，让我更加认同了博尔赫斯的感叹——发现陀思妥耶夫斯基就像发现爱情、发现那海一样，是我们生命中值得纪念的日子。

在回到作家命运、作品内容之前，我感到率先返回的是书中展现的环境。在俄罗斯的心脏，圣彼得堡巍峨伫立，这里承载的文艺精魂从涅瓦河深处流进世人的眼里。这个城市的大街小巷、这条河流的潺潺行踪见证了拉斯柯尔尼科夫异化的梦境、压抑的欲求、狂热的纠缠。作者太聪明，以至于让读者鬼使神差地披上了拉斯柯尔尼科夫的灵魂，想其所想，悲其所悲。随着他的高烧与平静，读者在野火覆身和冰泉侵背中来回转化，逃不过也放不去，好像轻舟难过万重山。

　　故事的雏形称不上复杂,生境苦厄的大学生在自己独有的一套认知理论的指使下,杀死了他认为是"虱子"的老太婆及其妹。然而这一过程并没有给他带来成就英雄梦想的快感,而是终日陷入了压抑、病态、不安、紧张的泥潭。罪短暂而暴烈,而罚与忘却漫长且煎熬,最终他认罪自首,放逐西伯利亚,接受苦役这么一段犯罪与承担的灵魂征程。与很多关于凶杀犯罪的故事不同,拉斯柯尔尼科夫的行为,源头不是热血上脑的冲动,不是事出有因的报复,没有一种感性、瞬时形成的出发点,而是有理论支撑和行为规划的杀害,像一部机器按编程的序列有条不紊地运作,冷静又恐怖。大学生笃定自己的不凡,与"平凡的人"的差距像雄鹰与蝼蚁,像英雄与虱子。面对放高利贷的老太婆时,他认为"把她杀死,拿走她的钱,为的是往后利用她的钱来为全人类服务,为大众谋福利","牺牲一条性命,就可以使几千条性命免于疾病和离散",这种理论好像武侠小说中鼓励的劫富济贫、替天行道。拉斯柯尔尼科夫的理论就这样建立了,他信奉成就伟业的人不会在鲜血前止步,低级平凡的人"保全世界,增加人的数量",而不平凡的人则"推动世界向前发展,引导它达到自己的目的"。就像无数人一生仰慕的拿破仑,在土伦溃击敌军,在巴黎屠杀,他的金字塔、滑铁卢……一切的一切都拥有了名正言顺的理论,拉斯柯尔尼科夫还将这种理论写成铅字印刷的文章,塑成了结构完备的建筑。而伴随着他多年的罪与罚也从这个信条出发,随着理论的建立、质疑、崩塌、毁灭,他灵魂深处的密码本也被逐步破译出来。陀思妥耶夫斯基在描写拉斯柯尔尼科夫犯罪过程时,笔法准确又精到,细微的肢体动作、逼真的面部表情、挣扎的心理咆哮,在行凶的片段中合并,迸发着人性之真切、欲望之不安。从未经历的惊恐、本能指使的敏感、时间发酵的焦灼,这些都忠诚地带着世人感受体验着主人翁的灵与肉,也让后续的荒诞不安、变形扭曲的病态精神合乎情理。冷静机警的犯罪后"一些杂乱无章的思想片段飞也似掠过他的脑海，但是他一点也弄不懂自己在想什么，甚至不管他如何努力集中思想，却怎么也不能让思想停留在某一点上"。这时，厮打寒战、病态的梦与肌肉的高温，裹挟着"罚"扑上来了。这件事过去了，但这件事的后遗症还是抓住拉斯柯尔尼科夫不放。苦涩的回忆，想要逃离、挣脱的激愤情绪，昏迷不醒，虚弱无力，呻吟发狂，本以为顺理成章的行凶，竟发酵成了痛苦的渊源。不可否认的是，有种特殊的力量将拉斯柯尔尼科夫不停地从罪恶中拉回来，也许是道德，也许是有善根。他的确是有善根的，马尔梅拉多夫死后，他留下了二十个卢布，称道："请允许我……聊表心意……对我的亡友尽一份绵薄之力。"有次夜里失火，他从着火的房子里救出两个孩子，自己却被烧伤。在不能抹去善良、人道的晚宴上，他从未缺席。

整本书印象至深的画面是拉斯柯尔尼科夫在涅瓦河边走着，精神高度紧张，有些病态的焦灼。圣彼得堡的冬天，雪水濡湿了地面，教堂前游走的人群面容深沉，街边的煤气路灯静默不语，纷乱的雪花飘过，那光亮闪闪烁烁。拉斯柯尔尼科夫就在这里思考，在这里听手摇风琴演唱，从这里望出去，"那些房屋都行走起来了，行人、河岸、马车——这一切东西都在四下里旋转和跳起舞来"。落日泛着粉红色的光，他眷恋这种和自己独处的光阴，即使天旋地转、满腹忧虑，那是他躁动撕裂、片甲不留的病态灵魂得以停泊疗伤的避难所。

茨威格在谈这位感情如炽的作家创作的时候写道："犯罪与妓女，凶手和圣人，公侯和醉鬼，他们在他们生活的那个最低下、最真实的自我当中对话，所有的阶层都互相融成一片，心对心，灵魂冲着灵魂。"这种特点重点体现在《罪与罚》中的索尼娅身上，与拉斯柯尔尼科夫孤直、变形的自命不凡心理不同，索尼娅身上更多的是逆来顺受的坚忍、承担苦难的诚恳。在索尼娅对父亲、继母与没有血缘关系的弟妹那里，世人看到了她不简单的付出，为了生存，做妓女的选择也是基于现实面前的屈就。她虔诚地信仰上帝,宗教式地忍受苦难。她与拉斯柯尔尼科夫,一个是水,一个是冰,本质没有不同,但索尼娅有温热可亲的能量,沉重的代价、苦难被顺从与忍耐解决、抚平,她生性纯良、上善若水;可拉斯柯尔尼科夫有冰一样的刚性原则、扬厉的棱角,在癔症思维中周旋太久,在血迹斑斑中浑身发抖,琢磨不定,徘徊踌躇,他是狂风中捶胸叹道"何况我辈孤且直"的冰凌。书中前后两次写索尼娅穿着容貌的对比,第一次是:"她的衣着是极便宜的,一副街头妓女的打扮,合乎自己那个特殊阶层的喜爱和派头,并且显然无耻地暴露了自己的目的。"与这样轻浮挑逗的穿着形成反差的是惨白的、怯生生的憔悴形容,无声无息,又博人怜悯。第二次描写索尼娅,是在她去找寻拉斯柯尔尼科夫的时候:"现在这是一个朴素的,甚至穿得不很体面的姑娘,还很年轻,差不多像个小姑娘,温文尔雅,神态安详,但有点儿怯生生的。"这一前一后、一装一容,将生活给索尼娅带来的煎熬、诘难、侮辱都勾勒出来了。而这个女孩的眼眸深处还何其珍贵地遗存着单纯初心。也许在陀思妥耶夫斯基心里早就认定了,只有索尼娅才能与拉斯柯尔尼科夫互舐伤口,双双救赎。在这场难忘的救赎过程中,拉斯柯尔尼科夫向"人类一切苦难下拜",感叹着集卑贱与神圣于一体的能量,残酷无情的生活与精神折磨没有让他堕落,就像饥饿、贫穷、喊骂、责备也没能在索尼娅的心中挤走神圣的崇高位置。就这样两个可怜人彼此凝视,静默对坐,读着《约翰福音》:"复活在我,生命也在我。信我的人,虽然死了,也必复活。凡活着信我的人必永远不死。"翻江倒海的风险过去,这样的画面是那样安静从容,索尼娅指引着拉斯柯尔尼科夫,走出去,告诉世人昔日的罪恶,认识到生命的平等、神圣、不可侵犯,没有人能有上帝那样决定生死的能力,哪怕是那些标榜着不凡的人。

在生活波涌浪叠的海里,太多事情不给拉斯柯尔尼科夫安宁。

母亲和妹妹的生计，杜尼娅与卢仁不对等、不纯粹的订婚，自己欲火焚身的热望，与警局战战兢兢的博弈……文学是和暖的，也是暴烈的，作者把拉斯柯尔尼科夫扔进苦难的炼狱，让他经历深刻的宗教性、悲剧性的感情体验，讲述孤独疲惫、疯狂乱颤的孩子，从极端个人主义与理性，走向心灵对宗教的皈依。自首过后，西伯利亚的苦役生活食不果腹、步履维艰，可却让满目疮痍的灵魂逾过对生的隔阂、敌意。磕磕绊绊的痛苦、奇奇怪怪的思绪，都过去了，"生活取代了雄辩"，拉斯柯尔尼科夫最终无意识地拿出了枕头底下的福音书，这个无意识的举动承认了生命的律动，生命之神不可亵渎。这是一个人再生的故事，从一个世界进入另一个世界的事，触及灵魂、高山仰止的动人故事。

整本书翻遍，脑海中出现陀思妥耶夫斯基墓碑前的雕像，那双冷峻的眼睛，始终未与生活和解，他的嘴唇吻过死神，最终留下甘醇。无论是当下还是百年前，我们需要大口大口的新鲜空气和阳光，但是有人宁可停下寻找乌托邦的脚步也要冷静地直视些什么，撕破些什么。书中有陀思妥耶夫斯基的思考，当上帝这个绝对力量隐遁，我们靠什么活着？英雄和理性又是否能主宰一切？他不断探尝人性、内心的深度，庞大深邃的病态变形的心理分析，前无古人，后无来者。鲁迅评价他时讲："他把小说中的男男女女，放在万难忍受的境遇里，来试炼他们，不但剥去了表面的洁白，拷问出藏在底下的罪恶，而且还要拷问出藏在那罪恶之下的真正的洁白来。"犯罪、凶杀之后，黑暗的河依旧滚滚向前，带走暴力的发泄，又映出心底的皎洁。作者不靠缜密的布局去探寻人生、真爱、伦理，而是用令人生畏的混乱、疯狂去打量一切，粉饰一切，以至于让人不敢在他的著作前评论上一句两句，只是屏气凝神，感受沸点。所以伍尔夫在《论小说与小说家》中也说道，"陀思妥耶夫斯基的小说是波涛翻滚的漩涡、飞沙走石的风景，会把我们吸进嘶嘶作响、沸腾滚泡的排水口。

它是完全纯粹用灵魂作原料来构成的"。

　　抽搐、冰冷、绝望、疯狂、幻灭、虚伪、羸弱、敬畏、快感、谦逊……陀思妥耶夫斯基的文字给人以乱码般的体悟。透过文字，拥抱上帝，洞见自己，飞越了现实的地平线，质疑的骄子去叩响神秘的天门，在绝地险境中狂喜，在甜蜜中缄默消沉。可我们还是不可救药地爱着作家的文字，原因不同，情绪各异。甚至正是那星星点点的捉摸不透让作品更加幽深而闪光，毕竟，人类对未知的事物总是充满无限热情。

莫等闲
——读《人生》有感

人生太大。

无数的岔道,千万次抉择,多少个日夜,人海的形形色色,像电影的胶片,连续不断,从不重复,这是我们的一生。

《金刚经》言:"一切有为法,如梦幻泡影,如露亦如电,应作如是观。"人生如戏,跌宕起伏,造化弄人;人生又似茶,上下浮沉,清秀渐溢。高加林的人生便如此,因当不成教师而痛苦的他在家乡的田地里迷乱怅惘,真的要这样继续父辈的事业,做一辈子农民了吗?记忆最深的是加林第一次做农活,刺破的双手、紧皱的眉头,不由让人捶胸感叹人才的埋没。环境可以一点点改变一个人,也可以一点点折磨吞噬一个人,吞噬他的雄心壮志,他的世界天下风云、他的诗情画意,注定要向这脚下的黄土、眼前的庄稼讲述了。朦胧的月光、轻轻的风儿,夏天的夜晚,躺在庄稼地上的赤子,让人看了心软,让人见了心疼。村庄静谧安然,大马河还在流淌,风吹过来,吹乱了加林长长的头发。

我们所受的欺骗、伤害和侮辱,都会变成这世界来补偿的序曲,那星星点点的微茫,都会成为燃烧生命之光的熊熊之火。上帝给了加林一份美好的甜蜜——巧珍,巧珍的爱如淡茶,入口有涩有甜。她朴实纯情,她给了压抑中的加林一份拯救。"人生从来不像人们想象的那么好,却也不像想象的那么坏。"莫泊桑如是说。青年人的眼中,爱情如春风中的柳絮,迷蒙梦幻,温柔了加林千疮百孔的心,让它渐渐暖起来。

《阿甘正传》中说:"人生就像一盒各式各样的巧克力,你永远不知道下一块将会是哪种。"突如其来的一封信改变了高加林的命运,腾达的叔父又让他回到了县城,这是第二次起伏的开端。再一次进城,一切如旧,可心境却不同了。他并不缺少能力,而是缺少机遇,加林很快在县城立住脚,在工作、生活、运动中,他总是优秀的那一个,"春风得意马蹄疾,一日看尽长安花"的兴致与骄傲开始爬上他的心房。人总是往高处走,与之配套的品味、格调、理想、需求都会随之改变,这时,加林手中的那条红丝巾还那么鲜艳吗?老同学黄亚萍再次进入了他的世界,道德、良心的挣扎再一次压得他透不过气来。黄亚萍的爱如洋酒,有回忆,有刺激感官的浪漫。最后,当纯情的朴素之爱与罗曼蒂克相较,加林还是选择了后者。多米诺骨牌在不经意间推倒,快乐是短暂的,克南的母亲终于出手,这缤纷似泡沫式的美丽便幻灭了。加林又一次受到了打击,回到了乡村,再见巧珍,诀别亚萍。"亲爱的父老乡亲们!……他们那伟大的同情心,永远都会给予不幸的人!"这令人落泪。

从高加林身上,格局小看爱情,格局大看人生。他不是一个始乱终弃的男人,他有自己的追求。他是一个挣扎的、忠于初心的,同时又是手忙脚乱的、迷茫失措的理想主义者。从一个个夜晚的风中身影里,我们可以看到他那颗九死不悔的赤子之心。大马河的水带走了多少人平淡的柴米油盐的一生;柳树下星星点点的萤火虫绿色的微芒,照亮了多少人的悲欢离合;呢喃的春燕,路过了多少心灵的浮沉挣扎。他有时是卑怯的,想借一份不惧往昔的鲜活;他有时是踌躇的,想借一声撕心裂肺的呼喊;他有时是迷茫的,想借一句一针见血的箴言。

《飘》中说:上帝让我们遇到一些错的人。这样,当我们遇到对的人的时候才知道心存感恩。泼墨似的庄稼依旧一片浑然,鲜花开满山岗,虽然没有县城的光彩与机会,但这里才是游子们牵挂一生的地方。"我爱过,也痛苦过;我用这两只手劳动过,种过五谷,栽过树,修过路……这难道也不是活得有意思吗?——拿你们年轻人的词说叫幸福。"长辈的一席话让加林释然。微妙的人生,充满未知的人生,悲欢交加的人生,纵使有环境的影响,但无处不能幸福光彩。在田野间有收获劳动果实的欢喜,在县城有引人注目的欣悦,处处青山苍翠,日日良辰美景。我们在人生的森林中,只是那穿行而过的风,一生百年,转瞬即逝,岂可一路徘徊,误了美景。

在现实中,谁不是高加林?

人生真小。

把日子过成湖

——读《瓦尔登湖》有感

从未见过一本极简主义、气宇轩昂的书，从未见过一本毫无喧嚣、静养精神的书，从未见过一本出世修身、静谧如水的书，直到我"邂逅"梭罗。

一个人，一间房，卸载了生活中的忙碌与杂乱，活在自己安宁精彩的世界里。没有灯红酒绿依然落英缤纷，没有车水马龙依然没有孤独。天地俱寂，唯我独吟。斑驳的木头上长出青苔，夜莺吵吵闹闹地飞过窗台，蔷薇花又悄悄点缀了谁的梦。徐迟先生讲："这是一本静静的书，一本寂寞的书，一本孤独的书，一本寂寞、恬静、智慧的书。"从琐事到思考，从皮肉到灵魂，从自然到人文，在某种意义上《瓦尔登湖》是属于心灵的。

儒家讲究"一日三省吾身"，而自察思想、君子慎独的理念却充斥在这本西方作品中。来到这片树林，就是因为想过一种察省的生活。正如王阳明在竹林中格物，万籁俱寂，心中钟磬独鸣。就是那澄清的湖水让梭罗顿悟，自己要的不是出世的人生，而是有作为、远离浮华、在灵魂上看风景的生命。别了，物质的感觉；别了，欢娱的享受；忘掉这个世界，忘掉我们自己，去竹林取道，修篱种菊。"天下熙熙，皆为利来。天下攘攘，皆为利往。"人世扰扰，多少人不知不觉被卷入了时代的车轮，随波逐流，凡夫此生，而梭罗却把定生命的罗盘，指向简单与质朴、恬然与洒脱。修屋、种豆、烘焙、除草，这在快节奏的都市生活中是多么不现实的奢求,钢筋水泥禁锢了双脚,摩天大厦桎梏了双眸,谁的肩上没有齿痕,谁的头顶上没有灰尘?我们扪心自问,人类从丛林中走出来,创造了工业文明,却又摒弃了自然,这真的是我们想要的吗?绿水青山依旧在,小桥流水依旧在,桃花仍红,柳叶仍绿,只是那经历过霓虹灯、摇滚乐、互联网的心不再如初纯净。

敬畏自然,简单生活,方可羽化而登仙。富商大贾可以拥有一个湖,用货币换;梭罗也可以拥有瓦尔登,用心换。人啊,最珍贵的不过是一颗宗教徒般热忱的心灵,用心换来的东西如春天的淅沥小雨,如夏天傍晚的凉风,如秋天的山间桑葚,如冬天的琉璃叮咚……只可意会却难为外人道般的宝贵。所以,瓦尔登湖,梭罗的湖。

书中讲述了这样的寓言:"一个工匠想做一柄权杖,于是他日夜不息,任时光流转千年,最终那权杖,成了梵天世界最美的作品。"其中传递的也有一种匠心精神,沉心静气,创造生活,不追求机械化大工厂的流水线产品,只倾心于手中雕琢的一物一品。匠心可能创造着经典,改变着世界。

超凡脱俗,与世无争,不要名利,只求真理。与禽兽为邻,以豆田为家,用精致的笔调将湖边的一草一木画出来,用细言软语将渔夫、猎人、农民的日常讲出来。是这些最生态、最简单的农耕文化给了梭罗轻捷翻飞的灵感,让他兴致盎然地追求人类社会的法则,打开我们的视野之窗。闭上眼,人们!听梭罗在我们耳边的忠告,低沉如梵音,空灵如泉鸣。

立身都市,纽约的曼哈顿、上海的陆家嘴、香港的旺角、巴黎的香街,多少生命在蹚着生活的浑水,摸索着前行。物质丰腴,精神荒芜,步履匆匆,心中无梦,这是都市人的状态。《海上钢琴师》中说:"那些漫无边际的城市,可以说,什么都不缺,就是没有尽头。"忙碌没有尽头,工作没有尽头。亲爱的你,我真渴望你出去走走,去在早春嗅嗅北海道的樱花,去疏森看看那浮着绿水的天鹅,去摘点普罗旺斯那"紫浪"般的薰衣草,去穿上棉衣摸摸那乞力马扎罗的雪。也许有一个地方是属于你的,就像瓦尔登湖永远静静地在那里,属于梭罗。

"广厦千间,夜卧六尺;家财万贯,日食三餐。"当万物离我们远去时,留下的只有最朴素的生活,一箪食,一豆羹,如此而已,何不从简,清清爽爽地顶立天地间?

合上《瓦尔登湖》,小麦色的书皮和磨砂的质感,给我留下了最后的印象,因为我的心里早已注满了一泓清醴。

放逐至溃败的边缘
——读《叶甫盖尼·奥涅金》

对于贵族年轻的描述，世间有太多的词汇，精致、慵懒、多姿多彩、繁丽、舒适、金玉其表，但这每种锋芒的共同出发点似乎都在指向一个人。他静静地站立在耀眼的角落，时刻牵动着读者的心肠，像是一位久久不通信也挥之不去的老朋友，而每次邂逅，他还是会像初见时深情款款地介绍自己的名字——叶甫盖尼·奥涅金。

关于这本书的记忆，最浓墨重彩的部分来自一首诗："有时候，我们像溃败的兵逃到理性的旗下，寻求平静，当热情的火焰已成灰烬，而我们看着以往的任性或热情的冲动，都变为可笑，并过迟地节制着自我反应——这时，别人的爱情的波涛我们往往喜欢拾来聆听。他的故事，他那激动的言语会轻轻地煽动我们的心，我们会像一个被人遗忘的、住在陋室里的残废的老兵，渴望听听小伙子的经历，好回忆一下自己的成绩。"再没有一个时代可以孕育出有这样情绪的年轻人，露骨的自私、冷漠、挣扎与矛盾，还带着高傲的、处处讲究的不可一世、自鸣得意。奥涅金看透了上流社会的喧闹、虚伪与浮夸，但又无法从中脱身，精致地享受着自幼生活的环境，像是一池发了霉的温水，对它的污秽恶心心知肚明，但还是因为舒服在里面泡着不肯出来，何况这温暖的热汤里曾滋养了他高贵的仪表、不俗的谈吐和过人的智慧，又注定了奥涅金无法轻易地割断这"爬满虱子的袍"去追逐远大前程和社会理想。他很早就学会了虚情假意，会隐瞒希望,也会嫉妒,会让你相信,也会让你猜疑,会装得憔悴,显得愁苦,有时不可一世,有时言听计从,有时全神贯注,有时无动于衷。这种矛盾在奥涅金的性格行为、做派中普遍存在,好像化成了一种病态。可以推测的是在当时的俄国,这种病态也不是没有蔓延范围的,颓靡、浮饰的世风侵袭了质朴的角落,这种格调高雅的文明就像抽屉里尘封的老物件,不经意发现阔别已久的精致,可上面沾满了拭不去的灰尘。十二月党人失败的原因同样可以在奥涅金身上看出,找不到定位,空有些不成熟的意识,既无法彻底破茧成蝶,又不能坚定地站在人民群众的阵营里向自己生于斯长于斯的区域开战。奥涅金身上是注定了有局限性的,精致迷人的小工具、瓶瓶罐罐的香氛,掩饰不住内心的空虚,寻欢作乐的摩肩接踵,癫狂华丽的魅影重重,也曾质疑过自己是否在挥霍光阴,想过是否"像是英国的抑郁病症"或是"俄国式的忧郁病"。无所事事的日子总是"哗"的一下过去,时间走得太急,掉了队的自己只能苦守着心头的空空荡荡,于是苦思冥想,于是心头忽来一阵惆怅。"谁生活过、思想过,谁就不可能不在灵魂深处傲视人寰;谁有知觉,永逝的岁月幽灵便会不时来拨动他的心弦。"这四行诗出现在奥涅金与连斯基交往后的不久,好的朋友除了关爱与温暖,更吸引别人的是一颗愿意一路去思考人生的真心。连斯基与奥涅金交往之初,像带着骨肉亲情和灵敏感应的亲人,"水浪与顽石,冰与火,或者说散文与诗,都没他们这样大的差异",方方面面的差异让他们像磁石的两极,越发吸引对方。从烦闷到有好感,热情真挚,可爱,激情,富有创造力、想象力的连斯基与那个在阴霾中为俄罗斯埋葬了心灵的奥涅金是两种截然相反的性格。所有奥涅金不屑一顾、不愿深信的东西,连斯基都热切地付出真情,奥涅金的灵魂是枯死的树根,对一切失去了兴趣,春风摇动百草,也无法撼动他对世俗情理看透看倦的心灵。一边是活在今朝,一边是相信长情;一边及时行乐,一边固守忠贞;一边轻视日复一日、毫无意义的琐碎生活，一边热爱充满爱情、美德、坚毅、真理的世界。从这两种性格出发，看似奥涅金更适合貌美如花、精神贫乏的奥尔加，而连斯基与纯洁完美的达吉雅娜才更应该走在一起，可命运没有合适不合适。奥尔加那样的易于满足，喜好风花雪月的好看皮囊终究还是千篇一律，达吉雅娜这样完美的女孩才是万里挑一。我爱你时，果敢坚毅地付出，不保留地去表达，我的眼睛、我的发梢都有爱的痕迹与符号，火热又勇敢得像个男人，心思细腻守候着爱情。"沉思冥想成为她的朋友，从她在摇篮中便已开始……她用幻想点缀她的日子。"思想丰盈，又有卢梭、理查逊这样的伟人引她前行，道德上更是无可挑剔，既有一往情深的毅力，也有说走就走的坦然。毫不拖沓、纠缠地离开爱情时，达吉雅娜的背影应是文学形象走廊耀眼的肖像画。

  达吉雅娜实则用另一种柔情似水的方式揭开了另一种面相的奥涅金，剥去端着所谓"理性"的外壳，在骄傲得不可一世之下，还有一片连自己都不知其瑰丽的满腔真诚。就像那个昂首阔步、相信爱情的朋友，目光坚定，带着深情。而在奥涅金选择决斗的一瞬间，他也注定了要与自己身上这种积极、单纯的美好做出百分之百的割裂。我们想不到曾经相知相惜的两个人为何会在生死关头如此决绝和冷静，"他一动不动地躺着，额头显出奇异的倦怠的平静。子弹打穿了他的胸口，鲜血冒着热气，涌流不停。仅仅只是在一刹那之前，这颗心里还跳动着灵感，跳动着仇恨、希望和爱情，生命在闪耀，血液在沸腾"。也不难想象普希金为何也选择以决斗的方式合上人生的百叶窗。"再见吧，浓荫，我的岁月流逝在荒野中，充满懒散的日子和激情，也充满沉郁的心灵的梦。"连斯基这位好朋友的品性和火一般的单纯，与奥涅金身上的一些看不通透的特质是难解难分的，心房中的矛盾喋喋不休，夜静山空的春日里，你是否也会回忆起那个曾经一路搀扶的故人呢？你来过，不曾受到迎接，你走了，也是我一手锻造的纠结结果,沾着粉的花蕊离开了花朵,不过多久,也会失了香气,掉了颜色。奥涅金剪去了自己生命之纸洒金的一角,眼前秋声过,空留一块碑,连同着心中汹涌的浪潮、明灭的萧索,全都成为一瞬间的烟火。这样给连斯基带来的是陨灭,给奥涅金自己带来的是无尽的余孽与折磨。举止非常、言语刁钻、为人刻薄,无数的悲剧因素压到奥涅金身上,也许就是从此时此刻开始加剧。"我们白白地辜负了青春,我们往往是青春的叛徒,而青春它也欺骗了我们:我们许多最美好的愿望,和我们许多新鲜的梦想,在倏忽之间,便烟消云散,像秋天腐烂的落叶一般。"生活从不给我们大把时间去纵欲欢娱、任性折腾,涅瓦河没有一刹那停止流动,它见过太多孩子的眼泪,来不及,也顾不过来拥抱每个受伤中、结痂中、嗜血中的灵魂。逝者如斯夫,改变了好多人,它有时力大无穷,就像达吉雅娜也许不曾相信自己写完爱意绵绵、深情款款的信后,还不会见面,倾心另一位可以一生依偎的爱人。无论是否等到奥涅金的回头,达吉雅娜都无疑会顺着道德、理性、命运的安排,顺流而下,漂向幸福的谷。这也正是多少年来,我们倾心、赞颂她的原因,爱欲来时不回避,目送一份感情时又无比坚毅。

奥涅金终于是被放逐了,无论有没有人看到过他为俄国、为人民所做的改变,无论有没有一个重重的鼓音使他安心地大刀阔斧向前走,他不是一个过于安乐,不顾历史使命、民族走向的人。尴尬的位置让奥涅金找不到一个合适的着力点,去发力、去燃烧青春。局限与枷锁来自他出生时便含着的金汤匙,但也剥走了他走向革命的野性与坦然。没有人有理由去责难这样的青年,就像我们不会去咄一个身陷囹圄,又被堵了嘴想呼救的孩子。

"这样的人啊才真算有福:他能及早离开人生华筵,不去把满杯的美酒饮干,不等把人生的故事通读,便突然离开它,毫不动心,好似我离开我的奥涅金。"

离开人生也好,早点看见,早点看透,早点看淡,剩下那半盏酒,惜之如金不如赠饮后来人。

我 本 平 凡
——《平凡的世界》读后随笔

无数次做梦,又无数次梦醒,无数次遇见心中那片黄土地,但无论梦是多么九转曲折,梦中的黄土塬永远是路遥笔下的样子。

平静的双水村永远那般朴实,古风习俗、生活气息将这人间土地粉饰得纤毫毕见、活色生香。好脾气的天养育好脾气的人,玉厚老汉这样世代耕耘的庄稼汉,爱这片黄土地,但他所获得的却配不上他的付出,好在"家里有人不算穷",再不好的光景,也有他可爱的儿女陪伴。兰花、少安、少平、兰香这新一代的后生,才是这黄土舞台上真正的主人。

一对兄弟,性格迥异,一个砖般沉稳,一个煤般热烈,但同样的善良、质朴、乐观。他们最平凡,也最不凡,面对家中光景、心中所求,他们敢于追逐,不怕受挫。苏宁讲:"人的一生,未必都波澜壮阔,左右我们如何活着的,也往往是些小事情。"路遥的笔如同刻刀,将这些小事情、这些平凡雕琢成永恒。

《天堂电影院》中说:"人人都有所追寻。"少安的追寻,一直未变——让家人的生活过得红火起来。他在村民的眼中是能干负责的队长,在父亲眼中是老实坚韧的孩子,是家人第一位的依靠。润叶曾倾心于这位青梅竹马,但少安为了减轻家里的经济压力还是选择了善良单纯的山西姑娘。"真爱的第一个征兆,在男孩身上是胆怯,在女孩身上是胆大。"润叶是爱情中的勇士,可惜是孤身奋战,她所为之战斗的后方早已烧成了一片火海。少安终究挣不脱内心和现实的枷锁，在生存面前，爱情永远是奢侈品。少安的脚步从未停止，分自留地、尝试改革、开办砖厂，失败过，也成功过，少安的肩膀是双水村的坚强。少安的不平凡，在黄原的高地上，在砖厂"嗡嗡"的轰鸣中，在那口破窑洞里，他比谁都不易，但他表现得是那么的不经意。

花开两朵，天各一方，少平的追求与哥哥不同，他见识了外面的世界，一页页《红与黑》《钢铁是怎样炼成的》在潜移默化地洗礼着这位赤子的心。少平热爱知识，心中的少平，永远在一片青草地上，吹着凉凉的晚风，四周的雏菊频频摇摆，发出含蓄的芬芳。少平捧着书躺在其中，这一切都是他的，无人相争。少平一直在追求改变，在乡村课堂上他告诉孩子们，有一个很大的地方叫作世界；在矿洞下，他一身黑迹，但坚强勇敢，给工友们带来知识与阳光。晓霞与他的故事是永远年轻的，他没有自卑，他战胜了"年轻而敏感的自尊心"，黄河水总有清的一天，人穷不能穷一辈子，所以少平坚信未来，"既然选择了玫瑰，就勇敢地吐露真诚"。与晓霞相约的地方，应该年年青葱吧，洪水可以淹没肉体，但爱情永恒。

平凡的意义是什么？它不是平庸，不是平淡，平凡是我们大多数人与生俱来的属性，它像肌肤、像瞳孔、像血型、像形体，我们无法选择，但平凡的人可以有不平凡的活法，有不平凡的阅历和感情。朴树唱道："我曾经跨过山河大海，也穿过人山人海……直到看见平凡才是唯一的答案。"强者，不需要自怨自艾，不需要捶胸长叹、怨天尤人，就像少平对兰香说的那样："永远不要鄙视我们的出身，它给我们带来的好处将一生受用不尽。"我们人人皆可不凡，也许你正于物欲之海中沉浮，正在生存的边缘苟且，但是，请你不要选择妥协，不要碌碌无为地走过一生，始终相信，总有一日，有人会在你坚定的眼神、紧握的双拳、不俗的谈吐中看见你的不凡。

路遥将这富与贫、悲与欢、生与死的故事清楚地向我们道来,在浩渺的宇宙空间中,我们都是小小的星辰,自己发光发热,不需要他人喝彩。我们也可以活成一首属于自己的诗,平平凡凡,无须吟唱。

　　在我眼中,《平凡的世界》像本哲学书,一本教人不妥协、不低头、不信命、享受苦难、学会生活的教科书。读第一遍似乎平淡无奇,第二遍便暗流涌动、热血沸腾。

　　书合,心静,闭目,冥想……脑海里的后生们永远弯着腰、伏着身,漫漫黄沙洗出一张倔强的脸庞,唱着信天游,昂起刚被现实压弯的脊梁继续前行。

东风吹作雪，南陌碾成尘
——品读《茶花女》

就像书中所说："人们活到二十五岁这个年纪，眼泪就变得异常珍贵。"看惯社会的丑恶、苦涩与沟沟坎坎，眼睛已是有了智慧了，它知道什么时候雀跃，什么时候同情，它收放自如又精明圆融。可总会有一个时辰，一个人的一生都会经历很多次的时辰，纯粹的感性冲动催出了泪花，于是热泪盈眶，于是奋不顾身，放纵一次，激动一次吧。

《茶花女》的尾声里，写阿尔芒的妹妹时说："这位贞洁的少女哪里知道，远方的一名青楼女子仅仅碍于杜瓦尔这个姓氏，就牺牲了自己的幸福。"而书外的我们，有幸了解到这朵纯洁又风尘的山茶花，从被迫发芽，到盛放，到凋落的春去秋来。那是个讲求名望的时代，那是个纵情声名的时代，那是个一旦堕落之后想择净自己重塑心灵，就会被社会打压甚至逼迫窒息的时代。在浩如烟海的法国文学作品中，我们早已深谙一个男人与巴黎交手的艰难，可小仲马偏不满足于此，不止步于此，把一个弱女子，一个风流场上的特别的妓女搬上文学舞台。当然，作品也拥有领路人，"雨果塑造出玛丽容·德洛姆，缪塞塑造出贝尔纳蕾特，大仲马塑造出费尔南德，历代的思想家和诗人，都向风尘女子奉献了他们的仁慈之心"。小仲马在巨人的肩膀上将妓女首次当作主角塑造，在法国文坛上是空前的，又何其成功。

玛格丽特并非读者心中固有印象的女人,她迷恋奢华却可以自拔;她珠光宝气却超凡脱俗;她欢愉风光又收放自如;她身染泥垢又心思纯净;她地位卑微可精神高尚;她是娇艳欲滴、诱惑蔓身的红玫瑰,更是姝静德美、一袭白纱的山茶花。在玛格丽特不幸沦为妓女,并以这样的身份纵欲的时光里,华丽马车、迷人香氛、数万法郎的消费给她带来过光鲜欢娱,可疼痛苦楚也狡黠地藏身在这纸醉金迷生活的后面,忧郁伤情的毒藤会在深夜突然疯长,缠住弱不禁风的心房,空虚、无助的夜也会用酗酒来治疗。而玛格丽特对待感情,并非让淫荡的标签贴得体无完肤,逢场作戏久了的心灵也渴望真爱,她脸上还带着"稚气的神情",纯洁而明晰。在外表之下,是有一股勇敢无畏的力量存在的,好像屏风后躲着的刺客,随时准备冲出去厮杀,她也随时准备与这一切风尘割裂,奋不顾身一次就好,为真正的热爱。但现实社会又怎么会允许她这样呢?世俗的嗅觉太灵敏,传统的、大众的道德观念让她窒息,反对力量要做的不只是拆散这对恋人,还要毁灭她,逼她频频退步直到沼泽深处、黑巷死角。鲁迅先生讲:"悲剧就是把美好的东西毁灭给人看。"小仲马做到了,当读到玛格丽特弥留之际的书信时,不管我们是生活优渥、衣食无忧,还是离群索居、四处漂泊,都会不由自主地被一份强有力的真挚感情震撼,这种真切很少见了,因此才能让人振聋发聩。"然而,我毕竟是女人,一见到您就禁不住哭了,但是我没有软弱。"圣洁的坚强被激活,玛格丽特在世俗面前不妥协,像一位至死都未曾放下武器的英雄。她用新的错误赎回想要的尊严,变得人尽可夫,却神飞气扬。"我变成了没有灵魂的躯壳,没有思想的物品。我在一段时间,过上了这种行尸走肉的生活。后来我又回到巴黎。"她曾经饱满过,哪怕装的是豪奢的珠玑罗绮,是寡淡无味的寻欢作乐,是金钱堆砌下不能忘记的爱情幻想。但即使这些,也强于现在,像被掏空的海螺,坚硬的壳没有再值得保护的柔软心腹。于是她的心脏、皮肤、器官一片疮痍，发出无奈的忏悔："我们生前一定是作恶多端，或者死后要享受到巨大的幸福，因此，上帝才让今生今世受尽赎罪的各种折磨，并且受尽考验的所有痛苦。"其实玛格丽特并不必去忧愁命运或反思自己的爱，身染风尘的皮囊里滋养出极纯美的爱恋，这本是值得骄傲的地方，敬自己的不麻木、不屈服，敬自己此生不欺骗任何人。

"我都深深地爱您，阿尔芒，如果没有这种爱情的回忆支持我，如果不是隐约希望还能看到您在我的身边，我早就离开人世了。"当然，还有和这个男人激烈的开始、短暂的甜蜜，和那些在布吉布尔星星点点的日子。松露、泡沫、树木、鸟鸣……乡村用她独特的和煦温情洗刷了巴黎的喧嚣。爱着玛格丽特，阿尔芒不再羞耻、恐惧，她就像丛林女神，诗意地轻叩年轻的胸膛。"盛宴易散，良会难逢。"单纯、执着、懦弱、敏感的阿尔芒，爱得再忘我、热烈，也将要面临一场注定的失去。在父亲迪瓦尔的破坏下，他曾一度怀疑那为他掏心掏肺的姑娘，自始至终都不解真相的阿尔芒，还头脑简单地重返巴黎，做出幼稚的报复来伤害玛格丽特，爱得疯狂，行为简单，这种直接与尖锐在爱情里从来都是画蛇添足的锋芒。他为爱一见倾心，鼓足勇气，心潮澎湃，热情似火，捍卫着心上人高贵不凡的冰清玉洁与无私。但不成熟和鄙薄的定性与信任让他乱了阵脚，前些日子有人说："晚些遇见吧，你刚好成熟，我刚好温柔。"若几十年过去，阿尔芒是否还会再爱上一个人？隔着这些影影绰绰的波澜，他又会何去何从？

全书是在写波折浪漫的爱情，又不全是。社会风俗画面从小说中流溢，城市使人们憋闷，贵族侯爵对女性的流弃，妓女的生存困境，世俗对地位、名誉的推崇，迪瓦尔伪善的逼迫与欺骗，为了一家名声，将一个女人的生命视为草芥……太多巴黎的丑陋边角，藏在她光鲜曼妙的裙摆下。伦理道德、人性关怀正是小仲马要表达的重要内容："任何文学，若不把完善道德、理想和有益作为目的，都是病态的、不健全的文学。"宽容、理解、尊重,这三种至善的事物,用在多丑恶的事物上也不突兀,用在多高尚的事物上也不扎眼。

茶花的花语是:可爱、谦逊、美德、理想的爱。它没有尖刺,花瓣圆融,淡香飘远,气质不俗,是无可挑剔的美人。愿它们大簇大簇地盛开在玛格丽特的墓前,映着初遇时的脸庞——一个带着稚气与优雅的女人,抹了白粉,端坐着,目光瞥向一个特殊又华美的包厢。

爱恨号啕，汇成江河
——品读《呼啸山庄》

再次翻开这本书，它的画面即刻在头脑中展开，无垠荒原、猎猎狂风、风雨飘摇、暴风骤雨……兴许是一种叫作文学激动的力量，唤醒一颗心对熟悉场面的记忆。让人叹为观止、浮想联翩的是：作家到底经历过怎样剧烈的爱恨情仇？她的雄心壮志是否遭受过四分五裂？她可曾拥有过太多不可亵渎、遗世独立的感情秘密？可是查尽文学史，也找不到关于艾米莉·勃朗特的只言片语，没有过爱恋札记，没有过婚姻经历。答案一点点明朗了，更令人敬畏了，只能有一个解释，超凡天赋、惊人心智、离群想象成就了独立勇敢的作家。未曾冲散云层，却洞悉杂乱的星辰；未曾踏破大洋，却知道海浪的形状；未曾尝遍果实，却通晓种子的模样。靠着上帝偏爱的精神世界，身在物外，如临其中。

毛姆在评论这部作品时讲："我不知道还有哪一部小说，其中的爱情的痛苦、迷恋、残酷、执着，曾经被如此令人吃惊地描述出来。"诚然，在看主人公希刺克厉夫时，他的每份经历，读者都好像真切地体验过。年少时被暴雨打湿的绿葡萄，一次次地在压迫、侮辱、折磨中扭曲、挣扎，最终发酵，酿成复仇的酒。尊严落地，爱情破灭，一切珍贵的钻石被碾碎，希刺克厉夫眼睁睁地看着这些毁灭，这会对青年日益成熟的自尊心产生何其巨大的影响？肉体与精神急需双重反抗，于是燃起了天雷地火，掀动了狂手狂脚的反攻，从精神折磨的还眼还牙到物质财富的侵吞占有,可这种种看似解气的血腥没有给希刺克厉夫带来任何灵魂的解脱。本以为会长久拥有的快感消失了,于是在那些连根拔起、挫骨扬灰的背后,他还是走向了真情良善的爱的归途。这种希刺克厉夫式的悲剧在当时19世纪的英国是未曾出现过的,他变得碍眼、突兀、浑身带刺,暗示精神的变形。可镇静来想,这种人物的存在,无疑是合理的,他的每一次痛苦、咆哮、疯狂、撕裂也无疑是合情的。"表面上他是一个忧郁的、能忍耐的孩子,也许是由于受尽虐待而变得顽强了。"太多的逆来顺受积压在义愤方刚的胸膛,像后天用铁环箍住的南瓜,内部的纤维组织渐渐缠绕彩密、扭曲挣扎,以至于长大后,"你从十三岁起,就开始过一种自私的非基督徒的生活;大概在那整个的时期中你就没有看过一本《圣经》"。他不再像大多数人一样怀抱生活的美好企愿了,艰难苦恨不厌其烦地在耳畔教唆,没有人能将你打败,除了你自己。隔着漫长岁月,希刺克厉夫再回到呼啸山庄时,有了双不一样神采的眼睛。"那笔挺的仪表使人想到他一定进过军队,无论表情还是神色他都比林顿先生老成果断多了:那副面容看来很有才智,并没有留下从前低贱的痕迹。一种半开化的野性还潜伏在那凹下的眉毛和那充满了黑黑的火焰的眼睛里,但是已经被克制住了。他的举止简直可以说很有气派,不带一点粗野,只是严峻有余,文雅不足。"作者如此聪慧,不费笔墨在希刺克厉夫多年沉浮打拼、咆哮迷茫的发家史。样貌举止、神态仪表,泄露了太多时光的故事,让人忍不住神往。他质朴、野性的心跳像惊雷一般,却又冷酷狠毒,这些复杂的疼痛交织融汇,成就了英国文学中形象鲜明的悲剧人物。

希刺克厉夫与凯瑟琳的爱情也是那般干柴烈火,像极了那放任而狂野、直白而粗劣的复仇。因为这份电光石火的恋情,原本无依的两个灵魂得以完整,雀跃同行,恸哭同声,"两个小家伙正在用比我所能想到的更好的想法互相安慰着:世上没有一个牧师,能把天堂描画得像他们在自己天真的话语中所描画的那样美丽"。年少到陪伴，又怎能摔倒，沧海桑田，迟暮的恋人，已满是皱纹。凯瑟琳最终还是受家庭氛围影响，嫁给了温文尔雅的林顿，向世俗、门第观念妥协了。而日后的折磨又将凯瑟琳推向了深渊，只因对"降低身份"的不情愿，错过今生挚爱。凯瑟琳后来精神恍惚，告白道："他比我更像我自己。"不论我们的灵魂是什么做成的，他的和我的是一模一样的；而林顿的灵魂和我的灵魂如月光和闪电，或者霜和水，完全不同。可以说，希刺克厉夫活出了凯瑟琳理想中自己挣脱束缚，抛弃一切的模样，灵魂相通，是同类人，是一路同行注定一个水壶喝水、一袋干食共享、一把火枪依偎取暖的爱人。再见时，在长久的沉默与静谧对视后，两个人分别唤起了新的感情，一个加倍痛楚，欲挣脱束缚心的野草丛，去哭去吻；一个抱怨谴责着对方的虚伪与残酷。但这两种感情从迸发到熄灭，他们都抱得紧紧的，像抱住曾经擦肩而过的全世界，向时代消极、无用地宣战。反抗过，妥协过；责备过，宽恕过；表白过，沉寂过；问心无愧过，饮恨黄泉过。可这种种又被艾米莉安排的另一种神迷意念所成全，让希刺克厉夫与凯瑟琳"灵魂不再孤独，黑夜里在旷野山岩底下散步……"地位、金钱、阶级、家世都灰飞烟灭，每个灵魂都靠着最舒心的蓝图缔造着自己。"但愿我重新是个女孩子，野蛮、顽强、自由。"这是凯瑟琳的归宿，因为这样，被压制的激情才不会年年岁岁地束手束脚，爱人冷酷下深埋的热烈也得见天光。

　　艾米莉·勃朗特功力深厚地塑造一对恋人后，不满足于此，更加深入挖掘了爱与恨的问题。爱与恨何者的能量更大？更有攻击性？又是何者最能达到灵魂的安宁与幸福？爱与恨都是上帝以外的存在，要么拥有，要么覆灭。恨是递增的过程，复仇之路远没有冲动时脑子一热的快感，那是条穿越冰雹天的路，复仇怀恨者的心会被冰凌砸中，雪化之后，大地回春，可那一个又一个形状各异的坑洼,都是人力无法填补的悲凉;爱是简化的过程,就像书中希刺克厉夫看到哈顿与小凯瑟琳有自己当年的影子,是已逝青春的化身,他叹道:"哈顿的模样是我那不朽的爱情的幻影,也是我想保持我的权力的那些疯狂的努力,我的堕落,我的骄傲,我的幸福,以及我的悲痛的幻影。"最终男主人公还是走向了爱这个更轻松芬芳的栖处,祝福后代,铭记一些,遗忘一些……两个庄园,每种情感,都会以各种形式代代相传,包括爱。就像一句真诚的规劝:"惩罚恶人是上帝的事,我们应该学着饶恕人。"

环境是人心的镜子,在英国北部约克郡的荒原上,葱葱郁郁的植被映画着半卷半舒的低云,扑面而来的乡土气息,曼妙可人。沼泽湖泊、风雨雷电、放浪形骸、信马由缰,这里的儿女因此有了强大的内心支撑力。群山巍巍,旋风冽冽,原始力被禁锢又释放,被窒息又复苏。春去秋来,青草被与矮苹果树贪婪地瓜分了阳光,紫罗兰的香气逸出山岗,又被风吹进窗子,吹进人心,吹进墓园。

"我在那温和的天空下面,在这三块墓碑前徘徊!望着飞蛾在石楠丛和蓝铃花中飞舞,听着柔风在草间吹动,我纳闷有谁能想象得出在那平静的土壤下面的长眠者竟会有并不平静的睡眠。"长眠者注定不会收获平静,野性疯狂的过客空有共鸣,长眠者扬着旗帜,锉着利剑,意志锐气不减当年,忆往昔满目峥嵘,然后再目光如炬,直勾勾地盯着世俗与命运,径直走过去,脚步踩响了未来的每一天。

烈焰难掩的追寻
——品读《包法利夫人》

这是一本可以当作诗集去反复品味并一诵三叹的小说,与它邂逅时我年岁还小,惊艳于福楼拜翩翩起舞的笔尖,叹服文字布排得活灵活现,他的手中好像有姥姥做毛线活儿时候的那根钩针,编织出百合、夜莺、夏夜、密林,点缀了十几岁女孩清皓的星空与灵魂。当波涌浪叠的时代气象与人性劣根浮出水面,这本书的磁力又增加了百倍,那些细腻浪漫的良辰美景、清丽画面背后,关于理想、关于平庸、关于善恶、关于命运等等新的亮点,像一盏小橘灯,再次照亮青年的心。

从传统价值观出发,我们的主角爱玛显然是千夫所指、遭人诟病、放纵情欲、耽于幻想的坏女人,只是,在一个复杂社会网络和特殊时代下,这种论判太过粗鲁蛮暴了。文学世界,太多东西不是非黑即白,太多情绪无处安放,失去了慈悲与同情,文学就不能称之为文学。

"她爱海只爱海的惊涛骇浪,爱青草仅仅爱青草生于废墟之间。她必须从事物得到一种切身利益;凡不直接有助于她的感情发泄的,她就看成无用之物,弃置不顾——正因为天性多感,远在艺术爱好之上,她寻找的是情绪,并非风景。"这是一个爱慕风情、痴痴于幻觉的女人,一心向往着上流社会光鲜的生活。爱玛的心中装着一个充斥着爱情与罗曼蒂克情愫的巴黎,丈夫夏尔平淡无聊得像人行道,平庸普通,满足现状,适应眼下的生活,显然与爱玛的追求隔着飞鸟和鱼的距离。面对乏味平淡、碌碌终日的生活,爱玛不甘心,冲破道德的藩篱,放纵地落入肉欲与欢愉。在与鲁道尔夫、莱昂的情网周旋中,爱玛从来没有体尝过真爱,他们之间的感情,更多的是一种填充空虚寂寞的塑料泡沫,最终爱玛负债累累,身败名裂,下场惨淡而凄凉。曾经的少女时光,修道院中阅读过的骑士小说,抚过乐器的纤纤指尖,目睹贵妇人递信传情的夜晚,舞会上一袭盛装的华尔兹舞步,这一幕幕,在爱玛生命将殒之际,是否在心头呼啸驶过?也许,勤勤恳恳做事,粗笨呆板做人,虽回头之际万事空却也一生安稳。爱玛没有选择逆来顺受,于是挣扎进虚伪的漩涡,越陷越深,坠入卑污的渊薮。渴求被男人、爱情拯救的爱玛,对所谓的"自由"信以为真,深谙风月场上寻欢求乐的鲁道尔夫引爱玛跌入虚情假意织就的情网,假惺惺地上演苦厄折磨、用情太真的丑恶戏码。诱骗爱玛时,他讲道德原则有两个:"一个是渺小的世俗的一般人的道德原则,它是不断改变的,吵吵嚷嚷,低级庸俗,就像你现在看到的这一伙低能家伙。而另一个是永恒的,它存在于天地之间万物之上,就像我们四周的景物,像给我们带来光明的蓝色的天空。"这些道貌岸然、洋洋洒洒的花花语句,就像魔鬼用《圣经》为自己辩驳洗白。这个逢场作戏的惯犯,从眼珠子落在爱玛身上的那一刻起,就想好了如何抽身,弃之不顾。可包法利夫人沉湎于此,愈显癫狂,干涸的心河涨上了放荡快活后的潮水,可鲁道尔夫还是用一封信了断了这场拈花之旅,毫不掩其冷淡,又装模作样地深情不渝。而包法利夫人的另一位情夫莱昂,更是始乱终弃,他心中真正在乎的只是自身的名誉与政治羽毛。就是这样两个男人,爱玛痴过醉过,怨过恨过,却夹在沟壑之间,四肢被莴苣缠住,动弹不得。

很多人认为这一切都是爱玛的咎由自取,的确,爱玛不具有超前的能力,没有用正确的观念拨正扭曲的心灵,没有突破时代的英雄勇气，没能反思、澄清、看透这种种幻觉梦想。在教士面前，她数次内心跌宕起伏，却欲言又止。福楼拜像是在指出那个弊病百出的时代，宗教也失去了体察人心、慰藉灵魂的作用，空虚冰凉的妇女之心无处寄托。但当我们从包法利夫人身上、性格里走出来，看这个永维小城的社会圈子，郝麦、勒乐这些市侩小人，正靠着那些投机钻营、阿谀奉承、趋炎附势走向好的下场，这未免让人越读越凉。这读者的心愈瑟瑟发冷，作者的艺术张力就愈明显，只需摆弄下手腕，铺设几处陷阱，打点各方，混淆视听，小人当道的局面就形成了。一个永维小城如此，那么这个享乐庸碌的时代也就可见一斑。环境渗入人的精神气质，潜移默化地为千万心田洒下毒酒，散布金钱享乐、纵情作乐的花花绿绿的传单。在时代的物质产品中，金色鼻烟壶、贵妇人们胸前闪闪发光的钻石、裸臂上的镂花手镯、缤纷各色的发髻、摇晃的香槟……这些吸引着爱玛这样的人。爱玛与她的同类人在胸中奏响永别平庸的音乐，也不知是这声音太强烈还是太微弱，以至无人问津。"她那像受伤的燕子落进污泥的梦想"跌落悬崖，尸骨无还。工业巨齿永远向前滚动，百业俱兴之局面，给人们带来了恶浊虚伪、浑浑噩噩地幻想时也可以无所顾忌的盲目胆气。这都是福楼拜想要强烈谴责的，所以，爱玛在这个时代是活不下去的。

　　拂去华美的衣袍、欺骗的外壳，不看那些尔虞我诈、蝇营狗苟，在通篇的结尾，我们会感到一股沉稳无声的深情，像榕树的荫凉，笼罩着爱玛和我们，那深情便是夏尔对爱玛的眷恋。"在松树间的坟墓上，一个孩子跪在那里哭泣着。他在暗影里心痛欲裂，泣不成声，沉重的悔恨压在心头，他的情感比月光更柔静，比夜色更深沉。"妻子的种种过失，夏尔只叹怪了那命运。握着挚爱的一绺青丝，他结束了平凡的一生。自始至终，他都是一个好人，一个好丈夫。在合上这本书时，福楼拜笔端那些精致的语言，像泛着七色光的贝壳，贪心的孩子总想采盈其筐，带回家里细细赏玩。从肖像、心理到景致、风光,从小景象到大场面,作者都游刃有余。繁丽华美、清新隽永、声势浩大、闲阁雅趣……呕心沥血的选词用句将这种种局面都镌刻在光洁亮白的大理石上,凉丝丝地,照亮后来人们的眼睛。芙蓉花开,清风袭来,枫叶远去,雪地黄昏,闭了眼,这景、这情,我都在《包法利夫人》中见过,真真切切。批判是无情而尖锐地直戳病灶,但语言又那样贴合唯美主义与浪漫主义,爱玛独居时内心的波澜、与情夫欢愉的三天三夜、下葬时物件的勾勒……每一处,都有光芒。

  小城还有无数处院落、凉棚,茉莉花与蜜蜂卿卿我我,太阳透过枫叶照在池塘上,无数的远方,无数的包法利夫人兴许大彻大悟,或正缱绻幻想。愿他们生在好时候,愿他们心池水溢,愿每一个奋不顾身于烈焰间执着追寻的灵魂心神恬静、周身清凉。

爱意深深，忧思沉沉
——品读《双城记》

没有世纪之子，没有困厄的英雄，没有名缰利锁死死勒住一心向上流社会攀爬的灵魂。这样的作品中，又靠什么样的人物吸引读者群？靠那些平易近人的小人物，那些市民阶级的熙熙攘攘，他们善良可亲，又有些无伤大雅的小毛病，他们生气勃勃又带着街井市侩气……目光冷峻且敏锐的作家，将自己一切的写作生涯献给了这感人至深、生动活泼、舒适惬意的平凡人间，这样的作家无疑是独一无二又深得民心的。只有狄更斯，将他温柔珍贵的良药洒进他恋之忧之的时代；也只有狄更斯，在不列颠最迷险张望、手忙脚乱的时刻，把无尽的仁爱善良拿了出来。

和狄更斯大多数作品一样，《双城记》也将中心聚焦在平凡的诗意上：为捍卫正义牺牲了十八年美好光景，在狱中郁郁度过，以致精神受到严重刺激的马奈特医生；娴静的露西；与自己出身的贵族家庭信念相左的达奈；被真爱唤醒懒散放纵身体，为爱利他英雄趋死的卡顿；缜密精明的格瑞先生；善良能干的普罗斯小姐……关于高尚、尊严的坚守，关于真情、纯爱的理解，关于日复一日恬静的守候，关于正面死之暗淡、迎接不朽的永生。这些细致的、社会底层的情谊在巴黎、伦敦这两座城市中弥漫着，悄无声息地传递。

正值法国大革命的爆发，这些情谊又遇见了时代之波澜，愈发感人。作者始终像一个毛孔都在紧张的、瑟瑟发抖的观摩者、记述者,看着法国贵族、平民间不可调和、一触即发的矛盾鸿沟与巨大冲突,担忧着自己国家的社会状况,这是种由己及人的儒者情怀,像是"大庇天下寒士",像是"穷年忧黎元"。

整本书中,尽可见作者的良苦用心,在理性勾勒法国大革命时,提心吊胆地警示着英国将面临的危险。维多利亚时的英国放慢了扩张的脚步,饱噬着曾经的硕果。昔日宁静清新的巴黎圣东安尼区,一夜之间染上了猩红的血色。"没有停歇,没有怜悯,没有和平,没有片刻松弛休息,没有时间的划分",多少残忍、暴戾、恶性的火焰,在披着"自由、平等、博爱,要不毋宁死的统一、不可分割的新生共和国"的外衣下穷凶极恶、张牙舞爪。平民被昔日的屈辱与仇恨蒙蔽了眼睛,那些一向下流、邪恶、残忍的居民,带上革命的火把,成了法庭上的主宰。作者同情他们以往被压迫时的苦楚与不幸,又反对这多数人暴政下的荒蛮与非道义。掌握了法制终端的平民,在判罚贵族时,甚至随性定罪、推波助澜,当法律形式被滥用,以往铮铮作响的口号与刻骨铭心的信条都不干净、不纯粹了。狄更斯描述过贵族的马车如何横冲直撞、草菅人命,以及他们对平民经济上、尊严上的压迫与玷污,种种淫威,那些名贵香水遮不住的残忍气味,放纵豪奢的欢娱,损人利己的取乐,可批判贵族的同时,作者同样否定了大规模暴力群众的非理性破坏,笔锋不偏不倚,冷静且真切。癫狂错乱的气氛,神经错乱、铁石心肠的报复,积攒怨恨、义愤填膺的环境,这些都是狄更斯担心会在英国发生的。他在伦敦的大街小巷也嗅到了贫富差距悬殊和阶级与阶级之间尖锐矛盾的气息。他并不想像法国大革命那样以正义和热血开始,以杀戮和荒谬进行的流血的革命。是否有一种温和安宁的方式去安慰、抚平这贵族与平民间的沟壑呢?于是,狄更斯想到了人性的善良、隐忍、宽容,想到了从亲情、友情、爱情中提炼纯粹的结晶,再熔于社会的火炉,煎上一剂爱的良方。

经历了十八年含冤的牢狱生活，马奈特医生的心已不再年轻。全书的后半部分，那份他亲手写的陈情材料中的愤懑气息隔着长长的光明、水汽一点一点抹平，曾经的自己整个身体塞满了仇恨的迷惘，急切地渴望控告，寻求以血还血，通过不饶恕贵族后代去祭奠苦难悲哀缠身的时光。经历过神经的错乱、与女儿相认的亲情的复燃，马奈特走向了复活，靠着博爱，靠着慈悲为怀。相比盼望自己痛快，他更盼望女儿露西的幸福，他不再单单为自己而活，而是为更多他在意的、依恋的、失而复得的人而活着。当他温柔的露西与仇人后代达奈相爱，马奈特没有被盲目的复仇心理冲昏头脑，理性让他明白，达奈是个善良单纯的人，他的责任心、他的炽热爱恋足以让女儿托付一生，冤冤相报比起成全这对璧人太邪恶丑陋了，也太卑污了。让人难以忘怀的是露西婚前的夜晚与父亲依偎相伴的画面，那个孤独多年的灵魂终于寻找到了彼此。日升日落，斗转星移，岁月从不放慢脚步，哪怕残忍地看着亲情疯跑，飞奔着追寻，可这对父女是光阴面前的胜者，他们心安理得地享受着来之不易的相拥怀抱。"医生和他的女儿同坐在那棵法国梧桐树下，落日的余晖从来没有像今天这般光辉灿烂地照临过这个幽静的街角。"月亮升起来了，发现他们父女俩仍静静地坐在树下，便透过枝叶把银光照在他们脸上。洒遍伟大的伦敦城上的月光，从来没有像今晚这般柔和晶莹。就在明天，亲爱的露西就要嫁作人妇，作为缺席多年的父亲，今夜，他理应流些眼泪。为了长期囚禁的牢狱心酸，为了冰释前嫌的爱的成全，在促成露西和达奈的婚姻中，马奈特医生重新理解了苦难，这并非一种只会侵蚀人心的坏东西，它能支撑自己坚强勇敢地带着仁爱过完短短的一生，面容镇定，脚步坚毅。也正是这种爱与成全给了年轻的医生新生。"他觉得这个人的生命就像钟表，停走了那么多年，其间积蓄了巨大的能量，如今正以旺盛的精力重又走动起来。"露西身上闪闪发光的温熙柔和、从容良善，被作者比成"金线"

缝合起一颗爬满苔藓又破碎的年迈心脏，缝起受难的过往与欢爱的如今，缝起贵族阶级与平民阶级间往日的冤仇，缝起人道主义者心中最渴望的完满无缺的一种东西。

　　善良的姑娘，是从不缺少鲜花与爱的。除了出身贵族却对家族罪行深恶痛疾、万分惭愧的达奈用纯良与关爱滋润着她，更让读者感动的是露西何其幸运地拥有卡顿更为深沉无私的爱。达奈心底对上帝、对正义、对平凡人的坚守、捍卫、救赎，感动着露西，这位风度翩翩、理想高贵的爱人是多么值得长相厮守。而同时露西也在用友善、温和打动着如临深渊的卡顿。卡顿是多少读者心中珍爱的人物，虽与达奈容貌相似，但没有他完美，看似终日漫不经心、浪里浪荡又懒散放纵的卡顿，实则被生活的巨网覆住。他满身才华，无处施展，于是自黑、自弃，又有些堕落，蜷缩在自卑的角落，握着一丝零星安全感长叹，靠着几品脱烈酒将他带进幻想横行的海市蜃楼。可酒精的力量过去，还是凌乱不堪的现实、无处排遣的愁怨。这个人物太让人心疼。"太阳悲悲切切、切切悲悲地冉冉升起，它所照见的景物，再也没有比这个人更悲惨的了。他富有才华，情感高尚，却没有施展才华、流露情感的机会，不能有所作为，也无力谋取自己的幸福。他深知自己的症结所在，却听由天命，任凭自己年复一年地虚度光阴，消耗殆尽。"合上书时，依稀还能看见一个日复一日邀明月问青天的卡顿，喝着苦涩刺激的酒，找不到归途与去处。纵使生命的问候狭窄，月光也是会倾泻进来的，卡顿遇到了圣母般的露西，生命中封冻已久的东西融化了、柔软了。复苏又激动的他像个孩子一般大声吐露着对爱情的真情惬意，他不再设防，不再放浪形骸、终日潦倒，甚至愿意为这忠贞、神圣的爱恋牺牲。他变得深情又迷人，大声表白："世界上还有这么一个人，为了保全你所爱的人的生命，愿意牺牲自己的生命！"直到卡顿去救达奈的时刻，这句尘封的许诺庄严地兑现。走向刑场时，他意气风发，为了爱情，也不仅仅为了爱情,目光朝前,足下生风,像是迎接盛大的节日。在这节日里,绞刑架就像是华丽的舞台,自己便是那义无反顾、当仁不让的主角。卡顿坚信在死之中会求得更长久不朽的存在,永生、永恒且无比神圣。死神不再渲染绝望与黑暗,每迈出一步,他都在走近希望和光明,那是天堂的模样。于是读者也被这种信仰涤荡了心尘,不再去为卡顿的毁灭哭哭啼啼、扼腕叹咏,而是替他骄傲,发自内心的骄傲,从每个器官、每条血管、每个毛孔中迸发出的无上骄傲。

　　这便是狄更斯想要传达的和解、和谐的真情。比起德发日太太终日心怀仇恨,编织着仇人的名字,咬着牙、瞪着眼死死盯住要吞噬的贵族,要去磨牙吮血,挫骨扬灰,最终自绝己路,饮恨黄泉,卡顿的无私牺牲,又一次增大了幸福欣慰的味道,这种死亡才是永不消逝的。生命太短,仇恨太长,有些人杀人如麻却还是逃不出痛楚的囹圄困境。有些人却怀着大爱,"我现在已做的远比我所做过的一切都美好,我将获得的休息远比我所知道的一切都甜蜜"。

　　诚然,《双城记》就像一首伴着软音乐的诗歌,既治愈灵魂又点燃梦想,有着爱的理想、市侩的幸福。所以茨威格也讲:它像蔚蓝的天空一样,在暴风雨过去后又返回。人们被激情的悲剧紧张情绪弄得疲惫不堪之后需要欢乐,也希望从此轻柔的事物中,听见诗意的空灵般的音乐。所以狄更斯也一再从被遗忘的境地重新返回。

一个人，一段路，一座城
——读《长恨歌》有感

印象中的老上海是散发着湿漉漉的霉气的，梅雨时节连续的降水不仅让人闷躁，更让一条条窄弄堂充满荫翳。天初霁，鸽群开始飞旋，听着一只属于他们的哨音一圈圈地绕，翅膀擦过芙蓉树，一片叶子落在房檐上。

这是闺阁的房檐，一个精制的梳妆台、一盒胭脂、一帘粉紫的窗帘，这星星点点的拼凑便不知不觉地勾织了一个女孩的梦。王琦瑶便是这闺阁中走出来的女孩，精致、小巧、落落大方，寻常的巷子里孕育出了她的风姿绰约，可也是这几分美，开启了她跌宕的一生。

从青灰色的房檐、袅袅炊烟、一两簇夹竹桃的市井小景，王安忆笔锋一转便来到了灯红酒绿的十里洋场，纸醉金迷，夜夜笙歌，这人间有多少血泪辛酸就有多少繁华锦绣。四十年前的王琦瑶还是个涉世未深的懵懂姑娘，因一场选美成了幸运的三小姐，从此开启了"身世浮沉雨打萍"般的人生。她有过甜蜜蜜的姐妹情，也有过寄人屋檐下的敏感辛酸，有过被人呵护追求的欢娱，也有过一个人为情所伤的凄风冷雨。男人永远是她逃不掉的路途，她做过李主任的金丝雀，却等待漫长，终日烦忧；她享受过程先生无微不至的陪伴追求，却逃不开执念，不愿向前迈出一步。阿二的朦胧、康明逊的伤害、萨沙的热烈……她陷入了情场离乱，也千雕万琢，不似当年。

若没有姣好的容颜和选美的名声，王琦瑶也许会是平安里中的一位平凡女人，穿着绣花旗袍，在透着栀子花香的小桥旁晾晒衣裳，可偏偏作家让她"出名要趁早"，开始了柳絮般漂泊的日子。

19世纪40年代的上海，还不是今日国际化的模样。淮海中路初露时尚端倪，思南路的爬山虎形成了绿色的波浪，菜市场永远纷纷扰扰，锱铢必较的妈妈们的吵闹声飘到了绅士的窗前，他拿出了不沾一点灰尘的黑胶唱片，留声机"沙沙"的前奏后是那妩媚温和的柔调。舞池里的男女耳鬓厮磨，暧昧慢慢发酵，人们放肆地享受着只属于海上之城的风韵。

我是爱上海的，爱她孕育了中国近代的摩登与繁华，爱黄浦江岸的风吹浪打，爱老弄堂里的柔言细语，爱她精致玲珑，爱她骨子里的媚，爱她眸子里的光。

王安忆说："文学精神对一个城市很重要，文学会提高一个城市的格调。"上海是最不乏文学气味的，鲁迅的香烟味、巴金的油墨味、张爱玲的脂粉味……

在上海浮油的钢筋铁骨下，有着不为人知的心事与秘密，而作家的心，就如同长在上海大街小巷的法国泡桐，枝叶挽扶，倾听着男男女女的琐事，又在不经意间流露。

通读《长恨歌》，如人饮茶，先品到的是爱情与凄凉，后味才是人生与绵长。王琦瑶的一生，大路走过，小径穿过，哭过笑过，醒着醉着，半梦之间，上海女人独有的魅力浮现。她虽有女人嫉妒的吸引力和男人向往的容颜，但在亲情、友情上都不尽如人意，甚至遍体鳞伤。试想，若她只是个平常女子，终日穿着粗布旗袍，在弄堂口择菜洗衣，像《上海滩》中所说的，"她早晚要嫁人，做人妈妈，过上舒服的日子"，就不会出现在书里拨弄我们的心弦了。

鲜活、深刻，作家用笔间的技巧吐露心声，描绘画面，风花雪月、凄风冷雨、人间风云……有这么一个群体，用血泪与挣扎换来灵光一现，写下妙笔生花的文章。任何文学都是心有千千结而孕育的结果,酒入愁肠、泪洒宣纸、小楫轻舟、丹霞落日……作家时时处处都在为创作付出着大把心血。

　　致敬写作着的人们:愿君不染俗尘,落得一身清丽,身自黑暗,足下一片洁白。

一腔孤勇，见雨即发

——品读《草叶集》

若真要将作家作品的精神内核与他们诞生的国家背景取得一定的联系，那么可能有两种关系：一种是在国家与民族的历史长河中觅到踽踽独行、上下求索的作家，一种是在意气风发、挥斥方遒的作者身上看到国家的走向、民族的未来。我想，惠特曼无疑属于后者。

年轻的诗人，风华正茂；年轻的美利坚，万事待兴。正是这种个人成长与民族成长的融合，给了我们家国情怀与进步、建设的意识。比起其他诗人，惠特曼更加专注，一部《草叶集》凝聚了他美丽不凡的一生，通读诗集，给人的形象并非甜甜腻腻、娇柔无为的贵族公子，不是醉心风花雪月、山林鸟兽的才子隐士，而是一位带着强大征服气质、健硕的真男人。从诗中我仿佛看见他太阳穴暴着青筋，一双粗砺的手在挖土，在掘井，在捶胸，在冲拳……张力与鲜活并重，开拓着无尽的远方，眼睛能望向行星，也能透视地心。"宇宙的一切是完美的奇迹，深邃、丰富，不分伯仲叔季。"诗人确信万物的瑰丽，又明白它衍化的过程。他曾孤零零地长久注目，去寻找宇宙的意图，关注着新大陆，又不忘欧洲的先行人，德意志、法兰西、英格兰、意大利……无尽的文明填补在诗人心灵缺陷的地方，加上汪洋恣肆的情绪奔腾着、跳跃着。当然宇宙混沌的范围太大，诗人只安心于一个地方，他的祖国，使他花大量篇幅去歌唱、赞诵。诗人如此形容美国："你也环抱着万物，拥抱、承载、畅迎着万物，你也经由宽阔、崭新，且另辟的蹊径，朝着理想走去。"对这生机勃勃的土地，诗人抑制不住地心驰神往，他火热的意念，早就想亲吻遍整块领土。"平生属于各个州，平生走遍各个州，与每一个男人、每一个女人为邻。"鲜艳活泼的星条旗，让惠特曼每每仰望，都"希望横笛吹奏扬基歌"。开拓者的队伍里，有诗人的臂膀，湛蓝的安大略湖畔，也激起他的神伤，他自信制度水到渠成，自由、和平、民主还有千万未来人们的眼睛早晚会将这里变成无与伦比的沃土。乐观的进取劲头，让诗人好像化身一位古希腊战士，有着矫健的姿态和健硕的肌体，迎着咸咸的海风，总觉得这庄严肃穆的海面下，刮着汹涌的风，水与流搏斗厮杀，一切都为了伟大。

惠特曼独有的美国精神、美国诗风体现出的原始又纯洁的力量，像裸露的岩石，像喷涌的瀑布，不去伤春悲秋，而是大步地迈向远方。当然，诗人的同胞也出现在他的诗集中，机械工人、木匠、瓦匠、船工、伐木工人、少妇、姑娘……不同肤色、不同社会分工、不同性别的同胞们拉着和谐平等的桥梁，放声高歌，立身将要被无限可能塑造的大地，看远处星罗棋布的群岛，绘就一幅广袤的蓝图。其中除了对和平、民主的祈望，也不乏对人生哲理的个人见解。"举凡出世、生活、死亡、埋葬，经历应有尽有，无缺无差；举凡愤怒、损失、野心、无知、厌倦，你是什么，请选择道路。"我们一生太短，选择只是看起来很多罢了，更复杂的还是踌躇、纠结与两难。老年人眷恋安稳，中年人习惯平庸，因而《草叶集》中的很多呐喊与思考，注定是给年轻的生命看的，独与少年心心相印。诗人对祖国、自由、平等的了解，深刻且不落窠臼，就像了解自己掌心的纹理，就像了解自己胸前的痣。高山、河流、矿产……他都关注，他都爱慕。"为我的时代、我的土地所产出的最甜美、最睿智的灵魂——而这就是因为可亲可敬的他的缘故，紫丁香，星与鸟，与我灵魂的歌缠绕成一股，在散发着清香的松树、柏树里,是黄昏,是阴暗。"这些清丽又唯美的诗行,在《草叶集》中虽然少见,但有了它们的点缀,巨人更加温柔。诗人歌颂自己的"时代",美国的少年时期,有些类似中国古代文学史上的"盛唐气象"。这类王朝、国家建立之初的知识分子身上的精神气象,太明朗雄肆,以至后来者,只能目瞪口呆,永恒仰望。"待大海全部穿渡(它们似乎已经被穿渡),待伟大的航海家和工程师成就了他们的业绩,继尊贵的发明家、科学家,继化学家、地质学家、人种学家之后,最终会有诗人降临,名副其实的诗人,上帝真正的儿子会降临,唱他的歌。"不是所有的灵魂都能想象、都敢于勾画未来的,因为未来是一盘太大的棋,一片太汹涌的海,一块太精密的钟……惠特曼在未来的面前是一位乐观主义者,认为"所有这些孩子的忧虑重重的心将获得安抚,所有的感情将完全得到回应,秘密说给众人听,所有这些分隔、鸿沟,将得到填充、拉近,连在一起,整体地球,这个冷漠、无情、无声的地球将完全获得充分的理由"。覆灭、沦丧、灰飞烟灭……这些消极情绪的藤蔓从未爬上过这诗人的心房,甚至面对肉体的陨灭、最后的死亡,诗人也会目光坚定,衣着得体,兴高采烈。

"所谓的诗人气质,那种异乎常人的感觉方式和思维方式,常常会随着那个多梦的年龄消失。"梦与现实融合之维度如此宽阔,有惠特曼将其连接、黏合,梦之繁密、气象之盛、力量之大在诗中吞吐。"星汉灿烂,若出其里。"在诗人多梦的青少年,头颅里也是雪如杨花、桃红柳绿、忧郁的海、静穆的白色大理石雕塑、金箔银器、山川河流,看起来繁杂喧闹,却真的只有处于一生最初始阶段的人才拥有的。萨冈讲:"所有漂泊的人生都梦想着平静、童年、杜鹃花,正如所有平静的人生都幻想伏特加、乐队、醉生梦死。"惠特曼更贴近一个平静与漂泊的统一体。他的诗句曾在欧亚漂游,考察着不同文明下那些不可小视的奋勇生命,又将自己的灵魂永恒地妥妥帖帖安置在祖国的沃土。就像诗人自己的墓志铭:我将我自己遗赠给泥土。他当真是一粒草籽,无花无果,无茎无枝,却终年青葱,给世人希望与赞诵,茂盛的生命力定是野火烧不尽,劲拔、持重,愿我们都如草叶,平凡却品格瑰丽、堂皇。在追求民主与自由的巨轮上,惠特曼无疑是最有号召力的水手,"港口已经不远,钟声我已听见,万千人众在欢呼呐喊,目迎着我们的船从容返航,我们的船威严而且勇敢"。情绪的鼓点激扬,这种内在的铿锵节奏早已使音韵的节奏暗淡,取而代之的是更强大、更有力的心神之调。

"我无论生活在哪里,遇到任何意外都要保持自我平衡,面对黑夜、风暴、饥饿、嘲弄、事故、挫败,都要像树木和动物那样坚韧。"这便是自然给我们人类的教科书,我们从丛林中走出来,现在又要回头不断探索,这钻之弥坚的秘密。

在大建设、大变革的时期,诗人还是坚信人生的意义绝不在于财富的积累,他要的建筑、奋起、工业文明和开拓成果只是单纯的出于对强大的向往,而非金钱,让惠特曼在意的还是"精神的追求"和"灵魂的宁馨"。

多少年后,若要给子孙后代留下诗歌经典,《草叶集》定名列在册。因为需求,太多双闪闪烁烁的眼睛含蓄憧憬,需要这把炬火引爆思维深处的草垛,暖得躯干不再僵硬,去登上山顶,征服长河,像诗人一样快乐:"我,惠特曼,一个美国人,一个粗鲁汉,一个世界,纵情声色。"

不要轻视孤独的热望
——品读《安娜·卡列尼娜》

无数年轻人,在精力充沛、渴求真理的美妙年纪,渴望了解列夫·托尔斯泰时,都是通过《安娜·卡列尼娜》。我在文学世界初遇这位巨人是通过茨威格的文笔:"这里,逼人的朴素禁锢住任何一种观赏的闲情,并且不容许你大声说话。风儿在俯临这座无名之墓的树木之间飒飒响着,和暖的阳光在坟头嬉戏;冬天,白雪温柔地覆盖这片幽暗的土地。无论你在夏天或冬天经过这儿,你都想象不到,这个小小的、隆起的长方形包容着当代最伟大的人物当中的一个。"换句话说,是这座"世界最美的坟墓"打开了我与《安娜·卡列尼娜》的缘分。

比宝黛初遇更让我印象深刻的是安娜与渥伦斯基在车站的相逢。精力旺盛的阳光照进逼仄的幽暗的花房,安娜闪烁的灰眼睛关注着渥伦斯基的脸庞,像是在寻找什么人,辨别什么人,而沃伦斯基在安娜脸上也发现一股被压抑着的生机,从她那双亮晶晶的眼睛和笑盈盈的樱唇中,洞察到洋溢着的过剩的青春。两人打量对方,发现另一个自己,不得不佩服渥伦斯基在交际场中练就的犀利眼光,当凡人只惊羡于安娜优雅、美丽、善良、得体……只有他发现了压抑已久的生机与激情。父母双亡,安娜在姑妈的安排下,在少女时代便嫁给了固执死板、耽于名声的卡列宁,爱神的鲜花还未张开花瓣初尝朝露,就被压抑在古板的花瓶里,生活给了安娜太少的舒畅、欢娱、喜悦以及被放飞天性的自由。而是否合乎上流社会对于一个高级官员太太设定的标准，言谈举止是否符合宗教、道德、社会伦理的规范，成了安娜生活主要的层面。这样干枯的日子久了，一丝星星之火便能点燃安娜饱满的热望，渥伦斯基并非给予她，而是唤醒了安娜骨血里本身就有的希望与冲动，关于爱情，关于生命，关于自由。这世上太多东西无法单纯用好、坏来定义，有人欣赏安娜发自内心对爱情与生活怀着向往的楚楚动人，就有人认为她是放纵情欲、卑鄙、不符合上流伦常的荡妇。托尔斯泰塑造安娜时，本想将她塑造成"坏女人"，但渐渐地读者被安娜冲破内心防线的执着、满足欲望瞬间的真诚打动。她并不高尚，连刚刚开始建立爱情观的孩子，他们的母亲也会告诉他们爱是忠诚、无私与信任，并非是一己私欲的宣泄与满足。但安娜被世俗所理解的错，也是来自满目疮痍、谎言欺骗横行的社会的挤压。真我、爱情、热烈……这些成了她心中珍贵且有价值的追求，因此飞蛾扑火，义无反顾，一切条条框框的僵硬阻挠，被压制成了泡沫。"我不会再让你折磨我了。"这是安娜扑到车厢下面时的所想，世人多将其理解为对渥伦斯基的报复，我更愿意将其理解为对命运、对世俗眼光的反抗。她为了赢得爱情这场战役的胜利，代价便是肉体与灵魂的双重陨灭。"那支她曾经用来照着阅读那本充满忧虑、欺诈、悲哀和罪恶之书的蜡烛，闪出空前未有的光辉，把原来笼罩在黑暗中的一切都给她照个透亮。"读到这里，只觉得由内而外地战栗，安娜像是在正视着我，睫毛也不动一下，还是穿着黑紫色的衣裙。

维特根斯坦提起托尔斯泰时说："他是一个真正的人，他有权写作。"托尔斯泰深厚的写作功底和艺术造诣在这样一个家庭题材中大放异彩，抽丝剥茧地为我们讲述着爱情、婚姻、伦理、政治、因果与命运。他像神灵一样，俯瞰世界的一纸地图，在莫斯科、彼得堡等多场景之间巡游，政界、学术领域、交际场所，似乎没有作者不明悉的事情，就像他的手指勾画出了这些泥水潭中的规则。品读列夫·托尔斯泰三大长篇，如一条大河，波涛奔流，宽阔、深沉、平缓、稳当，以及有份难言的厚重。有天我有了孩子，我会告诉他们，读这样伟人的巨作之前是要洗净双手、涤尽心尘的。

《安娜·卡列尼娜》有着为人反复琢磨的虹式结构，这就无法避开下一位重要的人物——列文。典型的探索者、改良者形象是人们最初给他的标签，眷恋农耕文明的他，一直在寻找建立更广泛适宜的秩序的方法，但改变贵族、改变农民的固化顽疾与传统观念绝非易事。他心怀天下，地方自治会、道路设施、医生、医疗站等方面的问题都在他心底盘算、打量。他严于律己，一些小错就像飞虫，准会被他心灵的大手捕捉，然后深深自责，就像书中所讲："他常觉得心里有个英明的法官，能辨别是非，分清好歹。"随着科学技术的进步和进化论的成熟，列文成了无神论者，但生命的意义也在心中模糊了，他始终感受到一种困扰，来自神秘力量，一种农民称为上帝的力量、把吉蒂带走的力量。他决定反抗，以便不屈服于这种神秘力量。在农庄里，列文的思考从未停止，不可否认，在这里列文感到安全，有种远离城市生活的动荡热情。对待爱情，列文的淳朴善良、谦逊有礼最终打动了吉蒂，乡间求婚充满了罗曼蒂克的香氛，婚后虽然存在着小吵小闹，但爱的背后多了用来支撑纯爱的烟火气与充实感，或许比起安娜与渥伦斯基电光石火的爱情，列文与吉蒂更接近完满的婚姻。在列文的思考中，宗教的意义、活着的意义也占了重要位置。"活着……不应为我们所理解、所迷恋、所追求的东西活着，而应该为那种莫名其妙的东西，为谁也无法理解、无法确定的上帝活着。"经过费多尔的一番话，列文恍然大悟："为吃饱肚子活着是不对的，活着应该为真理，为上帝。"他最终找到了善，列文的觉醒如此及时，获得信仰，内心平静。"道德的自我完善，不以暴力抗恶，博爱。"托尔斯泰的确拥有神笔圣手，恋爱的心态、青年的欢乐、宗教的归属、死亡的恐惧，在他的长篇中都深深扎根，枝繁叶茂。

在唯一的正式会面中，列文同大多数人一样，也被安娜深深吸引。有感于她高贵之外的纯粹真诚，怜惜她迷人外表下的苦楚辛酸。他们是有共同之处的，列文的世界里，她是最特立独行的；安娜的世界里，他是最为人不解的，两个"异类"，各有各的孤独，各有各的热望。安娜在寻找爱与自由的旅途中游荡，在情欲放纵与世俗批判之间煎熬；列文躬耕农庄，经手着熟悉的农杂，思考生命。这样看来，他们少有重合之处，但他们又同样不避讳内心的真实，这是在当时的俄国上流社会少有的一份真。王尔德讲："世界上有两种悲剧，一种是求之不得，一种是得偿所愿。"安娜与列文都经历过这两种悲剧，若他们认识，一定惺惺相惜，只是两人的结果不同罢了。《会饮篇》中有个传说，以前人类是两性同体的，上帝将他们分成了两半，从那时起，这两半就开始在世界上游荡，相互寻找。"爱情，是对我们自己失去的另一半的渴望。"安娜的渴望热烈，孤注一掷的痛苦与不与人知的孤独便反应大些，列文对于好的社会、好的秩序、为何生存的渴求不亚于安娜的程度，他自己捣碎了平静的贝加尔湖面，又用大手奋力划桨，想想两人的状态，无不让读者矛盾、同情。

绝望与希望，毁灭与救赎……托尔斯泰讲述了太多，足够一个人，倾其一生，追根溯源。据说，列夫·托尔斯泰和他的哥哥尼古莱小时候听保姆或村妇讲过一个古老的传说，提到亲手种树的地方会变成幸福的所在，于是他的墓边有自己亲手种的树，后人的文学世界里也有他的有心插柳而变得幸福环绕、真理常伴。愿那庄严肃穆的无名墓冢前花草永妍，好风长吟。

给我一颗子弹
——读《西线无战事》

　　十九岁时的你如果注定要去一趟远门,你会选择去哪儿?是广厦千间的都市、无边寂寥的塞漠,还是浪漫优雅的海滩、遗世独立的楼阁?无数种心境注定有无数种选择,可在所有的结果中,有一条路像一道刺眼的光、一抹霹雳的闪电、一柄太锋利的刃,让人望而却步、心生畏惧,这条路通向战场。碾压、破碎、腐烂、死亡、病菌、毒气……这条路上有太多太苦的可能性。但是九岁时,那双涉世未深的眼睛,尚且看不到这战场风云后的情形。一群被法语单词、物理公式困扰,被唯美爱情吸引,被温暖家庭拴系的青少年,按照流水线般的程序练就皮毛的杀人本领便走向了战场。没有丝毫"联翩西北驰"的骁勇澎湃,对很多未来要发生的事还一知半解,那懵懵懂懂的三观还未建立完整,便注定了夭折。青春的激情一经煽动,就像废堆里的火星,燎原千里,回望的时候才发现,这烟太呛鼻,这火太黑暗。

　　血气方刚的日子里,自己便是唯一雄壮有力的狮子。这种天真的迷梦本期待做得再久一些,但从被卷入战争的那一刻起,自己就成了微不足道的蝼蚁,那些被放大了的自尊、爱情、疯狂,都成了撒了气的气球,瘪下去了。还有对功勋战绩的华丽憧憬,英雄主义、爱国情怀,这些精神兴奋剂,在生存面前成了赤裸裸的欺骗。和保罗一样的青年们本应脆弱、温热又柔软的胸膛,被人浸泡进战争的苦水。"我要重新恢复那种悠然神往的心情,我要体验那种同样有力而无法形容的冲动的感觉,这种感觉从前每逢我转向书本时往往就会产生的。当时曾经从五颜六色的书脊上升起来的希望的和风,又会将我笼住,把那块搁在我心头什么地方的沉重的、灰暗的铅块熔化,把对未来的焦急、思想天地中的轻快的欢乐重新惊醒过来,它会把我那已经失去的青春的活力给我带回来。"在对生命如此卑微、弱小的认识形成的同时,青春的潮平息了、退去了。并非悄无声息,恰恰相反,青春的退场,伴随的是轰天炮鸣、鬼哭狼嚎。本应最慷慨的进行曲变成了一支挽歌,肥大的军装裹住娇嫩的肌肤,年轻的足迹被推搡着上战场。世界上有很多东西是欲语还休的,雷马克没有直白地揭露青春的殉葬,而是用一种突如其来、挥之不去的悠闲来为一代人的青春送行。

好作品千载一遇,好的心境更是良会难逢。作者的亲身经历为每句话都赋上沉甸甸的分量,这种表达带着时代感,是可遇不可求的作品。"我的双手冰凉,我浑身冷得直打哆嗦;然而那是一个温暖的夜。只有迷雾是凉爽的,这股神秘的迷雾,在死人头上蜿蜒地前行着,从他们身上吮吸那最后的隐藏着的生命。到了早晨,他们就会变得苍白、惨绿,而他们的血也会凝结起来,变成乌黑的了。"没有战场上亲身的经历,绝不会诞生如此贴切、真实的感受,可遇不可求的文字背后是一个强大灵魂在翻云覆雨的折磨、撕心裂肺的回忆后对铭记的经历的整理,这种姿态是属于无畏的勇者,是阴沟夹壁中生长出来的英雄主义。送走了青春,送走了遐想,送走了激情,送走了满天飞絮般的自由与轻盈,埋进了战争,埋进了硝烟,埋进了腐尸千具、残屋万间。生命的脆弱易损,命运的荒诞与无常,死亡、孤独、疯狂……这群青少年过早地理解了这些可能连风烛残年的老人还不会完全明白的对白,未免太残酷,但战场从来也不是一个留情的地方。过快过早的畸形成长带来的是迅速的衰老,没有安慰的野草丛里，只有凭着幻觉摸索着虚无的依靠，没有宗教的皈依，没有父母的围绕，伙伴一个个死去，无人可搀扶。精神领域早如极地的千年积雪，太苍白乏力。绝望是个赤裸裸的巨人，如山般阻挡了少年的视线，压垮了"对任何事物都温存眷顾、热烈忘情"的初心。郁达夫讲的"少年的悲哀，毕竟是易消的残雪"，在这里似乎行不通了，保罗的悲哀是难化的坚冰，因为这画面太多太残忍。"这片支离破碎、到处开裂的褐色的大地，在阳光照耀下发出乌油油的亮光，这片大地乃是这些毫不休息、抑郁沉闷、像机械般行动的人的世界的背景，我们的喘息像是羽毛在搔扒，我们的嘴唇很干枯，我们的脑袋如同夜间宴饮以后那样的昏昏沉沉。就这样，我们跟跟跄跄地向前走着，而钻进我们被刺穿、被粉碎的灵魂里来的，是这样一幅令人痛苦、使人感动的图景：照耀着乌油油阳光的褐色的大地，还有那抽搐的、垂死的士兵，他们没奈何地躺在那儿，每当我们从他们身上跳过去的时候，他们便号叫着抓住我们的腿。"见证着年轻生命在面前陨落，发自求生本能的挣扎和苟延残喘，极端的场面能攻击到一颗心瞬间衰老。"我从来也没有听到过这种马的叫声，我简直不敢相信。这是世界的不幸，这是受难的生物，一种病狂的满怀恐惧的痛苦呻吟。"对于一个饱尝冷峻的中年人来说这画面尚且能让脊梁发凉、毛骨悚然，何况这些单纯因一番鼓吹就变成杀人机器的孩子。让我们心痛的是，他们尚未感受缠绵的爱情，还未彻夜狂欢地醉心酒媚，还没有见识世界之大，有各种各样缤纷的可能性，就直面最残忍、最无助的东西。

战争的意义究竟是什么？这不是一个给足了少年的时间去思索的问题，能做到的只是保住血肉之躯的鲜活，头脑都不麻木都成了贪欲。家园倒塌，亲人天各一方，这种生存状态恐怖至极，人人都谈论着和平和停战，他们都会捍卫。炮弹、枪击的响声将岁月磨损，青年的头颅里理应是装满天文地理、诗词歌赋的知识和真理，但对于人生,保罗领悟到的是无缘由的敌视、无止境的悲痛、无目的的迷惘、无尽头的绝望。内心还未被填充充实便与强大的政治、战争、生死抚弦去了,简直是螳臂挡车、以卵击石。聪明的头脑计划着攻城略地,指挥旗一挥,一群无知的躯体就要为一知半解的主义献身了。

在所有描写中,最触动人心的无疑是对保罗亲手杀死第一个人时的刻画:"他还拿着一柄看不见的小刀在朝我刺着:时间和我的思想。"被刺痛的思想涉及了好多好多,你我为何要置对方于死地,我该如何救赎自己负罪的内心,与自己的灵魂和解,面庞为何一下子变得苍白,他是否也有个惦念着自己的妻子,日复一日写着甜蜜的信笺……杀人并没有丝毫快感,而是无尽的痛苦与寻求解脱的无助,"昨天像是一片迷雾,要从这儿出去我还是毫无希望"。

时代需要保罗的时候,用满腔热情的呼啸词将他调动出来,战争结束的时候,挥挥手告诉他,忘了吧,找个机会谋生计、讨生活。掩埋的记忆没有轻易降解,在以后的生活中,任何夜半梦回战场时,醒来便是全身大汗淋漓,自己安慰自己,自己为自己疗伤,和解也太苦涩。保罗忘不掉那个死在自己面前的人,注定沉重地走完这一生。"我十分镇静。让时光月复一月、年复一年地到来吧,它们不会拿走我什么,它们再也不能拿走我什么了。我是那样的孤独,那样的没有希望,倒可以无所畏惧地面对着他们了。这些年来让我忍受过来的生活,我依然看得见、感触得到。我是不是已经征服了它,我不知道。"死亡未必不是最好的结果,比起之后艰难煎熬的生活,死亡可能更像一个胜利者的姿态。一个斗者,不肯脱下那个保护他的铠甲,可能是因为里面更舒适、更温暖。忧伤、惊愕在这一瞬间都消散了,只剩下安静、平和。可能这就是和平时的样子吧,但愿这霎时的万籁俱寂永驻这片土地,涤荡那无尽的血腥。

"他脸上有一种沉着的表情,差不多像是满意的样子,因为事情终于这样结束了。"保罗,我为你高兴,受伤的孩子总是容易满足。

唤醒沉睡的家庭之爱

——品读《高老头》

对巴尔扎克的感情总是摇摆不定的，有时候觉得他虽然没有随着拿破仑东征西讨，但他的笔尖太毒，早在纸上横绝一世。有时候又为他精细且有弹性的文笔打动，似乎默默涌动着少女深情，情节的浪漫主义与人物的现实主义交织，这就是巴尔扎克，这只能是巴尔扎克。

所有经历过大时代的人，即使到了鬓斑垂暮那天，心中还是会有一片浩瀚的林海。《人间喜剧》是大时代的产物，是铁蹄踏过后的扬尘，充满传奇的历史给一生崇拜拿破仑的少年作家难以磨灭的影响，巴尔扎克决心用文学创造世界，然后征服它，就像那双渴望权力的手抓住了半个欧洲。《高老头》作为《人间喜剧》中的重要组成部分，展现了投机起家的面粉商人中年成了鳏夫，把对亡妻的思念全部转化成了对两个女儿的爱，给她们上流的物质生活、精神教育，用丰厚的陪嫁为她们找到或地位或金钱的归宿。但无奈两个女儿被拜金主义吞噬，将高老头像柠檬一样榨干，在痛苦中了此残生。年轻的拉斯蒂涅一心向上爬，渴望出人头地，在伏脱冷和巴黎物欲横流的上流生活的调教下，成了进击的野心家，挥别了曾经单纯的理想、神圣的信仰，决心跳进巴黎这诱人又危险的洪流中。作家笔下的巴黎浮躁着、涌动着，每一个人物都为了征服自己心中认定的事业而奋斗。巴尔扎克冷静观察、分析着社会现象，虽没有烽火连天、慷慨悲壮的英雄气概、光荣往事,但人们还是如饥似渴、兴致盎然地去关注作者对金钱关系、现实丑相那一笔笔夜以继日的雕刻。他迫切地想要去创造一个世界,一个生长在自己胸腹之中、明晰无比的世界。巴尔扎克可以说是最懂巴黎的人,这里的机制、欲望、潜规则、锁链,这里的街巷、房租、建筑风格,这里的争吵、欺骗和甜蜜幸福,他一言不发却了然于胸。

《三大师传》中说:"每一个个人都是一个产品,由气候、环境、习俗、偶发事件和一切命运所决定,由命运决定的触及他的事件所造成,每一个个人是从一种气氛来汲取他的本性,以便自己又能放射出一股新的气氛——这种由内心世界和周围世界产生的无所不包的制约性,对巴尔扎克而言便是公理。"伏盖公寓中的每一个人无一不是按着巴尔扎克的这套原则成就性格的。高老头常年在脖子里戴着的纪念品中,有妻子的青丝和两个女儿幼年时的卷发,他深爱着女儿们,听到女儿们的声音,看着她们进进出出,高老头便已经高兴得飞到九霄云外了。只要女儿们珠光宝气地自我满足着,高老头过什么日子都无所谓。他甘心这样倾一己所有供养着哪怕被物欲、金钱带歪了的血肉至亲,提起女儿,这个日渐衰弱贫困的老人便容光焕发、热情奔放。而当他大限来临,最终明白了只有用金钱才能买到女儿,甚至连他的葬礼都是一位大学生为他料理,草草了事,何其愁哀。这位大学生,也就是拉斯蒂涅,在玻赛昂夫人和伏脱冷的调教下,放下了靠学习法律升官发财的道路,从而步入花花世界,寻觅情人,靠其地位发家。当然那位"帆船、海洋、法国、外国、买卖、人物、时事、法律、旅馆、监狱"都无所不知的伏脱冷也建议他走第二条路。伏脱冷更是一个重利轻情的典型,他行动力极强,洞察世事,嗅到最近的路、最通达的机遇,手起刀落,从不拖沓行事。他告诉拉斯蒂涅:"你得像颗杀伤力极大的炮弹射到阻止你达到目标的人堆里去,要不就像瘟疫似的蔫不唧地把他们统统毒死。"显然他了解上流社会的漏洞,懂得抓住一切可乘之机,哪怕手段卑鄙拙劣,也要达到目的。巴尔扎克在安排挤破脑袋也要钻进上流社会的人物的同时,也安排了一位欲淡出这圈子、伤痕累累的玻赛昂夫人,在她最后出席的表面繁华、内在凄凉的晚会上对拉斯蒂涅说:"这个巴黎,这个上流社会,我是决不想再见到了。"功不成而心累身退,在这欢乐场、名利场角逐的同时,贵族人士并非表面那样光鲜,他们也在几番刺骨挣扎中伤痕累累,大梦惊醒,奋不顾身地想冲出围城。这其中的人物大多都是欲壑难填,却渴望完全占有,他们肌肉饱满,不吝付出,力求现世的回报。

  贵族、学界人士、有产者、艺术家、诗人、工业资产阶级,都被作者簇拥成一个鲜丽生动的巴黎。人与人之间赤裸裸的金钱关系卑鄙而罪恶,物欲横流锻造出了打败青春的武器,一个个野心家,拉满了弓,将自己一生的筹码镌上了箭头,从外方射向巴黎……上流社会的一驾马车、一双皮鞋、一顶礼帽、一瓶香水、一些抬起身价的小配饰,都可能掩埋过辛酸的往事。纵情声色、沽名钓誉……这些词在一盏盏昏黄的路灯幽暗下来的时候会变成零零星星的方块砖瓦,供巴尔扎克用粗砺的手来建筑自己的世界。那些肆无忌惮、冷酷无情的钻营都不能再改变,就像恺撒那句"骰子已经掷下",不可能回头。巴尔扎克用笔续写拿破仑未完成的事业,揭露着资产阶级贵族罪恶的发家史、衰落史和现实主义充斥的一幕幕惨剧,愤怒谴责着肮脏的金钱关系。他的一生都在勤奋的写作中度过。"灯火通明的夜晚紧接着灯火通明的夜晚,思考的白天紧接着思考的白天。"当我们再拿起笔时,想到巴尔扎克的掠影,是不是由衷地感受到这份沉重的事业背后的神圣呢?因为预感到自己的美好前途与远大前程,这艰苦的写作之路也熠熠生光。如《驴皮记》中所说:"就像一个无辜的囚徒走向刑场,一点也不用羞愧。"

  小说的结尾颇具震撼力:"拉斯蒂涅,独自一人,向公墓的高处走了几步,看到蜿蜒在塞纳河两岸的巴黎城开始灯火闪亮。他两眼几乎贪婪地盯着旺多姆广场上的圆柱和荣军院的穹顶之间,那是他渴望深入生活的美丽世界。他瞥了一眼这嗡嗡作响的蜂巢,真想立刻就吸吮这里的蜂蜜并掷地有声地说道:现在,咱俩较量一下!"这时我脑海中突然浮现出当年他读家人来信时的样子,他曾经体谅家庭的困窘,不忍心榨干家人最后的血汗,母亲与姑妈温良的支持曾让他涕泗横流。世界太复杂,那么,我们何不回头拥抱、亲吻亲情呢?高老头与两个女儿也一定有过温暖幸福的家庭时光,那朴实的、小小的、灯火炊烟都熹微的家庭,与巴黎相差无几,甚至更胜一筹。母亲的教导回到耳畔:"忍耐和顺从可能是最好的美德。"女儿的头发与纤手还可以随心地抚摸,爱、亲情、家庭,这些是否是巴尔扎克尖锐的现实主义冷酷笔锋下真正想要唤醒的东西呢?社会风气屡屡埋住平凡的外表,它们开始变得自以为是、丑陋罪恶……愿我们能从《人间喜剧》中获得勇气去自省,去再次填满"心灵的宝库",唤醒亲情,再掀起对抗生活无情挤压的力量。

敬建筑理想灵魂的不甘
——读《红与黑》有感

于连是谁？

是那个自我意识熊熊燃烧的少年野心家？是那个"不愿做奴仆"的敏感青年？是那个似乎天赋异禀的教士？是那个拿破仑时代的痴儿？是那个让两个女人都牵肠挂肚的情人？还是那个一直滚石上山的西西弗斯？也许都是，也许都不是。

作者将目光投注到波旁王朝复辟时期的法国城镇，从维立叶尔小城、贝尚松神学院到侯爵府，似乎能将法国社会由下到上洞察个遍。唯利是图、虚伪做作、虚弱反动……种种社会风气都从字里行间流露。带着司汤达对现实的抨击与宣战，对政治、阶级、体制及宗教的徘徊与思考，他的忧虑、他的等待、他的心声、他的焦灼，都毫无遗漏地展现给世界。

出身卑微、少年缺爱的于连，并非一个粗鲁无知的平民，他俊美、纤细、敏感、深沉，能熟诵拉丁文的《圣经》，这无疑更让他神采奕奕、气宇不凡。而就在西朗教士的点拨下，就像平静的尼斯湖下传说出没的水怪，一个眉宇清秀的少年心底也有自己的波涛汹涌。《忏悔录》与《圣埃伦岛回忆录》构筑了于连的精神城堡，一砖一瓦都教会于连尊严何等重要、奋斗何等重要。正是出身下层的自尊和通过拼搏成就事业的教诲、思想的巨人和军事的天下，给于连雕琢了一个自尊狂热、敏感纤细又雄心勃勃的心灵空间，让于连自幼相信、认同自己的尊严，并崇拜着那个相貌平平、出身不高，却东征西战、身佩长剑、做欧洲主人的雄狮。天才像陨石一样注定要燃烧自己来照亮他的时代，那个一呼百应的时代，那个让法国将士甘心随之流血的时代，那个高卢雄鸡一抖擞世界战战兢兢的时代，才是于连心底的认同。

安贫乐道的农夫和热衷功名的士族都不会有于连的痛苦，他的痛苦来自置身阴沟的境遇和直上凌霄的欲求。所以他挣扎，所以他斤斤计较于出身，时时自卑，还要强装虔诚，压抑崇拜，眼睛从指缝中看远方的篝火，红色的军装、制服帽是念念不忘的执拗，黑色的道袍是几番抗争后的妥协与屈服，一个无神论者，将拉丁文《圣经》背得滚瓜烂熟，这其中隐藏着怎样的坚毅。曾经一位师长告诉我，人这一生要走两条路，走完必须走的路才能走想走的路。于连这条必走的路太难，心中还在奔跑着追逐拿破仑时代的掠影，电闪雷鸣、刀光剑影的大时代呼啸而过。如今，没有巨人，没有权威，信念坍塌，礼崩乐坏，有人随波逐流，有人困厄捶胸，有人奋起长啸。退避与进取的大潮，于连还是本能地选择了后者，不愿屈服现实的自我意识为他锻造了理想自我的模具，将自己化成铁水浇进去，祈求超越。蓬蓬勃勃的时代过去，满目萧然，尘埃满地，庸人当权，畏首畏尾，勇气被腐蚀，魄力被扬散，没有财富和门第便没有出头之日，于连两手空空，欲扶摇直上却无疾风可凭。

不容轻贱，时刻保护着理想，并非是成了自己，将自己定位成一个未来的英雄，一个拿破仑时代的天之骄子。连爱情都是这种信念下的产物，无论是菩提树下纳凉的晚上牵起的手，还是午夜推开的门……不可否认这些点燃了爱的火焰，但打火石却是自尊的抗击与对社会等级观念的挑战。从纯真善良的德·瑞纳夫人，到赏识他胆识出众并深爱于连的玛蒂尔德小姐，于连对她们的爱都是征服大于真心。也许于连追逐的从来不是爱情。也许德·瑞纳夫人的纯真美好,永远住进了于连的内心。"你的声音,我的耳迹,你的温良,我的方向。"她是于连的守夜人,是他的镇痛针,是他荒瘠的土地上永恒的玫瑰。即使在追求玛蒂尔德小姐之际,在她对于连爱的交锋、爱的利用、爱的设防中,于连心底的温存也还是另一个名字。"每个人的心底都有座坟墓,是用来埋葬所爱的人的。"于连的心底的坟,放着他因爱至深而在误会后恨至深,而对之开枪的人。"有头脑的爱情无疑比真正的爱情更具情趣,但是它只有短暂的热情,它太了解自己,不断地审视自己,它不会把思想引入歧途,它就是靠思想站立起来的。"这用来描述与玛蒂尔德小姐之爱正合适,头脑之爱,缺少灵魂的冲动,缺少激情的厮磨,就是简洁明了的美,少了太多人性里不可或缺的朦胧。

书中有一个细节,于连在名字中加了一个有高贵象征的"德"字,让我看到这一混于上层社会的青年,他的郁闷与奋起、冷酷与狂热、傲慢与卑微……社会若肯定炮火,那就将自己化成火药;社会若肯定伐竹取道,那就让自己成为一柄尖刀。"然而谁又会想到在这如姑娘一般白皙、温柔的容貌背后竟会隐藏着一种宁可死去一千次也要飞黄腾达的坚如磐石的决心。"他的所欲,他的所求,从来不是痴人的一句空话。"如果是根柔弱的芦苇,就让他灭亡吧;如果是个勇敢的人,他就一定能单枪匹马地闯出来。"于连闯出来了,可是衣衫褴褛、千疮百孔。这份坚强中也含进了司汤达热满奋进的性格,从高岗到山脉,从江海到荷塘,这份热情与执念,跨过永恒,跨过沟沟坎坎。

"于连看见一只雄鹰从头顶上那些巨大的山岩中展翅高飞,在长空中悄然盘旋,不时划出一个个巨大的圆圈。于连目不转睛地凝视着这只猛禽。其动作的雄健与安详令他怦然心动。他羡慕这种力量,他羡慕这种孤独。"这段话太美,太魄丽,太动人心扉。闭目遐想,一个孤单的身影,疲惫而活力四射,想飞旋出自己的阶层,成就功业,但又渴望着平静的花海、墓园、爱人的陪伴。这是一种安详惊羡着另一种安详,一种寂寞致敬着另一种寂寞。

　　入狱后的于连,也许大彻大悟,也许收获了心灵的释然与幸福,这是自己选择的,世俗的成功、精神的休息,他都要。风雨飘摇的法国,一个少年,梦想着鲜衣怒马,一生戎马,但被黑漆漆的道袍裹挟,可他眼睛里依旧有亮晶晶的东西,像星辰在闪,像夜莺的啼鸣般讲着故事,这并不是在祷告,而是在传播自己的英雄史诗。如果有来生,愿于连生长在合乎他灵魂的时代,没有毒草缠足,没有棘刺拴住双手,大胆、大步向前迈去。

那些花儿
——读《傲慢与偏见》有感

被国人奉为文学圣经的《红楼梦》中,读者结识了或愁怨、或敏感、或稳重、或爽朗、或俏或贤、或痴或辣的正副册上的姑娘,美得不可方物,爱得手不释卷。而说到英国文学中对于女性群像的塑造与解剖,如《红楼梦》衬托晚明兴衰的大环境一般,衬托18到19世纪英国乡村背景,人物同样可圈可点,我想《傲慢与偏见》无疑是不二之选。

书中对自然环境的描写并未给予太多的笔墨,但读者心中已有一番文学天地了,那里草原平旷,庄园齐整,有肥肥的蜜蜂、淡紫色而不起眼的小花和梦幻的三叶草,也许打开窗户就能看见映在湖心的星星。温柔贴己的土壤栽培出各放其闪烁光彩的花儿。班纳特一家的五个女儿,各有各花蕊中的心事,各有各早得雀跃狂喜、迟得骚首忧虑的花期。我相信性格与命运的相互作用,就像三月的桃李之花,一片粉白,四月满院蔷薇,栀子偏偏在五月清丽登场,仲夏十里荷香……要相信既然你有你信奉的神与教条,有你坚守的爱与慈悲,就一定有属于你的罗曼史与生命意义。王阳明先生有过一段精彩的阐释:"你未看此花时,此花与汝心同归于寂。你来看此花时,则此花颜色一时明白起来,便知此花不在你的心外。"花样年华的男孩儿心中一定有一朵深爱的花,女孩儿也无疑有一副雕刻花朵纹路的模子,男孩儿故意穿过花海,女孩儿千方百计地置身花海。

创作时期的英国文学，多表现出一副阴暗晦涩、磨砂不透明的文气，"隐隐然"的漂浮感纵横于文字间，悲伤而静谧。而简·奥斯汀偏偏选择了用喜剧来批评些什么，加之英国小说独有的夸张、明快、一针见血，把她的理智、她的思考、她的目光、她的价值，一一投放给我们。温良美丽的简、理智独立的伊丽莎白、饱读诗书的玛丽、荡漾爱玩的凯蒂与莉迪亚……女孩们的形象鲜明而生动，读到有些章节，似乎就觉得他们其中的一个是我们自己的邻家小妹、闺中密友。美好的品格宛如沉睡的海洋，呼出咸咸的风，换来瓢泼的雨，洗净我们枯燥而结网斑斑的心。而两种美好的品格，相吸相引相契合，又能召唤出什么呢？电？雷？虹？还是一场发生在翩翩少年时的爱情？

对于爱情的构建蔓延了全篇，与其说作者给我们讲述，不如说他引领我们思考。开篇说："It's a truth universally acknowledged, that a single man in possession of a good fortune must be in want of a wife."社会环境一言以蔽之，一句定调，实为经典。英国虽已浸满了人文主义与启蒙思想，但相对保守闭塞的乡村还依旧看重婚姻改变命运，家世财富依旧是硬通货，是交际关系的渡船。典型的例子便是柯林斯与夏洛蒂的婚姻。虽然柯林斯礼节周全，但性格上绝非完人，也并不吸引女孩儿。而夏洛蒂和他的感情也是面包大于精神，两人婚后看似门当户对，有恩爱前景，实则不然，很有可能出现危机悲剧而终。还有桩爱情好像机缘巧合完美如神话传奇，郎情妾意，一拍即合，舞池中的漂亮皮囊、明亮眼眸在我眼中皆是千篇一律，钟情于你，在乎你。简和彬格莱的爱情让我想起毛姆在《面纱》中的话："从来都无法得知，人们究竟为什么会爱上另外一个人。我猜也许我们心上都有一个缺口，呼呼往灵魂里灌着寒风，我们急切需要一个正好形状的心来填上它，就像你是太阳一样完美正圆形，可是我心里的缺口，或许恰恰是个歪歪扭扭的锯齿形，你填不了。"温和谦让的彬格莱先生或许正好填补了简那颗优雅善良的心,但这对璧人也经历过不顺。彬格莱先生听了达西的话后去柏林的日子,简也落入了失落寂寞之网。温厚纯良的他耳根子软,也暗示了彬格莱没有强大的定力与主见,亦让外界左右了本心

爱可以来得慢一点,只要它是真的。褪色的信件、发黄的旧琴谱、洗了几多回愈来愈软的花边手绢,它们都走了太久。许你温柔,许你安生,像杳远的歌声,像跋山涉水而来的爱情。伊丽莎白的爱情观念是作者所肯定的,不妥协,不将就,不委屈,这是在成全自己。她有资格去骄傲,她的优秀有超越身世、超越时代的力量,亭亭玉立于水滨,从容且智慧,目色深情,思想却拥有斩断恶龙的利剑。达西幸运地拥有了丽萃的爱,是丽萃的冷漠拒绝让达西放下偏见,真正去求索面庞、物质下的灵魂。丽萃同样幸运地拥有了达西的爱,也是他绅士的所作所为和那封告白坦诚的长信,让伊丽莎白放下了初见时的偏见和小心思一样的傲慢,走向了这位绅士和那份和四月一样的心情。他们都懂得理解与反思,懂得信任与坚守,这样一来,当傲慢抚平、偏见消释,一定有神奇的力量扶摇直上、蒸腾而起。

此时的英国乡村,女子还不拥有财产继承权,依然从属于男性,成为男性的陪衬。阶级划分明确,金钱崇拜至上,社会风气、婚姻关系仍旧阻碍着从唯利是图到唯爱是图的道路。伊丽莎白的爱情如飞流直下、势若银河的瀑布,洗刷世人那双双盯着门第与财富的眼睛。简·奥斯汀深邃的观察力和丰富的情感真的令人叹服,直到现如今也具有现实主义。女性人格独立与权利平等的观点,无论在东方还是西方,都在风口浪尖。前段时间艾玛·沃特森"He For She"的联合国演讲同样在强调女权。但愿被《傲慢与偏见》打动的人,都可以反思男女权利地位的关系,并肩挑责任感,问一句:"If not me, who? If not now, when?"

伊丽莎白与达西先生或许都有"精神洁癖",不希望圣洁的爱情

里掺上一丝一毫的傲慢与偏见。丽萃从天地间来,始于远方,走向教堂,有所思而无所恃。书籍与见识让她的人格愈加魅力四射,也许只有这样才有资格走向真爱的烟火,去刀尖舐蜜,去……也许只有这样的女孩,才配得上深情款款的达西的完美告白,对着在第一次相遇的舞会上不太起眼、不太漂亮,却精神伟岸而独立的姑娘,说出令人艳羡的言语:

"我也说不清楚究竟是在什么时间,什么地点,
看见了你什么样的神色,
听到了你什么样的谈吐,
便吸引我开始爱上了你。
那是很久以前的事,
等我发觉我对你的爱已经不能自拔的时候,
我已经走到了中途。"

你的温良，我的方向
——品读《悲惨世界》

总有一天，人们会惊愕愤懑地向自己一生的成就呐喊：偿还我的天真。在衡量独立的生命体时，思维还蒙在鼓里，我们评论的依旧是荣光、伟大，并非仁慈或良善。或许是当下岁月静好，未尝强加给我们难挨的苦堆。四处游荡、双目无神的你，不知居安思危，设想阴霾与黄沙夹杂拍打的极夜里，你是寸步难行、最终沦丧，还是救赎自己，再仁爱地点化世人？

许多年后，人们回忆起我们，会说些什么？说着我们的时代标记、历史定位，说一些我们的品行、故事和感情。尽情尽性的话，或许能讲上几个日日夜夜，庞大到波澜壮阔的事业（丰功伟绩），细微到睫毛的颜色。若一笔带过的话，可能是淡淡一句：这是一位好人。像后来人审视我们一样，我们也幸运地能从雨果的笔下真切地体验19世纪巴黎的雀跃易逝、苦难长留。肌肤之痛、精神挣扎都暗淡了，在走投无路的险境面前，在千尝万试都无法保全心灵的完整面前，在法律、亲情、道德的种种极端与错失面前……不会讲话的孩子只能号哭，反抗不得的人们只能顺从。雨果构建的世界中，力图从命运的苦涩与困厄中发掘改变的力量，当然这在作者心中早已明晰，是原始生命中的善良。"据说灵魂能痊愈而命运则不能。"在冉阿让身上，我们可以纠缠地看到苦难的齿轮在他身上来回碾压的血痕。偷窃一块面包带来的19年的牢狱生活，满身爪牙地抓剖着苦役犯冉阿让的心肝，羞辱、怨恨、愤怒、后悔……多种恶魔教给他还眼还牙，尖厉地去报复这个曾鞭笞折磨自己的社会。而这时雨果构思的圣人——米里哀主教登场，他的精神与爱，就像那被盗走的烛台，用银辉拂过冉阿让遍体的裂痕。米里哀主教对冉阿让一视同仁，唤他"兄弟"，给他的尊重仁爱，触动憋足了劲头恨这宇宙洪荒的心，他惊骇，他自省，他选择重新活。多年后，隐姓埋名的马德兰市长又被矛盾的旋涡吸入，手脚被缚，身心僵硬，一个名唤尚马蒂的人被当作冉阿让审判，是视而不见、苟且余生还是挺然而生、勇于承认？选择救赎的权力落到了马德兰手里，像自己不愿在狱中煎熬那样毅然走进法庭，承担本该落在自己肩头的苦楚。第三次对冉阿让良心的拷问与冲击是对于加入德纳第犯罪活动且差点让他丧命的马吕斯，这种怨与恨和对珂赛特的爱，像冰火混杂在胸腔，使冉阿让发出阵阵号叫，最后他在爱与恨的矛盾中走向了平衡。这三次挣扎考验中，冉阿让被拯救，拯救他人，又自我救赎，发生在平凡人心周围的细枝末节被灵敏繁密的锦网捕捉，历尽沧桑，心灵已不那么年轻，徒留那些深深皱纹与无悔的脚印，"那是挡不住的江河奔流，那是挽不回的落日西沉"。再铁石心肠的人体验过冉阿让的一生，也会忍不住皱下眉头留下一声长叹吧。主教给了他善的主义，珂赛特给了他爱的主义，不与人知的艰辛滋味，他含在口中数十年。美满的是，大限将至，爱他的人、向他忏悔的人跪在他的膝前聆听最后的人性大爱之音。他在炼狱的泥潭中苟且过，在人间的情爱中体验过欢愉、苦楚、温暖、冰冷。愿天堂仍有一株百合花，供他这株蓖麻终日守护，幸福且甜蜜。

　　雨果在序中讲道："贫穷使男子潦倒，饥饿使妇女堕落，黑暗使儿童羸弱。"在妇女和儿童方面，芳汀母女真切地触动了时代。明眸皓齿、长发飘飘的美丽少女，轻信轻薄儿、流荡子的风流手段，怀孕后被始乱终弃，将女儿托付错了人，被屡屡索要抚养费用，遭解雇的她被逼到了生活最黑暗、最凄冷的地方。"阴渠，就是城市的良心……一切涂脂抹粉的都变成一塌糊涂的形象。最后的面纱终于揭开，阴沟是一个厚颜无耻者，它吐露一切。"黑暗的社会真的让芳汀走投无路，她最终堕落成娼妓，靠出卖身体养活自己和女儿。这也许广泛存在于巴黎的妇女群体之中，让人疼惜扼腕，而在这现实面前，扭不动大时代的手只能无可奈何。芳汀最令人悲戚的一点是她用尽了母爱，却不知道珂赛特在寄养家庭里像佣女一般遭受虐待、责骂，承担繁重的家务。不敢想象，她若没有遇到冉阿让，会是怎样的结局。让别人弃若敝屣？走向她母亲的原路？曾经挥霍梦想、从不设防的女孩，无歌不唱，无酒不尝，可又有谁看得清前路艰险，不容片刻彷徨。

作者将严肃露骨的现实摊开来，让我们看着他们受难、陨灭、重生。人类是否孤独，是否需要神的庇佑，宗教是否能改变一个人？历史进程中能否开掘出人类文明的原动力？我们高呼的革命万岁，明天又指引着哪些青年的生命？法律和善良何者更能捍守正义？战争的烽火狼烟熄灭之时，惊魂未定的眼睛看到的是真正的道德哲学还是暂时的和平？在雨果的大手笔全景描绘中，不幸的人能找到答案，幸运的人可能疑惑更深。小说中的另一个重要人物沙威，可能会有所启示。非黑即白、恪守法律是他的信条。我们不能讲沙威是不正直的人，他的正直不掺杂丝毫个人感情，鹰一样凌厉智慧的眼睛，不揉一粒沙子，机械地执行上级的命令。沙威的现实生活是很丰满的，兢兢业业不流于行尸走肉状的酒囊饭袋，因而，他这样的人类绝不是悲惨世界的缔造者。但他又受制于时代，被社会框架、范式束缚。对社会理解的偏执、激进、差错虽让他平稳地胜任本职工作，但在被冉阿让宽恕时，予之以爱时，他所秉承的价值观崩溃了，被撕得粉碎拍在他脸上。他焦虑不安，迷惑不解，不敢承认自己的行径与忠于社会的理想背道而驰。焦灼紊乱的节奏，击破了他们的心理防线，决绝、无私与忠于社会的理想、遵守职责指引他将一切违背法律的人绳之以法，哪怕是自己的父母，兢兢业业的独居者，法治至上的殉道者。冉阿让给他带来的道德情感关怀与他恪守一生的法则形成冲突，犹如两大板块运动相撞，无疑会带来灵魂撕裂、头脑地震。他无处走了，不是天绝人路，而是自绝前路，平静地写完"呈政府的报告"便投河自尽了。某些时辰，读沙威之死，是肃穆的，甚至催泪且悲壮。书中讲"凡是希望断绝之地，一定有歌声"。沙威投河的夜，纵使风儿再杂乱，也吹不散清越的声响。

《悲惨世界》被评价为浪漫主义与现实主义合鸣之曲。雨果的笔端毫不节制地去写历史、民族，波澜壮阔中饱含希望，他渴望法兰西的进步，祈求宗教教人仁慈善良，改造满目疮痍的人心，从而使民族进步、人性正义。"理想纯洁如白雪，经过岩石到岩石的长距离倾泻，并在它明镜似的流水中反映了蔚蓝的天空之后，就成为壮大的百条巨川，具有胜利的雄壮气概，突然，起义事业迷失在资产阶级的洼地中，像莱茵河那样流入了沼泽。"理想易碎，但人力可以不停地将碎片儿黏合拼接，时下的人不必忧虑，未来自有和你们一样的固执可爱的孩子，改良、革命、重建……不厌其烦地接近美满的社会、人性，民族的自由、平等、博爱会像无形的旗帜，插遍大陆的边边角角。青丝依旧，赤心未凉，衰老的肉体不妨碍精神群体日复一日的方向。雨果提出"社会繁荣有三个要素：幸福的人，自由的公民，强大的国家"。他深爱着巴黎的每条巷陌、每盏窗子、每双眼睛，相信这个城市会辐射着整个国家，前方辽阔，前程远大。"巴黎有一种戏谑的威严，有时能在挤眉弄眼之间突发风暴。它的盛怒、它的节日、它的杰作、它的伟绩、它的史诗，震撼着整个大地。它的胡言乱语也是如此。"文化历史给了它当仁不让的自信，自信又给了巴黎人民制造文明风尚、引领欧罗巴、发现真理、沸腾本心的能量。

作品的目光投注到了底层，细腻贴切的心理刻画与宏伟庞大的叙事方式，给了《悲惨世界》久立经典神坛的力量。天性的对照、命运的颠沛流离、人民的呐喊嘶吼、仁爱善良的攀天之力……一切一切，指向的都是关于幸福的一场大追寻。

读《悲惨世界》，涉世未深的少年会惊泣于人物的步履维艰，但对于那些沉浮数十年的生命，悲伤和苦难已经很难让他们流泪了，反倒是那些清丽的爱恋、温馨的父女之情、伟大的救赎……这样幸福的画面才让人泪流满面。

山重水复终究无路
——读《明天》有感

汲水晓窗,碧波清荡,听得清的是先人莫显乎隐的呐喊,望不见的是水乡的根。这座名唤鲁镇的小镇,风骨或许不及乌镇妩媚,但着实是现代文学绕不开的所在,《社戏》《风波》《明天》《祝福》都从这鲁迅构架的小地方展开,各有各的哲思与救国真理,若填了文采与沉思来看,最精致不过江南。

少有学者剖析《明天》的字句,深挖其精神,这篇却又充满了鲁迅的血泪与挣扎,让我们常读常新。

故事还是从咸亨酒店开始,略带些"古风"的鲁镇,依旧坚持着日出而作、日落而息的生活模式,晨钟暮鼓,安之若素。可有两处例外,长衣短褂的男人们还在酒店吃喝,找点俗套的乐子,图些口舌之快,放松下忙碌了一天的乏累皮肉。而另一处,单四嫂子还在为了养活自己和生病的儿子而纺棉纱。通过男人与单四嫂子的对比、日与夜的劳碌、一家与全镇的对比,将单四嫂子勤劳、坚忍的传统妇女性格展现出来。单四嫂子用她的双手与坚强支撑着大量的开支,老拱们听着她纺纱的声音"仿佛很舒服似的喝了一大口酒,呜呜地唱起小曲来"。这抓人心思的对比绝不亚于杜子美的"朱门酒肉臭,路有冻死骨"。冰冷的人心,麻木而凋敝的社会环境,财富就算用来挥霍取乐也不会临幸时代的可怜人。

纺车静了下来,黑沉的油灯还是照见了一位母亲不愿看到的一面——"绯红里带一点青"。象征着生机活力的绯红色中透着病态，这也预示了宝儿无法躲过病魔的侵袭，但这时的宝儿还是有着反抗能力的，生命体征还是正常的。人生最可怕而无助的境遇是什么？是将自己的生命孤注一掷地押在别人的身上，将希冀拴缚到他人的指缝间。可单四嫂子是个柔弱而缺少思想主见的"粗笨女人"，没有人去帮衬她，没有臂膀和热汤，生活的浑水只有自己挽了裤脚蹚过去，前路多险，不知深浅。她是个有神论者，没有知识与技能，只有将对儿子的爱与拯救寄希望于"神签"与"心愿""单方"。这时她将最后一线希望投给了何小仙，明眼人都能看出何氏与贾家济世老店是一对利益相系的链条，何小仙敷衍着她，冷语讲宝儿的病情，搪塞而含糊。何谓经典？有着强大的生命力可以穿越时间，而在每个时代都能生根且生长繁茂就是经典，鲁迅的作品中关于医患的对话直至今天的医院中仍有它的掠影。在混沌的惟危气氛中探访人们对贫弱者的真实态度，不扶弱，不理会，名为邻里，却袖手旁观，冷眼而不体恤地对着孤儿寡母，为富不仁，高高挂起。可就算有一个帮扶者，也是带着污浊的目的性的，蓝皮阿五的出现更显现了恶意与不堪，面对一对柔弱母子，还能生出淫乱的思绪，真是冷漠的动物。

"日轻夜重"，"胶黏的汗珠"，对宝儿睡态的描摹，和那最后一声"妈"，无不昭示着宝儿一日日加重的病情，宝儿终究是夭折了。他是单四嫂子的明天，但不是母亲想象中的明天，母亲对他寄予的也不多，就如童言无忌的许诺"爹卖馄饨，我大了也卖馄饨，卖许多许多钱，——我都给你"，这稚嫩亲切的声音再回不来了。

"从呜咽变成号啕"，这是一个母亲的撕心裂肺，可给人印象更深的是周围人对单四嫂子的冷漠。多事又爱张罗的看客王九妈是组织纸钱的，而单四嫂子最后的一点家当都抵给了掌柜。一个艰难的女人置办丧事已是步履维艰，可掌柜和食客们还是银两照收，厚颜无耻地搜刮一个贫弱女人……"拔人于苦，谓之慈；授人以乐，谓之悲。"病态麻木的国人，深信神学却不懂得将慈悲之道用在温暖的人情中。鲁迅先生的"立人"和国民性批判在《明天》中也由此流露，内心不忘像单四嫂子这样苦难的人，诅咒黑暗里的遗存，且不断寻找新的精神之源。在《明天》这场战斗中，他又将生动的形影与入世、实干、改变的信仰洒遍人间。

当单四嫂子将宝儿的棺材收敛好时，王九妈还在"掐着指头仔细推敲"，这尽显她一个相当正统的卫道士的形象，后文中给单四嫂子煮饭，更能透视出人情凉薄。鲁镇"还有点古风"，但古风的温暖却被那稀少的关爱、愚昧、麻木、无知、冷漠、损人不利己的精神弊病而磨损。送走了宝儿，单四嫂子的钱财散尽，精神世界也空旷了，这世界会好吗？她还能织出"寸寸都有意思，寸寸都活着"的棉纱吗？她永远在等明天，可明天没有新生，没有希望。"梦醒了却无路可走。"单四嫂子永远期望着宝儿的病情会好转，但一个又一个的明天，引她走进了生活的坟墓。摆脱现实，逃往明天，将来路远，可依旧没有光亮，是没有星辰的长夜。每个人都在自己的日子里过着有些挣扎的日月，不妥协地入世，不向生活低头，不与命运和解，也只有在遥遥无期的明天里才能做到。

"这时的鲁镇，便完全落在寂静里。只有那暗夜为想变成明天，却仍在这寂静里奔波。"借了半生的颠沛流离，还是换不来他人怜悯。小小的、微尘般的、不曾绽放过的、野草野花般的我们，或许没有金碧辉煌的温床，没有声名显赫的家室，没有一拍即合的知音，但我们却实实在在地拥有了无数个明天。时代如美人，早已旧貌换新颜。逼仄的、晦涩的、混沌无知的、蒙昧奉神的时代里，我们有幸拥有了鲁迅，"埋头苦干的人，拼命硬干的人，为民请命的人，舍身求法的人"。中国的脊梁被他们撑起，黑夜孤寂，白昼如焚，时代的闸门被勇士们举起。新的光明世界，终究是来了。鲁迅要的明天，没有人明白，但他没有将明天放在吕纬甫身上，没有放在魏连殳身上，没有放在闰土、七斤、祥林嫂身上体现,而是放在了单四嫂子和宝儿身上来体现。明天的台阶,若能让妇女、儿童都可以自由地踮起脚就能触碰到,暗淡模糊的世界,跳跃到明艳鲜活的明天,"窃火煮肉"的人一代又一代逝去而苏醒,春去秋来的人生,没有人能清醒到底地走完。如单四嫂子无助乱投医,信奉《大悲咒》,有着盲目的母爱的人;如蓝皮阿五、咸亨掌柜、王九妈这样的看客,这群审疼为乐的人,失去了人性最珍贵的同情与悲悯的人……他们,都看不清明天,只是按照祖辈父辈的活法,过日子,混日子,对付日子罢了。罗素在《我为什么而活着》中讲:"对爱情的渴望,对知识的追求,对人类苦难不可遏制的同情心,这三种纯洁但无比强烈的激情支配着我的一生。"回望20世纪的人们,谈爱情太矫情,那是少数人的享受,多数人都是为了一脉香火而结合,灵与肉不得全美;知识呢?大师有,学者有,庙堂之高上有,可多数低层人还在靠着技能为生;最罕见的便是对人类苦难不可遏制的同情心,当时的民众还不曾有,新文化运动的启蒙珍贵偏在此,它在迂腐的世界里劈开了一道裂缝,让新世界的七彩光进来,润物细无声如春天的甘霖,滋润国民。于是天地顿开,人们一无所有,却拥有了一切。而又有谁知道,劈天的斧是用作家们的皮肉磨利的,用作家们的血泪淋亮的。回观《明天》,叙事角度仍是上帝视角,笔法还是一针见血,鲁迅的叙事永远如此的凝练,他的心意,虽充斥着挣扎、纠结、恐怖的酸楚,但永远都会给需要的人。

女性的形象在鲁迅的小说中都如单四嫂子那样鲜活,命运多舛的祥林嫂、善良不淑的子君、勤劳的华大妈、爱姑……她们都生活在神权、政权、夫权的透明天花板下,向上没有出路,脚下布满了图钉,多是悲剧的承担者,都如单四嫂子般寄希望于明天,她们要的明天什么时候来?也许明天来,也许永远不会来。

《为什么不读经典》一文中说:"因为经典本身是纯粹的,它不打算讨好人,不千方百计诱惑你读它。作家在写作时,只是要写出他对生活的所感所思和他自己的欢欣与疼痛。"《明天》是鲁迅的疼痛,他揭开了弱者鲜血淋漓的疤,给我们看,给自己看。

不要辜负我们的时代,因为你我的明天不是虚无缥缈的麻药使然的幻境,更不是抓不住的精神寄托,而是可以一步步坚定地踏出鲜花和彩虹的。

和平中的烽火狼烟,战争里的宁静星空
——读《战争与和平》

隔着漫长的时间,再一次翻开《战争与和平》时就像与一位良师益友重逢,模模糊糊地记得多少年前,他曾教会我什么,叮咛我什么,目光坚定,带着深情。关于两个民族间的生存侵略,关于一个时代贵族青年的灵魂超越与精神探索,在他们的欢乐与愁绪、荣耀与屈辱、幸福与悲哀中,总有一个一百多年后朦朦胧胧的自己。托尔斯泰教会读者与上帝对话,只有这样,才能与一颗博大的心不期而遇,看见世间形形色色的城市、丰腴繁茂的森林、如鸣佩环的河流、夹案相迎的山川,看见生存在其中的人,于是笨重的脚步愈发轻快而空灵。对于国家和爱情,《战争与和平》教给世人一种最真实的姿态,叫向死而生。

史诗性的作品大都注重对社会全貌的细致描绘,而错综复杂的层层关系与社交生活背后,是一个个有血有肉的人,他们是构成千姿百态的社会生活的主体。在四大家族的老家长和新一代的身上,不同的生活方式和社会信仰被和盘托出,与人民的生活、战时和平时的面貌一同熔铸成了史诗的宏大规模。个性鲜明、性格突出的人物形象,成了研究小说的入手之处。在众多主角中,皮埃尔和安德烈以及他们的精神探索过程无疑构成了主体,两个从外貌到性格都差异较大的男青年,他们身上带着两种形式的思考,各有依靠,各有索骥之图,各有一番滋味。安德烈虽不高大,但冷傲英俊、才思敏捷、博学多识,他对上流社会的生活感到不满,又找不到路。在物质生活不能满足精神需求的时候,他做起了建功立业的英雄梦,渴望沉甸甸的荣誉和功勋,这些曾给他带来过快乐。"夜色昏沉沉的,不过有星星;头一天,即在交战那天下了一场雪,伸展在闪着白光的雪地中间的道路显得黑乎乎的。安德烈公爵坐在驿车上,时而逐一回忆在刚刚过去的战斗中的感受,时而高兴地想象着他带去的捷报将会产生什么样的印象,回想着库图佐夫和同伴们送行的情景,这时他觉得自己是一个期待已久终于开始得到所想望的幸福的人。"在战场的火枪声中,安德烈的感官接受着从未有过的刺激,这些激情昂扬的回忆让他十倍地体验到了从未体验过的生活的快乐。同样在战场上,安德烈仰面倒地,要感谢这次受伤,使他看到了之前从未看到的东西。高远处飘浮的云朵、无限的天空,一切都那样寂静安详。和"那个高高的、公正的和慈善的天空比较起来",一切"庸俗的虚荣心和胜利的喜悦是多么的渺小"。温馨的亲情涌上了安德烈的脑海,他明白了更多比勋章更闪耀的东西。也许是有了这次的顿悟,在安德烈再一次受重伤时他感到了一种前所未有的轻松。生活的重压被抛之脑后,永恒的自由之花绽放了,放弃尘世的生活又赢得了爱的绵延。弥留之际,安德烈顿悟了,爱是上帝,死意味着我这个爱的微粒将回到共同和永恒的源头去。这种精神支撑让他可以平静、轻松地走向生命的最后时刻。这位心地善良、热爱国家人民、珍惜尊严的青年久眠于神秘遥远的奥斯特里奇天空。强大的神启,让一颗被理性主义占领已久的心开始发热发烫,升入晴空。

安德烈生前曾与好友皮埃尔有过很多深刻的讨论,他告诉好友,他曾为荣誉而生活,却完全毁了自己的生活。从那时开始只为一个人而活着,心里也就变得平静了。但皮埃尔不同意他的理论,皮埃尔思考着一种为爱邻人的自我牺牲,"现在我才为别人活着,至少努力为别人活着,现在我才理解生活的全部幸福"。其实他们两个在这时的想法并无对错之分,都是"昨日种种,皆成今我"的结果,一个人最根深蒂固的生存观念和信仰来源于难为外人道的生活遭际与经验。若安德烈是一只荒岭上独来独往的孤鹰,冷峻,凌厉,孤傲自足,用理性的眼睛横扫一切,那么皮埃尔就一定是北渡南归的鸿雁,多了份世俗的温情、忠贞。

皮埃尔受人追捧又忙忙碌碌,不知所以,亲热与爱慕的眼神包裹着他。他也曾在这上流社会的温柔乡里沉溺盘旋,继承了大笔遗产,拥有醉心交际、精致美丽的妻子,但他并不知道年轻的生命应去追寻那些值得托付的东西。由于内心世界的空虚,他迷茫地站在窗台像冒险者一样饮酒。到他探索历程的第二阶段,他从"共济会"等一系列美好的词语中看到了希望,"上帝,死亡,爱情,人们的友爱",不仅仅是这些词汇,皮埃尔还从七条美德中洞悉了他想要的幸福。他深深振奋,喜悦的笑填充着麻木已久的心,在殿堂中大师的教化后,皮埃尔眼含喜悦的泪水朝自己周围看着,不知道说些什么来回应周围人的祝贺,急不可耐地要和他们在一起。也许这是皮埃尔走向人民的开始,但在共济会的一日还是存在着一种空想性和理论化倾向。没过多久,皮埃尔又回归之前出入俱乐部、交际酗酒的日子。在之前圈子中的人眼里,他和善、快乐、宽厚,谁又会拒绝一个这样慷慨的好友呢?"看见老太婆们、莫斯科的太太们、莫斯科的舞会、莫斯科英国俱乐部——他就觉得到了家,到了平静的栖身之地。他住在莫斯科,就像穿一件旧睡袍一样,感到舒适、温暖、习惯,可是又肮脏。"皮埃尔又不想与那些安于现状、碌碌终身的庸常之辈为伍,不愿千方百计地逃避生活,看起来安于舒适圈的皮埃尔实则明确使命,但这种追寻终于归于安宁的时刻。是在做战俘的时候,由于战乱纷争的环境,皮埃尔褪去了光鲜的尊荣,反而更像一个标致的俄国男人,坚定,平静,充满警觉性。以前从他的目光里表现出来的懒散的样子不见了,现在他精神振作,仿佛随时准备行动和反抗似的。

我们更加热血沸腾、指间颤抖,邂逅一个更趋向完美的皮埃尔。战俘时期,环境更加静谧,令人不知不觉地满足,并与自己乱糟糟的头脑和解,山丘、霜花、树丛……太多的力量帮着皮埃尔从泥潭中抽身,从未体验过的生活充满欢乐和充满信赖的感觉。他身心舒展开了,丢掉了胆怯、畏惧、忧愁,就像丢掉一双小了的挤脚的旧皮鞋,而赤脚踩地的感觉更能给人踏实、兴奋和获得感。重生的皮埃尔少了夸夸其谈,多了份倾听;少了对解脱盲目的追求,多了对爱与永恒的彻悟,有了清澈的眼睛,看到的仿佛都是新面孔。因而他后来对娜塔莎说:"我们总认为只要被抛出习惯的道路,就一切都完了;其实这时新的、好的东西才刚刚开始。只要还活着,就有幸福。来日方长,大有可为。"这段话也鼓舞更多的人,蹬开温热的旧棉被,会发现春阳能更暖地按摩我们的身骨。

在安德烈与皮埃尔这两片风光各异的天空中,娜塔莎无疑是迷人的虹。她不像静水流深的玛丽亚含而不漏,也不像空虚放荡的埃兰娜轻浮无聊,娜塔莎有一种生气满满的天真烂漫。可能我们每一个人的身边都有那么一个女孩,容易相信,总是赤胆侠气一身自然率真,让人一眼就能看穿她的情感,又能抓住她爱冲动的小缺陷。娜塔莎被人打趣是"急性子",也是因为性格,她的感情充满波折,在鲍里斯那里的情窦初开,对安德烈的痴情守候,还有与阿纳托的插曲,却最终与皮埃尔相伴相拥。娜塔莎一路坎坷,可她依然是上帝的宠儿,教她一步步认识成熟,从青春洋溢到贤惠温良,从贵族台阁到与人民共舞同乐,年轻的心渐渐平衡、平静,得到幸福。

主人翁身上反映的大多是和平景象,而整书对战争的表现也是精彩深沉。拿破仑看着众城之母莫斯科时,没有人知道他到底要什么,大量法国军人无辜地殉葬,大量俄国军人为了正义与家人,为了爱与安宁,前赴后继,向死而生。耻辱、荣耀、白骨、功勋……伟大的历史成就由鲜活的身躯构筑。回到1812年的俄国,看到战争与和平的对照,我们又问到这是谁挑起的纷争,是谁构筑的反抗,是谁承受了虚荣,是谁挽救了民族,谁曾在高原上引颈长啸,谁曾托着思考的头颅皓首穷经?托尔斯泰对拿破仑和库图佐夫的情感在文中显而易见,毫无避讳,让两人的形象穿梭百年还是力透纸背。

  在尾声中,作者对历史、人类、宗教、社会进行了大段阐述,心灵的高度让文学的后来者永恒地仰视,对于这些,我涉世未深,想日后再表。

致锋利背后的深情

——品读《死魂灵》

大约距今天一百八十年前的俄国剧场,一场名为《钦差大臣》的喜剧开场,一幕幕丑态百出,像是将俄国最丑陋的疤痕亮了出来,"不以为耻"地给他的子民们看,给世界看。于是塑造这剧幕的笔被批驳的浪潮击倒,而他的主人流浪到欧罗巴各地奔游,法兰克福的莱茵河滋养过他的眼眸,日内瓦湖畔的小镇韦维倾听过他的衷肠,巴黎的咖啡馆、梧桐树都抚过那曾执笔、如今受伤的手。终于这颗急需慰藉的心来到了罗马,可能是古斗兽场的风,吹来了英雄才有的勇气,让这位作家,也就是后来声名鹊起的果戈理,开启了他艺术生涯中不容忽略的闪光之处、神来之笔——《死魂灵》。

果戈理在创作这部现实主义巨作时,选择了自己最熟识的角度,根植俄罗斯大地,在广阔烦冗的历史、民间土地上汲取养分。他是一名勇士,在一个个人物形象的身上挖掘出民族内部羞于示人的劣根。《死魂灵》中,通过唯利是图、投机倒把的六品官员乞乞科夫在N市的几位大地主之间游走,买死农奴然后钻当局的政策漏洞发一笔横财,最后被揭露的讲述,将当时俄罗斯的丑恶集成一堆。这些人物虽然性格品行不同,但都带着一种否定的、批判的、停滞的腐朽,从中折射出了农奴制社会的反动本质。近看这些俄国贵族地主的生活,从五位地主身上开始,演绎得纤毫毕见、活色生香。先出场的是玛尼洛夫,他整个像一道蜜饯与炼乳堆起的甜品,油光发亮,

"一副礼貌周到的样子",内心却极度空虚,"表情不仅是甜,而且是甜得发腻,恰如老于世故的医生耍滑头,为了讨好病人而故意在苦药里加糖调成蜜水"。但这份"甜"虽尝起来浪漫,实则是多愁善感与附庸风雅融合出的虚伪味道。玛尼洛夫是那样的毫无见地,在乞乞科夫一番虚情假意的表演后,他竟紧握住乞乞科夫的手,久久望着他的眼,并信以为真。这样的不务实、不着边与精于算计的科罗博奇卡相反,这位乞乞科夫口口声声唤着老妈妈的人,身上早已蜕去了可贵的良善与仁慈,取而代之的是急功近利的刻薄。"她属于那种常常哭穷却又善于敛财的小地主婆",她在不同的布袋里一点点攒钱,在其中放置不同面值的卢布,无处不小心谨慎,若有哪里入不敷出,对科罗博奇卡来说简直是地动山摇。而她的务实又与诺兹德廖夫整日的寻欢作乐、赌酒常伴大相径庭,这位厚颜无耻的浪荡子身上满是"某种不安分的活泼豪爽的气质",他追求痛快行乐、拈花惹草、逢场作戏,他耻于社交,玩弄女性,不负责任,他颠覆着规范,搅乱着安宁。这样的诺兹德廖夫,果戈理看到了他在贵族地主群体中的广泛性,于是写到了"这种人无处不在,我们中间就有,也许只是穿着不同的外衣而已"。第四位地主最是乞乞科夫这一路上难啃的硬骨头,初见索巴凯维奇,"他穿一件地道的熊皮色燕尾服,袖子很长,裤脚肥大,两只大脚掌走起路来歪歪扭扭,时常踩在别人的脚上,这就更让人觉得他像一只狗熊了"。他为人行事也像熊,胃口大,眼光狡黠,手段惨烈,连乞乞科夫面对索巴凯维奇狮子大开口要求卖得三十卢布时都在心中怨叹:"贪心不足的家伙。"最后出场的是世界文学人物走廊中有名的泼留希金,这位农夫口中的"补丁老爷"坐拥庞大优渥的身家,用不完的木料、粮食和一千多个农奴,但他更加畸形地去锱铢必较、毫厘必究,亲生女儿都因金钱的吸引力被斩断亲情,一切看似一无是处的废料,他都视作珍宝,吝啬而拙劣的品性让泼留希金失去了作为一个人的幸福与本真。对自己的吃穿用度也极为苛刻,以至于乞乞科夫第一眼将他认成了位管家婆,"他的眼睛虽小,但并不呆滞,在长长的浓眉下面滴溜儿乱转,活像两只小老鼠从黑洞里探头探脑,竖起耳朵,动动胡须,警惕地察看,是否有猫儿或者顽皮的孩子躲在什么地方伏击它们,并且疑惑地抽动鼻子闻闻空气"。物质的饱满撑大了心房,一旦它们被搬出,那空空荡荡的位置又让吝啬乘虚而入,更强烈的饥饿感冲上脑神经,寻找更大更充实的饱腹感,泼留希金正是如此境遇,让人悲哀。

在通篇的描写中,第一次阅读果戈理作品的人会惊异于他的犀利,又沉醉于他的诗意。用笔形象而尖锐,雕琢人物时像刻刀一般,速度极快,下手用力极重,但在描绘旅途中所见的N市及俄国地主家的郊外风光时,唯美清新的气氛又是那样自然而然,散文化强烈,让人仿佛又翻开了那本《狄康卡近乡夜话》,抓住山水间的细节,风光壮美,夜也温柔。

《死魂灵》的字里行间也延续了抒情插笔的传统,书中有一段话讲:"正像在神圣虔诚的俄罗斯分布着无数的带有圆顶和十字架的教堂和修道院一样,世界上也分布着无数的种族、氏族和民族,它们各自集聚在一起,色彩纷杂,奔波谋生。"果戈理善于发掘俄罗斯民族独有的创造性与民间天赋,在他看似彻彻底底揭露丑陋和无情鞭挞俄国的疮痍和顽疾时,内心实则有份怒其不争的焦灼,像位血气方刚的少年,发指着家族咎由自取的没落,其心灵深处怀着深切的关注,关注国家何时能摆脱腐朽缠足的制度,告别它之后的民族走向、新世界的秩序又何去何从?愿意呕心沥血思考这些的作家,无疑是一位有担当、怀深情、堪远任的爱国者。

肖斯塔科维奇讲:"当我们脏时爱我们,别在我们干净时爱我们。干净的时候人人都爱我们。"果戈理选择了在俄国千疮百孔、丑态百出的时候献出珍贵的一往情深,可能多年之后,人们才意识到对他的排挤是那样的蒙昧,像是错过了一块刚出工的金块,他被伤害、被雨淋风蚀氧化着,再没有最开始的闪耀。金黄的麦田、窸窣的草丛,勾勒着俄罗斯奇幻神秘的夜晚,手风琴还在峻峭的岸上奏鸣。《死魂灵》中那些锋利的文字,走过百年光阴,像一具孤独的游魂,从西伯利亚高地吹来,向着波罗的海行进,这一路风尘,不知吹进了多少温暖慵懒的灵魂花园。

灵与肉的角逐

——品读《月亮与六便士》

从毛姆开始娓娓道来他朋友的故事,到作者笔停语尽,诉完衷肠,不厚实的一本书就像一杯普通的白水,也像夏夜里妈妈的故事。不同的是,再反复品味,想起斯特里克兰"正跟另一个少年在六角手风琴沙哑的伴奏声中疯狂地跳着舞。头顶是蔚蓝的天空,满天星辰,周围是浩瀚无垠的太平洋",整个人便会由衷地不安、莫名急躁,然后热血沸腾。因为这并非单单一个弄清来龙去脉的情节,而是一个关于人性、天才、信仰、反叛的有血有肉的躯干。

虽然大多数人不曾经历,但我们还是会思考什么是疯狂。是离经叛道的大不敬之举?是白日游手好闲,黑夜寻欢作乐?可能这些看起来太不起眼,当然是相较之斯特里克兰的"疯狂"。一个平凡的证券交易所职员,终日勤勤恳恳,虽然看似无趣,但无论是社交圈,还是职场,都算得上是个好人。家庭也算得上幸福美满,妻子上得厅堂,又承欢膝下。的确,斯特里克兰先生过着别人眼中现实安稳的生活,可就是这样的一个人,一天给家人留一封信,例如,"我想你会发现家中一切都已经安排妥当","晚餐已经准备好","我已下定决心不再跟你一起生活,明天早上我就会去巴黎","决心已下,我不会再回头"。看起来难以置信又极不近人情,可斯特里克兰就是这样不顾一切地追求艺术,到巴黎画画去了。他没有精明细致到打点好在法国的一切,以至于只能住最差的旅店,因财所困。他更不知道，饥饿、贫穷、困厄，乃至日复一日的精神折磨与肉体挣扎，就这样与自己的生命拴系在了一起。

可能世间平稳恬淡的日子只是某些人的疗伤药膏，而另一些人，他们追求打破波澜不惊的舒适圈，去放浪形骸，慰藉一腔不甘平庸的热血。扪心自问，你是想要背包客一样的人生还是大叔一样的人生？虽然斯特里克兰被前者"怪石嶙峋的山峦和凶险莫测的海滩"所吸引，望向快乐的放荡不羁，一团团美轮美奂的形状，像是海上的烟火。毛姆把这种海市蜃楼般的感觉称为"浪漫主义对平庸生活的一种抗议"。就这样，斯特里克兰来到了现代文明的洋场——巴黎，巴尔扎克将它比作深不可测的海，在海明威心中它更是永动的盛宴，人们在这里追逐、算计、求索、行乐、拥吻……艺术与绘画更认定了巴黎作永恒的故乡，没有人能拒绝巴黎屋檐下的阳光带来的强烈快乐，书中记述道："在巴黎一些窄街陋巷，总会看到熙来攘往的人群，那些人充满活力，让你血脉贲张，上演一出出令人始料不及的戏码。"难怪斯特里克兰离开沉稳敦肃的伦敦，来到这个欢乐地。

后来人们明白，斯特里克兰先生只是单纯地爱画画。零基础，无人欣赏，绘画与生活的消耗将他推向窘迫，当"我"看到斯特里克兰在屋子里病得厉害，脉搏快速却虚弱，高烧不下，才真正体会到他如今的苦厄与难挨。这个性格饱满、行为怪异又不谙世事的绘画天才，最后离开巴黎，四处流浪，来到塔希提岛，与世隔绝，找到一份温存，又点燃了创作的土壤。在他的爱情线路上，妻子已成为与过去往事割裂的标志，他辜负了布兰奇，而布兰奇也辜负了施特罗夫，最后的艾塔才是千帆度过后的心灵寄托。在这之中，斯特里克兰又彰显出了天才身上的不可扼的暴戾、放纵的肉欲和不可名状的原始激情，为艺术奔赴一生的同时，他也并非世俗意义上的负责任的男人，对社会道德与生活规则，他始终弃如敝屣。"我们的生命本来多轻盈，都是被这肉体和各种欲望的污浊给拖住。"画家自己挣扎过，疯狂过，但无论他的佩剑多么锋利，还是斩不断这来自六便士的烦扰。是为了六便士风尘仆仆地奔忙，还是为了皎皎明月有所放弃？这是作者始终让我们思考的问题。

毛姆在整本书中探索着人性与现实的种种关系，逃避现实的主题与西方二十世纪许多人的追求相吻合。"我"在观赏斯特里克兰先生的画作时，从那稍纵即逝的画笔掠影中感受到"即便是最随意的作品，也会暴露出作者灵魂最深处的秘密"。当然，何况是毛姆精心呈现的一本小说呢，其中也满装着对人性的体察，因为极真挚的情感中不存在高低贵贱，仁慈与善良的种子不知何时也会飘进所谓罪孽的土壤。"我"在经历斯特里克兰太太与先生婚姻的调停中察觉了报复心也会存在于漂亮可爱的人心中，人性复杂而奇妙，所以渺小和伟大、恶毒和善良、仇恨和爱意是可以在同一颗心里并行不悖的。

体现人性的同时，毛姆再次将理想与现实这看似已经尘封许久的抉择抛向读者，面对自己心中的月亮，你也会抛却温床、奋不顾身吗？苦难与幸福缠绕在一起时，你看到的更多的又是什么呢？斯特里克兰认为画画是生来要做之事、必做之事，是生命的本能。这份无厘头之冲动，从来由不得自己。这股强大的力量——理想，心醉神迷因为它，点燃激情因为它，哪怕置身孤岛，想起那圆圆亮亮的东西，胸中还是会被填满。作者并没有明确提出灵与肉之间，我们应该选择什么，理想与现实何者最高尚，只是陪伴我们仔细思考，轻轻地，静静地。作为《月亮与六便士》的原型，保罗·高更的经历也如此，早年正在海轮工作，服务过法国海军，青年当过股界经纪人，他的妻子还是一位美丽的丹麦姑娘。人到三十五岁后，决然奔赴理想，告别家庭，去了远方，投身印象主义的创作世界。我们品味高更的画作，大片的涂抹，明媚的色块，一时竟麻痹了心灵，看不见油布背后的悲苦，当然炽热的纯粹、积极、反叛在画作中洋溢。有了这样的原型,斯特里克兰先生更真切了。

"一部作品要从浩如烟海的书籍中脱颖而出是多么渺茫啊!即便成功了,那也可能只是刹那辉煌。且不知作者为写成这本书花费了多少心血,才能让读者放松几个钟头,或是调解其单调的旅途。"毛姆的这本书,做到了这种成功,庸俗平静地低头看,深沉神圣地抬头望,满地的六便士里,亮闪闪,无论是否能折射出月亮,它都不应在你心外。

追逐荣誉还是拥抱亲情？
——读《伊利亚特》&《奥德赛》

柯勒律治的一首诗让年轻的我喜欢了很长时间：假如你梦见自己去了天堂，并从天使那里接过一枝玫瑰；而你醒来，玫瑰就在手中。又当如何？因为对于刚刚接触荷马史诗的我，它就是天使给我的那枝玫瑰，告诉了我太多事情和后来的"当如何"。

在一个人少不更事的时候，人们总期许健硕的体魄也能拥有勇气，退缩不前、畏首畏尾……这些词是不属于青年人的，也不属于那个遥远的特洛伊。希腊人对这段历史深信不疑，骄傲地标榜自己是阿喀琉斯的后代，其实，当神话与传说淡去时，精神才开始闪光。

将纷争放在一旁，也忽略政治、地理上的攻伐谋略，人们往往对神与英雄心向往之，也许今天的我们被太多东西牵绊、掣肘，所以才格外地歌颂英雄身上的勇气无畏、热爱战斗。在同名电影的片头，"永恒的广漠使人着迷，于是我们自问，我们的事迹能否流芳百世、名垂青史，让后人为我们曾经的存在，为我们如此英勇的战斗、如此热烈的爱情而惊叹"。那是一个尚武的时代，突起的经脉、跳动的胸膛、紧握的双拳、优美的肌肉总让人们心驰神往；那是一个注重生前事和身后名的时代，人们深信个体的荣光会照亮家族一代又一代的荣耀墙，灵魂不朽，功勋第一；那是一个命运早被谱写好的时代，就像阿喀琉斯的母亲告诉他的那样：或生儿育女，繁衍子孙，世代安宁，或在特洛伊收获光荣，故事千古流芳。这已定的命运考验着勇者,并成就他们更勇一步的旅程,让世间的庸常鼠辈看到英雄灼热的雄心、巨大的力量。当这段故事以史诗的形式诵唱,再卑弱的血肉也会膨胀、沸腾,我们无法还原那个崇尚荣光的时代,可我们还是执着地探访那座古城。智慧、勇敢、节制、正义是他们信奉的美德,在注定的悲剧命运面前,这些品德弥足珍贵,它们神启着英雄,以一种不妥协、不低头、不束手就擒的方式去放手一搏,做个孤胆英雄,赢得身后的光辉,这些光辉实则是一种灵魂的安抚,通过构筑死后的世界把一些必要的宽慰留给现世的人。奥德修斯、赫克托尔和阿喀琉斯一样,为了荣誉、功绩,从家园来到战场,"我的生命是不能贱卖的,我宁可战斗而死去,不要走上不光荣的结局,让显赫的功勋传到来世"。对这些生命体而言,所欲有甚于生者,是胜利,是白马金羁、沙场驰骋、兵临天下;所恶有甚于死者,是卑卑懦懦、蝇营狗苟、不敢挺直脊梁。当夜色归澜、曙光将近、星辰前移时,影视中的阿喀琉斯告诉身边的女俘:"Gods envy us."也许正是人的一生有限,恒有定数,因而才珍贵如至宝。咸咸的海风吹着冷兵器,飞沙、火药的味道,散到天际,年轻的英雄们沉睡了,铁马冰河入梦,一骑绝尘,战歌嘹亮。神也羡慕世间动人的感情,羡慕有温度的眼泪,羡慕肌肉与肌肉对抗的美妙神奇。神羡慕我们,因为他们足够理智、警醒、机敏、冷静,他们爱惜自己的羽翼和光芒,他们的尊严与生俱来、高高在上,他们不会为爱而战,而我们会。

冰冷的残垣虚落,"败马号鸣向天悲",英雄的葬礼庄严肃穆,"古来唯见白骨黄沙田"。一代人在这里倒下去,让这片土地的天澄净如练,让这儿的枝干春来挺拔,让这里的花朵娇艳不败,让这里的女人绝世风华。荷马是具有希腊审美的典型人物,英雄的陨落不是吵吵闹闹、咆哮不安的,正像温克尔曼所讲:"正如海水表面波涛汹涌,但深处总是静止一样。"昔日东征西讨的马蹄声成了一声空谷传音,悠长悠长,涕泪沾裳,这种希腊审美是"高贵的单纯,静穆的伟大"。在人类幼年时期,对美的认识当真既是开始又是顶峰。

"凡人的生活,就像树叶的聚落。凉风吹散垂挂枝头的旧叶,但一日春风拂起,枝干便会抽发茸密的新绿。"生生死死的人事代谢,命运又轮回在呱呱坠地的生命上,我们衰颓、褶皱的躯体在隆冬僵硬、凝固,而温柔的东风一来,它将再次被灌注完满、肌腱灵活、生龙活虎。

阿喀琉斯的愤怒:青春,每个人都会经历的愤怒,"春风又绿江南岸"的哲思之后,是一个"明月何时照我还"的故事,奥德修斯献计破敌后十年海上漂泊流浪,一心回到伊达卡家园的经历又让人思考,我们取得荣誉,该第一时间拥抱什么,怀念什么?"一心渴望哪怕能遥见从故乡升起的缥缈炊烟,只求一死。"海上的一路历险战斗,不仅是对皮肉躯体的考验,更是对心智、精神的磨炼,海神波塞冬给奥德修斯布下重重困境,在与自然的抗争、对弈中,他始终念念不忘家园的可爱可亲。一次次的历险中,奥德修斯充满使命感和领袖意识,因为思念至深,所以风雨兼程;因为相信故乡的痴痴等候,所以哪怕筚路蓝缕、披星戴月、重造船只、重启山林。英雄经历的大大小小的磨难,总会成为日后云淡风轻的谈资,与独目巨人的交锋、风神的馈赠、基尔克的刁难、塞壬们的诱惑,我们佩服作者对这些历险的构造、想象,更无法恢复那个口口相传、绘声绘色的讲述场面,无法还原那个在人的背后还错综盘虬着神力的境遇,雅典娜女神的金权杖,神使的出现,波塞冬的低吼……神也涉足人间的是非,也将自己的立场不自觉地表明,因而这一路的经历才会跌宕起伏,带着注定的命运和至死不渝的拼搏,英雄主义的烟花一瞬千年,奋勇、顽强、劲道……在这逃不过的磨难中,英雄的价值一次又一次被肯定,在求生的夹缝里漂流冲浪,中流击水;在神力、自然力的挤压下伐竹取道。人的念力渐渐突显,我们的目光也渐渐不知不觉地从神投注向人。漂泊的人比更多安逸的孩子更懂得家园的意义,妻子佩里洛佩和儿子一直在守候,每一份执着的等待都会有一个温暖的未来,双方之间坚定的信任坚不可摧,也许只属于那个单纯、古老、一去不回的时代,没有什么是可以煽动性子、扰乱心神的。相比而言,奥德修斯葬身大海的同伴们的身上,更多的是缺陷、猜忌、贪婪、自大,缺乏敬畏心,这种对比暗示了奥德修斯成为再次看到伊达卡的"少数人"。"我立即惊醒,勇敢的心灵反复思索,是纵身离开船只,跃进海里淹死,还是默默地忍耐,继续活在世上。我决定忍耐活下去、掩面躺在船里。"一个人丰富复杂、矛盾挣扎的心理,用不着咆哮激愤,就能让人理解得很深。一直认为这句话是《梦十夜》的前身和渊源:"我感到非常不安。既不知何时才能靠岸,也不知将驶向何方。只知道船只吐着黑烟一直前行。巨浪滔天,苍蓝得无可言喻……我感到非常不安。心想,与其待在船上,不如纵身海底。"

独寻秋景城东去,白鹿原头信马行

——读《白鹿原》有感

合上书的那一刻,我才真正明白扉页上那句巴尔扎克的话:"小说被认为是一个民族的秘史。"

陈忠实先生用平淡朴实而又掷地有声的语言,为才疏学浅、懵懂无知的我勾勒了一个灵气盈盈的白鹿原。离奇的情节、折射的历史、感悟的人生……这每项单列,都够我反复咀嚼。陈先生如黄土地上的一位沧桑画家,为后生们描绘了一幅近代传统农民的生活画面和中国转型时期的民生画像。从晚清统治到北洋军阀割据,再到国共斗争的过程中农居的生活艰难而回味无穷,没有摩诘和靖节先生眼中的平静恬淡,相反,这里道阻且长,举步维艰。

书中塑造了各式各样鲜活生动的人物形象,有家风严谨、忠厚有节的白嘉轩,品德不端、心思阴毒的鹿子霖,老实坚忍、守礼有节的鹿兰,妙手回春、重情重义的冷先生,还有由好到坏蜕变的孝文、秉直的孝武、聪慧刚烈的白灵、冲破礼教的黑娃、惹人争议的田小娥、淡泊智慧的朱先生、为了信仰投身政治的兆鹏兆海兄弟。他们像一根纽带,一头连着作者,一头系着读者。有人说,在《白鹿原》里,陈忠实其实死了很多次。每一场死亡,他都陪着死一次,不但如此,每一次暴怒、每一次出走、每一次决裂、每一次绝望,他都死一次。那样的煎熬、挣扎,作家其实活成了一棵树,被雷劈成了两半,当中是巨大的一道焦黑伤口,两边的枝叶向不同方向生长——一边枝枝都在控诉旧秩序对人性的禁锢，一边枝枝都在质疑时代对伦理与个体的摧毁。被雷劈过的树依旧茂密深绿，人们赞叹着树的高度，欣赏着枝叶，可谁知道树又多痛，有多难，有多苦？

《白鹿原》整体给人惊心动魄、剑拔弩张的迥异之风，而书中的人们内心都遵照着传统礼教与伦常，他们似乎不信神，他们信奉的是传说中的白鹿图腾，信奉着公理与祖宗之言，也正是这样无关鬼神，又无关政治，才突显了朴实的民风、原生态的农民生活。几十年风雨飘摇，江山易主，古老的土地也不得安宁，家恨国仇，交错缠结，如同黄土地上的沟壑曲折蜿蜒。

字里行间，我能深切地感受到每一种人物性格，没有绝对的好与坏，人性的劣根、软弱与那带着光环的正义、善良共同存在，这才是人间的悲喜交织、善恶并存。闭目遐想，那只玲珑欢愉的白鹿正在舞蹈，带来风调雨顺、五谷丰登、万物生长，这是最朴素的信仰。当代中国，时间的车轮走得太快，很多人匆匆前行，把灵魂丢在了脑后，"无信仰者无畏"不断显现，也许，我们真的要向书中人取经，学习忠义孝悌、宽厚有节。当然，其中也有对传统礼教糟粕的反抗，如黑娃的叛逆之路、田小娥的淫荡之举，书中不少篇幅描述他们的抗争，让读者也为之鸣不平。

打开《白鹿原》时，我始终怀着一颗敬畏之心，陈忠实已经离开了我们，一位民族历史的书记员走了，一颗巨星陨落，天光暗泪雨寒，黄土坡的儿子，用心血将他的母亲勾勒歌颂。他的文章、他的足迹，会化作人间的风雨，为黄土地上的子民祈福，不再受书中那瘟疫、战争的离乱。

"再见，白鹿原！"山鸣谷应，我若心诚，他会听见。

吃穿用度也极为苛刻,以至于乞乞科夫第一眼将他认成了位管家婆,"他的眼睛虽小,但并不呆滞,在长长的浓眉下面滴溜儿乱转,活像两只小老鼠从黑洞里探头探脑,竖起耳朵,动动胡须,警惕地察看,是否有猫儿或者顽皮的孩子躲在什么地方伏击它们,并且疑惑地抽动鼻子闻闻空气"。物质的饱满撑大了心房,一旦它们被搬出,那空空荡荡的位置又让吝啬乘虚而入,更强烈的饥饿感冲上脑神经,寻找更大更充实的饱腹感,泼留希金正是如此境遇,让人悲哀。

在通篇的描写中,第一次阅读果戈理作品的人会惊异于他的犀利,又沉醉于他的诗意。用笔形象而尖锐,雕琢人物时像刻刀一般,速度极快,下手用力极重,但在描绘旅途中所见的 N 市及俄国地主家的郊外风光时,唯美清新的气氛又是那样自然而然,散文化强烈,让人仿佛又翻开了那本《狄康卡近乡夜话》,抓住山水间的细节,风光壮美,夜也温柔。

《死魂灵》的字里行间也延续了抒情插笔的传统,书中有一段话讲:"正像在神圣虔诚的俄罗斯分布着无数的带有圆顶和十字架的教堂和修道院一样,世界上也分布着无数的种族、氏族和民族,它们各自集聚在一起,色彩纷杂,奔波谋生。"果戈理善于发掘俄罗斯民族独有的创造性与民间天赋,在他看似彻彻底底揭露丑陋和无情鞭挞俄国的疮痍和顽疾时,内心实则有份怒其不争的焦灼,像位血气方刚的少年,发指着家族咎由自取的没落,其心灵深处怀着深切的关注,关注国家何时能摆脱腐朽缠足的制度,告别它之后的民族走向、新世界的秩序又何去何从?愿意呕心沥血思考这些的作家,无疑是一位有担当、怀深情、堪远任的爱国者。

肖斯塔科维奇讲:"当我们脏时爱我们,别在我们干净时爱我们。干净的时候人人都爱我们。"果戈理选择了在俄国千疮百孔、丑态百出的时候献出珍贵的一往情深,可能多年之后,人们才意识到对他的排挤是那样的蒙昧,像是错过了一块刚出工的金块,他被伤害、被雨淋风蚀氧化着,再没有最开始的闪耀。金黄的麦田、窸窣的草丛,勾勒着俄罗斯奇幻神秘的夜晚,手风琴还在峻峭的岸上奏鸣。《死魂灵》中那些锋利的文字,走过百年光阴,像一具孤独的游魂,从西伯利亚高地吹来,向着波罗的海行进,这一路风尘,不知吹进了多少温暖慵懒的灵魂花园。

灵与肉的角逐
——品读《月亮与六便士》

  从毛姆开始娓娓道来他朋友的故事，到作者笔停语尽，诉完衷肠，不厚实的一本书就像一杯普通的白水，也像夏夜里妈妈的故事。不同的是，再反复品味，想起斯特里克兰"正跟另一个少年在六角手风琴沙哑的伴奏声中疯狂地跳着舞。头顶是蔚蓝的天空，满天星辰，周围是浩瀚无垠的太平洋"，整个人便会由衷地不安、莫名急躁，然后热血沸腾。因为这并非单单一个弄清来龙去脉的情节，而是一个关于人性、天才、信仰、反叛的有血有肉的躯干。

  虽然大多数人不曾经历，但我们还是会思考什么是疯狂。是离经叛道的大不敬之举？是白日游手好闲，黑夜寻欢作乐？可能这些看起来太不起眼，当然是相较之斯特里克兰的"疯狂"。一个平凡的证券交易所职员，终日勤勤恳恳，虽然看似无趣，但无论是社交圈，还是职场，都算得上是个好人。家庭也算得上幸福美满，妻子上得厅堂，又承欢膝下。的确，斯特里克兰先生过着别人眼中现实安稳的生活，可就是这样的一个人，一天给家人留一封信，例如，"我想你会发现家中一切都已经安排妥当"，"晚餐已经准备好"，"我已下定决心不再跟你一起生活，明天早上我就会去巴黎"，"决心已下，我不会再回头"。看起来难以置信又极不近人情，可斯特里克兰就是这样不顾一切地追求艺术，到巴黎画画去了。他没有精明细致到打点好在法国的一切，以至于只能住最差的旅店，因财所困。他更不知道,饥饿、贫穷、困厄,乃至日复一日的精神折磨与肉体挣扎,就这样与自己的生命拴系在了一起。

可能世间平稳恬淡的日子只是某些人的疗伤药膏,而另一些人,他们追求打破波澜不惊的舒适圈,去放浪形骸,慰藉一腔不甘平庸的热血。扪心自问,你是想要背包客一样的人生还是大叔一样的人生?虽然斯特里克兰被前者"怪石嶙峋的山峦和凶险莫测的海滩"所吸引,望向快乐的放荡不羁,一团团美轮美奂的形状,像是海上的烟火。毛姆把这种海市蜃楼般的感觉称为"浪漫主义对平庸生活的一种抗议"。就这样,斯特里克兰来到了现代文明的洋场——巴黎,巴尔扎克将它比作深不可测的海,在海明威心中它更是永动的盛宴,人们在这里追逐、算计、求索、行乐、拥吻……艺术与绘画更认定了巴黎作永恒的故乡,没有人能拒绝巴黎屋檐下的阳光带来的强烈快乐,书中记述道:"在巴黎一些窄街陋巷,总会看到熙来攘往的人群,那些人充满活力,让你血脉贲张,上演一出出令人始料不及的戏码。"难怪斯特里克兰离开沉稳敦肃的伦敦,来到这个欢乐地。

后来人们明白,斯特里克兰先生只是单纯地爱画画。零基础,无人欣赏,绘画与生活的消耗将他推向窘迫,当"我"看到斯特里克兰在屋子里病得厉害,脉搏快速却虚弱,高烧不下,才真正体会到他如今的苦厄与难挨。这个性格饱满、行为怪异又不谙世事的绘画天才,最后离开巴黎,四处流浪,来到塔希提岛,与世隔绝,找到一份温存,又点燃了创作的土壤。在他的爱情线路上,妻子已成为与过去往事割裂的标志,他辜负了布兰奇,而布兰奇也辜负了施特罗夫,最后的艾塔才是千帆度过后的心灵寄托。在这之中,斯特里克兰又彰显出了天才身上的不可扼的暴戾、放纵的肉欲和不可名状的原始激情,为艺术奔赴一生的同时,他也并非世俗意义上的负责任的男人,对社会道德与生活规则,他始终弃如敝屣。"我们的生命本来多轻盈,都是被这肉体和各种欲望的污浊给拖住。"画家自己挣扎过,疯狂过，但无论他的佩剑多么锋利，还是斩不断这来自六便士的烦扰。是为了六便士风尘仆仆地奔忙，还是为了皎皎明月有所放弃？这是作者始终让我们思考的问题。

  毛姆在整本书中探索着人性与现实的种种关系，逃避现实的主题与西方二十世纪许多人的追求相吻合。"我"在观赏斯特里克兰先生的画作时，从那稍纵即逝的画笔掠影中感受到"即便是最随意的作品，也会暴露出作者灵魂最深处的秘密"。当然，何况是毛姆精心呈现的一本小说呢，其中也满装着对人性的体察，因为极真挚的情感中不存在高低贵贱，仁慈与善良的种子不知何时也会飘进所谓罪孽的土壤。"我"在经历斯特里克兰太太与先生婚姻的调停中察觉了报复心也会存在于漂亮可爱的人心中，人性复杂而奇妙，所以渺小和伟大、恶毒和善良、仇恨和爱意是可以在同一颗心里并行不悖的。

  体现人性的同时，毛姆再次将理想与现实这看似已经尘封许久的抉择抛向读者，面对自己心中的月亮，你也会抛却温床、奋不顾身吗？苦难与幸福缠绕在一起时，你看到的更多的又是什么呢？斯特里克兰认为画画是生来要做之事、必做之事，是生命的本能。这份无厘头之冲动，从来由不得自己。这股强大的力量——理想，心醉神迷因为它，点燃激情因为它，哪怕置身孤岛，想起那圆圆亮亮的东西，胸中还是会被填满。作者并没有明确提出灵与肉之间，我们应该选择什么，理想与现实何者最高尚，只是陪伴我们仔细思考，轻轻地，静静地。作为《月亮与六便士》的原型，保罗·高更的经历也如此，早年正在海轮工作，服务过法国海军，青年当过股界经纪人，他的妻子还是一位美丽的丹麦姑娘。人到三十五岁后，决然奔赴理想，告别家庭，去了远方，投身印象主义的创作世界。我们品味高更的画作，大片的涂抹，明媚的色块，一时竟麻痹了心灵，看不见油布背后的悲苦，当然炽热的纯粹、积极、反叛在画作中洋溢。有了这样的原型，斯特里克兰先生更真切了。

"一部作品要从浩如烟海的书籍中脱颖而出是多么渺茫啊！即便成功了，那也可能只是刹那辉煌。且不知作者为写成这本书花费了多少心血，才能让读者放松几个钟头，或是调解其单调的旅途。"毛姆的这本书，做到了这种成功，庸俗平静地低头看，深沉神圣地抬头望，满地的六便士里，亮闪闪，无论是否能折射出月亮，它都不应在你心外。

追逐荣誉还是拥抱亲情？
——读《伊利亚特》&《奥德赛》

柯勒律治的一首诗让年轻的我喜欢了很长时间：假如你梦见自己去了天堂，并从天使那里接过一枝玫瑰；而你醒来，玫瑰就在手中。又当如何？因为对于刚刚接触荷马史诗的我，它就是天使给我的那枝玫瑰，告诉了我太多事情和后来的"当如何"。

在一个人少不更事的时候，人们总期许健硕的体魄也能拥有勇气，退缩不前、畏首畏尾……这些词是不属于青年人的，也不属于那个遥远的特洛伊。希腊人对这段历史深信不疑，骄傲地标榜自己是阿喀琉斯的后代，其实，当神话与传说淡去时，精神才开始闪光。

将纷争放在一旁，也忽略政治、地理上的攻伐谋略，人们往往对神与英雄心向往之，也许今天的我们被太多东西牵绊、掣肘，所以才格外地歌颂英雄身上的勇气无畏、热爱战斗。在同名电影的片头，"永恒的广漠使人着迷，于是我们自问，我们的事迹能否流芳百世、名垂青史，让后人为我们曾经的存在，为我们如此英勇的战斗、如此热烈的爱情而惊叹"。那是一个尚武的时代，突起的经脉、跳动的胸膛、紧握的双拳、优美的肌肉总让人们心驰神往；那是一个注重生前事和身后名的时代，人们深信个体的荣光会照亮家族一代又一代的荣耀墙，灵魂不朽，功勋第一；那是一个命运早被谱写好的时代，就像阿喀琉斯的母亲告诉他的那样：或生儿育女，繁衍子孙，世代安宁，或在特洛伊收获光荣，故事千古流芳。这已定的命运考验着勇者,并成就他们更勇一步的旅程,让世间的庸常鼠辈看到英雄灼热的雄心、巨大的力量。当这段故事以史诗的形式诵唱,再卑弱的血肉也会膨胀、沸腾,我们无法还原那个崇尚荣光的时代,可我们还是执着地探访那座古城。智慧、勇敢、节制、正义是他们信奉的美德,在注定的悲剧命运面前,这些品德弥足珍贵,它们神启着英雄,以一种不妥协、不低头、不束手就擒的方式去放手一搏,做个孤胆英雄,赢得身后的光辉,这些光辉实则是一种灵魂的安抚,通过构筑死后的世界把一些必要的宽慰留给现世的人。奥德修斯、赫克托尔和阿喀琉斯一样,为了荣誉、功绩,从家园来到战场,"我的生命是不能贱卖的,我宁可战斗而死去,不要走上不光荣的结局,让显赫的功勋传到来世"。对这些生命体而言,所欲有甚于生者,是胜利,是白马金羁、沙场驰骋、兵临天下;所恶有甚于死者,是卑卑懦懦、蝇营狗苟、不敢挺直脊梁。当夜色归澜、曙光将近、星辰前移时,影视中的阿喀琉斯告诉身边的女俘:"Gods envy us."也许正是人的一生有限,恒有定数,因而才珍贵如至宝。咸咸的海风吹着冷兵器,飞沙、火药的味道,散到天际,年轻的英雄们沉睡了,铁马冰河入梦,一骑绝尘,战歌嘹亮。神也羡慕世间动人的感情,羡慕有温度的眼泪,羡慕肌肉与肌肉对抗的美妙神奇。神羡慕我们,因为他们足够理智、警醒、机敏、冷静,他们爱惜自己的羽翼和光芒,他们的尊严与生俱来、高高在上,他们不会为爱而战,而我们会。

  冰冷的残垣虚落,"败马号鸣向天悲",英雄的葬礼庄严肃穆,"古来唯见白骨黄沙田"。一代人在这里倒下去,让这片土地的天澄净如练,让这儿的枝干春来挺拔,让这里的花朵娇艳不败,让这里的女人绝世风华。荷马是具有希腊审美的典型人物,英雄的陨落不是吵吵闹闹、咆哮不安的,正像温克尔曼所讲:"正如海水表面波涛汹涌,但深处总是静止一样。"昔日东征西讨的马蹄声成了一声空谷传音,悠长悠长,涕泪沾裳,这种希腊审美是"高贵的单纯,静穆的伟大"。在人类幼年时期,对美的认识当真既是开始又是顶峰。

"凡人的生活,就像树叶的聚落。凉风吹散垂挂枝头的旧叶,但一日春风拂起,枝干便会抽发茸密的新绿。"生生死死的人事代谢,命运又轮回在呱呱坠地的生命上,我们衰颓、褶皱的躯体在隆冬僵硬、凝固,而温柔的东风一来,它将再次被灌注完满、肌腱灵活、生龙活虎。

阿喀琉斯的愤怒:青春,每个人都会经历的愤怒,"春风又绿江南岸"的哲思之后,是一个"明月何时照我还"的故事,奥德修斯献计破敌后十年海上漂泊流浪,一心回到伊达卡家园的经历又让人思考,我们取得荣誉,该第一时间拥抱什么,怀念什么?"一心渴望哪怕能遥见从故乡升起的缥缈炊烟,只求一死。"海上的一路历险战斗,不仅是对皮肉躯体的考验,更是对心智、精神的磨炼,海神波塞冬给奥德修斯布下重重困境,在与自然的抗争、对弈中,他始终念念不忘家园的可爱可亲。一次次的历险中,奥德修斯充满使命感和领袖意识,因为思念至深,所以风雨兼程;因为相信故乡的痴痴等候,所以哪怕筚路蓝缕、披星戴月、重造船只、重启山林。英雄经历的大大小小的磨难,总会成为日后云淡风轻的谈资,与独目巨人的交锋、风神的馈赠、基尔克的刁难、塞王们的诱惑,我们佩服作者对这些历险的构造、想象,更无法恢复那个口口相传、绘声绘色的讲述场面,无法还原那个在人的背后还错综盘虬着神力的境遇,雅典娜女神的金权杖,神使的出现,波塞冬的低吼……神也涉足人间的是非,也将自己的立场不自觉地表明,因而这一路的经历才会跌宕起伏,带着注定的命运和至死不渝的拼搏,英雄主义的烟花一瞬千年,奋勇、顽强、劲道……在这逃不过的磨难中,英雄的价值一次又一次被肯定,在求生的夹缝里漂流冲浪,中流击水;在神力、自然力的挤压下伐竹取道。人的念力渐渐突显,我们的目光也渐渐不知不觉地从神投注向人。漂泊的人比更多安逸的孩子更懂得家园的意义,妻子佩里洛佩和儿子一直在守候,每一份执着的等待都会有一个温暖的未来,双方之间坚定的信任坚不可摧,也许只属于那个单纯、古老、一去不回的时代,没有什么是可以煽动性子、扰乱心神的。相比而言,奥德修斯葬身大海的同伴们的身上,更多的是缺陷、猜忌、贪婪、自大,缺乏敬畏心,这种对比暗示了奥德修斯成为再次看到伊达卡的"少数人"。"我立即惊醒,勇敢的心灵反复思索,是纵身离开船只,跃进海里淹死,还是默默地忍耐,继续活在世上。我决定忍耐活下去、掩面躺在船里。"一个人丰富复杂、矛盾挣扎的心理,用不着咆哮激愤,就能让人理解得很深。一直认为这句话是《梦十夜》的前身和渊源:"我感到非常不安。既不知何时才能靠岸,也不知将驶向何方。只知道船只吐着黑烟一直前行。巨浪滔天,苍蓝得无可言喻……我感到非常不安。心想,与其待在船上,不如纵身海底。"

独寻秋景城东去,白鹿原头信马行
——读《白鹿原》有感

合上书的那一刻,我才真正明白扉页上那句巴尔扎克的话:"小说被认为是一个民族的秘史。"

陈忠实先生用平淡朴实而又掷地有声的语言,为才疏学浅、懵懂无知的我勾勒了一个灵气盈盈的白鹿原。离奇的情节、折射的历史、感悟的人生……这每项单列,都够我反复咀嚼。陈先生如黄土地上的一位沧桑画家,为后生们描绘了一幅近代传统农民的生活画面和中国转型时期的民生画像。从晚清统治到北洋军阀割据,再到国共斗争的过程中农居的生活艰难而回味无穷,没有摩诘和靖节先生眼中的平静恬淡,相反,这里道阻且长,举步维艰。

书中塑造了各式各样鲜活生动的人物形象,有家风严谨、忠厚有节的白嘉轩,品德不端、心思阴毒的鹿子霖,老实坚忍、守礼有节的鹿兰,妙手回春、重情重义的冷先生,还有由好到坏蜕变的孝文、秉直的孝武、聪慧刚烈的白灵、冲破礼教的黑娃、惹人争议的田小娥、淡泊智慧的朱先生、为了信仰投身政治的兆鹏兆海兄弟。他们像一根纽带,一头连着作者,一头系着读者。有人说,在《白鹿原》里,陈忠实其实死了很多次。每一场死亡,他都陪着死一次,不但如此,每一次暴怒、每一次出走、每一次决裂、每一次绝望,他都死一次。那样的煎熬、挣扎,作家其实活成了一棵树,被雷劈成了两半,当中是巨大的一道焦黑伤口,两边的枝叶向不同方向生长——一边枝枝都在控诉旧秩序对人性的禁锢，一边枝枝都在质疑时代对伦理与个体的摧毁。被雷劈过的树依旧茂密深绿，人们赞叹着树的高度，欣赏着枝叶，可谁知道树又多痛，有多难，有多苦？

《白鹿原》整体给人惊心动魄、剑拔弩张的迥异之风，而书中的人们内心都遵照着传统礼教与伦常，他们似乎不信神，他们信奉的是传说中的白鹿图腾，信奉着公理与祖宗之言，也正是这样无关鬼神，又无关政治，才突显了朴实的民风、原生态的农民生活。几十年风雨飘摇，江山易主，古老的土地也不得安宁，家恨国仇，交错缠结，如同黄土地上的沟壑曲折蜿蜒。

字里行间，我能深切地感受到每一种人物性格，没有绝对的好与坏，人性的劣根、软弱与那带着光环的正义、善良共同存在，这才是人间的悲喜交织、善恶并存。闭目遐想，那只玲珑欢愉的白鹿正在舞蹈，带来风调雨顺、五谷丰登、万物生长，这是最朴素的信仰。当代中国，时间的车轮走得太快，很多人匆匆前行，把灵魂丢在了脑后，"无信仰者无畏"不断显现，也许，我们真的要向书中人取经，学习忠义孝悌、宽厚有节。当然，其中也有对传统礼教糟粕的反抗，如黑娃的叛逆之路、田小娥的淫荡之举，书中不少篇幅描述他们的抗争，让读者也为之鸣不平。

打开《白鹿原》时，我始终怀着一颗敬畏之心，陈忠实已经离开了我们，一位民族历史的书记员走了，一颗巨星陨落，天光暗泪雨寒，黄土坡的儿子，用心血将他的母亲勾勒歌颂。他的文章、他的足迹，会化作人间的风雨，为黄土地上的子民祈福，不再受书中那瘟疫、战争的离乱。

"再见，白鹿原！"山鸣谷应，我若心诚，他会听见。

卢梭与巴黎

矛盾的巴黎像一瓶太浓郁的香水，足以让人闻过不忘，寤寐思服，毕其一生四处寻芳迹。在上升与堕落之间，在庄严与轻佻之间，在狂欢与悲怆之间，这个城市中庸且分裂，平和又失衡地矗立。在这里生存的人，为理想也好，讨生活也罢，也都不约而同地沾上了这种奇香，让他们的灵魂秉着自负的孤独、圣洁的沉沦去过完或平安喜乐或支离破碎的一生。毋庸置疑，卢梭一定是他们其中的一个，"那颗既那么高傲又那么温柔的心，那种女性的但却难以驯服的性格，就这样开始在我身上形成或显现出来了；这种性格始终游移在懦弱和勇敢之间，游移在柔弱和刚毅之间，最后，使我自身矛盾重重，使得我节制和享受、快乐和审慎，全都没能获得"。这样一个激情逸溢又桀骜清澈的灵魂，注定与巴黎有难解难分的缘分，而这种冥冥之中的机缘在一个又一个地标里。

你方唱罢我方登场的哄闹舞台上，有些人天生尊荣，一身粉墨，一袭华服，清越的胡琴声起，台下尽是期望。而有些人没有得体的行头，没有精致的衣裳，从他们紧握的双拳、坚定的眼神里，人们会知道，这人心思笃定，音声嘹亮。卢梭崭露头角正是后者这样。第戎学院无疑是首个地标，《论科学与艺术》无疑是一种最好的方式，把"返回自然"的观念推向大众的同时，给卢梭也带来了声名鹊起的局面。与节日的烟火相似，绚烂的思想一旦喷涌便持久绵长，凌厉深邃又剑走偏锋的观点接踵而至。"当生活日益舒适、工艺日臻完美、奢侈之风开始流行的时候，真正的勇士就会削弱，尚武的德行就会消失，而这些也还是科学和种种艺术在室内暗中起作用的结果。"他不留情面地指出骄奢、腐华将在希腊罗马列入道德堕落的深渊，文学、艺术、科学是一双双太强劲、太孔武有力的大手，夺走了"人们最初的自由的感觉"，这种至关重要的自然情绪一旦消失，心灵就会面临一场破败的威胁，于是"使人们安于自己的奴隶状态，以便成为所谓文明民族"。显然，在这些内含逻辑又外带激情的言辞下，放着一个明确的态度，文明是罪恶的，只有用自然的纯洁与美好才能将其净化。在伤风败俗的科学、文艺面前，自然的地位一下子被空前抬高，也许是为了武装自己对抗等级秩序与特权，也许是用来重构一种自然真淳的审美模式，也许就是很直接的硬碰硬，向现有的文明进军。既然文艺和科学从过去奢侈的财富中脱胎，就用一种理想化的概念荡涤染尽尘埃的不堪。卢梭对纯朴的灵魂的召唤深情而炽热，像等候一位阔别已久的战友，一起去揭开矫揉造作的贵族文明，一起走向注定要浴火重生的沙场。"是怎样一长串的罪恶在伴随着这种人心莫测啊！再也没有诚恳的友情，再也没有真诚的尊敬，再也没有深厚的信心了！怀疑、猜忌、恐惧、冷酷、戒备、仇恨与背叛永远会隐藏在礼仪那种虚伪一致的面幕下边，隐藏在被我们夸耀为我们时代文明的依据的那种文雅的背后。"强大的思想就是这样的超能力，用一股凝重的意志洗刷人们的眼球与心灵，以至于再回头看个人的观点时，已然模糊了。文雅、礼仪成了长满虱子的华丽美袍，成了丑陋面相的遮难所，成了"永恒的良心与理性"的死对头。这些观点如同一声声夜半汽笛，唤醒一群人眷恋的酣畅大梦。

  时间过去两年，此时的地标转向枫丹白露宫，这里安放着巴黎人温馨淡雅的美泉，记录着法国帝王的往事。卢梭的第一部歌剧《乡村占卜者》在这里上演，演出带来了空前的成功，也因卢梭拒绝了路易十五的年金背负了不好的名声。世人只能看到他"不识抬举",谁又懂他为了自由、真理而挣脱枷锁的勇气,谁又理解他不愿束手束脚、噤若寒蝉的热望?卢梭在启蒙及论战中的确"见风使舵",但这里的风仅仅只是社会的风气,绝不刮向国王的冠冕。六年后,《关于戏剧演出给达朗贝尔的信》发表,对于狄德罗、伏尔泰都认可的戏剧的德育作用做出否定,刺激人们情感的悲剧和培养嘲讽思绪的喜剧并不能将人引向智慧、道德与理性。"人们常常以为演戏可以把人团聚到一块,其实恰恰在剧院里使人彼此分割开,在那里谁都忘记了自己的朋友、自己的邻居、自己的亲戚,只因为一心迷醉于荒诞不经的故事,只顾去为死者的不幸而落泪或对活人发出嘲笑。"寥寥数语间,卢梭又给了我们一个新的角度,即从人际关系层面去体察戏剧的功用。沉醉在舞台世界的观众,是否忽略了真实存在的身边人?在悲恸与欢喜的情绪里浸泡着的思维,还能保持一份可贵的理性吗?我们的疑问与卢梭的一个疑问不谋而合,那便是:兴奋、惊恐、惋惜等精神状况难道有利于克服和抑制激情吗?作者早就意识到了戏剧的不可依靠,答案也必然是否定的。关于美德在哪儿、情绪应何处依托,同样也给出了回应:"我们喜爱正直和厌恶邪恶的根源在我们自身,而不在剧本里。"又是复归本身、归于自然的倾向,言出有理,掷地有声。多少年后,我们还会由衷地佩服枫丹白露宫里,一位中年人的拒绝,而他自己却不以为然,认为只是留住了一份自由、淡泊、独立的可能。

和世界其他地区的特色风俗文化一样,Salon 文化为巴黎所独有,怜风月、狎池苑的贵妇人们,也曾三三两两,在灯光朦胧的客厅里为"阿尔卑斯山麓下一个小城市中两个居民所写的情书"而落泪。热烈的爱情,爱而不得的颓唐,两情相悦的冲动,呼啸而来、势不可挡的激情,它们共同织就出更真实动人的普遍情感。"不管你的命运如何,我都决心与你风雨同舟。如果你出走,我就跟着你去;如果你留下,我也留下。我已经下了这种不可动摇的决心,我应该这么做,什么也无法让我回头。"华美铺张的海誓山盟在这些平实动人的肺腑之言面前黯然失色,最深沉的爱莫过于把自己活成了对方的一部分,有一个人直到最后也没离开,爱于不言表,行于自在心。爱情,这样一件弥久而坚固的事业,给朱丽、圣普乐带来的有欲望的满足,也有相思的痛苦。但他们的爱情之上,有一个更加神圣、崇高的所在,叫作美德。对美德、理性的追求,让他们能抑制心中的强烈情感却不越雷池一步,给人产生的感觉,他们并不是一对被爱欲绳线左右摆布的木偶,高尚的认识、纯洁的心灵、节制的行动给了世人一种更理性的方式来对待心中的爱欲。委婉幽静的日子里,我们看到这对有情人内敛平和的情操、浪漫行空的遐想,语言也不再是表象肤浅的赏心悦目,而是传达这份感情中更加深刻的人性内涵、大起大落的厚实。一方面在朱丽父亲反对这种阶层不对位的情感中有反封建色彩;另一方面很多处借圣普乐之口,传达了对封建贵族生活模式和行为准则的谴责与批驳。卢梭很明确地指出自己的《新爱洛伊丝》不是给大城市那些沾满浮尘的心灵看的,而是献给"外乡的孤独的劳动者"的,让他们看到自己身处的小团体的自由、平等、博爱,看到自然神秀的湖光山色,领略其间的美轮美奂,看到自己并非低人一等,意识到我们有勤劳的双手、精湛的技艺,我们的职业高贵而不朽。如果可以选择自己的圈子,卢梭热忱的读者们可能也十分愿意加入《新爱洛伊丝》塑造的圈子中。朱丽、圣普乐、克莱尔、沃尔玛、爱德华……这个小圈子有着理想的精神气质、全身心投入的爱恋、润物无声的相守相伴、温文尔雅的沟通、设身处地的贴心鼓舞,人与人之间相处时能想到的美好与交心都被卢梭一一刻画了。他们都在为了对方考虑,"每个人都不该只考虑自己,否则就不会有夫妻相濡以沫、仆人们的忠心效劳、父母亲的慈爱了"。好脾气的人偏爱好脾气的天,好脾气的天眷顾好脾气的人。小说中勾画的美景好像一扇幻梦的窗口,聆听山川湖泊的美丽传说,满目青翠、花草繁茂的园子里,流水潺潺,鸟鸣嘤嘤,清澈纯净的空气流溢在高高的山上。"鸢飞戾天者,望峰息心;经纶世务者,窥谷忘反。"人们在高山上领略不可名状的崇高伟大,风月天边,去自然中受益,等候善良的报偿。移步换景的山区,"东边春花烂漫,南边秋果累累,北边冬雪覆盖",让人渴望即扞一身的欲念、卑欲,作一叶不系之舟,一片出岫之云。雷声、暴雨卷走多存的心浮气躁,留下平静与纯真,就像朴实好客的瓦莱山区,永远把最好的一切留给外来人。站在可爱喜人的田野,圣普乐感叹道:"一种潜藏的魅力在使所有的物体变美,在迷惑人们的感官;仿佛大地在装扮自己,为你的幸福情人造就一张与他所崇拜的美人儿以及燃烧着他们烈焰相匹配的喜床。"在卢梭对自然风光的刻画中,我们甚至怀疑,这和那个编纂百科全书词条的理性哲人是否拥有同一个灵魂?炽烈的热爱、敏锐的观察、细腻的共鸣才会有画面感、唯美感、感染力,同时逼近巅峰的语言、一丝丝笔法的张扬、一丝丝深情的流荡、一丝丝精神的绚烂,让我们仰视的伟大心灵更丰满、更迷人。卢梭很可能想让人们回到大自然中,接受风雨雪雾的净化,"归于自然"思考一些真真切切、冷冷清清的硬度问题,有些像唐代画家张璪宣扬的"外师造化,中得心源",掌握好"至柔"之物,再去"驰骋天下之至坚"。卢梭在《新爱洛伊丝》中不止一次提出对巴黎生活的不接纳甚至反感,因而期待这些引人入胜的文字能够帮助读者洗尽尘嚣粗鄙,做一个有里有面儿的自然人。作品中的一群年轻人身上,有爱情,但不仅仅只有爱情,还有朱丽与圣普乐两情相悦的相守相伴、相依相存,克莱尔对妹妹的知面知心、排忧解难,爱德华对友人的慷慨成全、默默祝愿,沃尔玛的深明大义、风度翩翩。这一群美好的灵魂不但教给后来人摆脱专制封建的束缚,追求自由、理性、率真,更让我们意识到爱情与道德并非像密度不同的波罗的海和北海,它们是可以通过自然人性的理解与尊重去调和的,或者说,它们不曾对立。在全书的最后讲道:"我们全都是浑浑噩噩的人,把自己的一生虚掷,一味地追逐自己的幻想。唉!我们难道就永远弄不明白,在人的所有的追求中,唯有追求正义才能幸福?"目至此行,也许都会热泪盈眶吧,充斥着寄托与对人间真诚真爱的发问,这才是高贵的启蒙之光,叩开心房,散布芬芳,所以拉马丁也讲:"卢梭是法国第一位情感作家。"

很多人对卢梭矛盾的认识源自另一个地标——巴黎育婴堂。他为何一边去赞诵家庭之爱、在《爱弥儿》里讨论教育,又将自己与黛莱丝的五个孩子送进了巴黎育婴堂。在《新爱洛伊丝》大火的第二年,《爱弥儿》问世,一本涉猎面极广、动情极深的著作,因为这本书,"那些文雅、客气而慷慨的法国人,他们素以优美的修养和尊重不幸者自豪,如今突然忘记了这些美德,竞相以频繁而狠毒地侮辱我为能事。我被他们称为异教徒、无神论者、癫汉、疯人、野兽、豺狼……"在多变的人生面前,在复杂的矛盾、道德、律法面前,我们是否应尽量做到放下主观的好恶,不虚夸,不有意贬低地去讨论教育、探索真理、评述生活。卢梭便是这样,用理性的态度对如何培养一个具有独立意志品格的公民,一个身心健全、归于自然的孩子投注了大量精力,也许只有爱弥儿的培养、教育方式,才是与《社会契约论》中构筑的理想国家、合理政制相得益彰的。"在我们中间,谁最能容忍生活中的幸福和忧患,我认为就是受了最好教育的人。"教育是否给了我们一副无形的铠甲,或是会适应环境而变色的外衣,让我们无论在刀山火海还是冰天雪地都能泰然自若?而这种能力,卢梭主张通过经历实践去获得,因为教育的本质是培养品格而非增长知识。既然是良好品格的养成,那么,最好的环境是什么呢?卢梭认为城市太喧嚣,是"坑陷人类的深渊",孩子在农村才能恢复精力,去自由畅快地呼吸,成为温和而不功利的精灵。第二卷,在重点讲如何教给孩子道德时,卢梭重视肉体在生存中发生的感觉,由真实体验,到感知善恶。"人类天生的唯一无二的欲念是自爱,也就是从广义上说的自私。"邪恶可能是由这一份私欲进入人心,因而不要向孩子灌输过高的需求和超出能力范围的欲望。"由于你一心追逐你的欲念,结果你是永远也不能够满足你的欲念的。"你时时想心灵保持平静,然而你的心灵却一时一刻也得不到平静。在人生的小园径上,避开这些扰乱心神的欲望,也就从"物"中脱身,不依赖,不黏附于物,而是走向依靠自然。这份自然还囊括了不去因异乡的风土人情迷惘,不痴醉于遥远的未来,而是孜孜于眼前,专心致志地使他按自己的能力生活。囊括了不要过早地教给孩子阅读,以免让他人的理性先入为主,抑制了自己理性的萌芽与壮大。在第三卷中,儿童即将进入青春期,这时事物的有用性成了价值尺度,因而保护好孩子的好奇心,不让权威压制了初具气象的理性即成了关键,不要使别的见解把控住了思维的翅膀,哪怕是巨人、伟人。纯理论对他们还为时尚早,但却是时候接触、思考幸福了,对于自然人"幸福就是免于痛苦",也就是说,它是由健康、自由和生活的必需条件组成的,它纯粹得像水晶里封存的眼泪,不同于"道德人的幸福"。如果说幸福是志在必得的理想终点,那么职业便是托付时光的列车。卢梭为爱弥儿选择了做一位木匠,就是希望他有一门不违背人生、实实在在的手艺作为谋生立足之本,既锻炼身体、掌握手工劳动,又在不知不觉中培养了他爱反复思考的性情。从而能够消除他由于漠视别人所说的话和因自己的情绪的宁静而产生的无所用心的样子。这样一来,思想的丰盈与体质的健硕合二为一了,不会再为无所事事、游手好闲烦恼,不会再因体弱多病、四肢绵软担忧,在这样的平静状态下,就有很大的可能培养出健全、不浅薄、不浮于表面的心灵,这心灵会因深沉、敏锐、多层面、有条理等诸多美德,而深入蔚蓝的大海,与嶙峋的珊瑚共舞,与平实的礁岩交流。这样的心静如止水,明辨爱恨。在第四卷中,爱弥儿好像一下子四肢舒展,成了个眼神清亮的翩翩少年,掌握了判断事物的能力,有了关怀苦难的普世情绪。

"自然的真正进程是比较缓慢地逐渐前进的,血液一点一点地开始沸腾,心思一点一点地趋于细致,性情一点一点地慢慢形成。"一个青年善良的情感、判断与意志逐渐棱角分明,他目睹人间的悲欣,满怀感情地望向远方,思量着友谊,钻研着人类,靠近着温良。他开始关心公众,去用理性与博爱照见人类,在实践中印证道德的种种可能。他开始接触信仰,但不依附宗教。他深信正义,并迈步向前。爱弥尔被卢梭带进了集体,恪守理性,适应生活,他彬彬有礼、宽以待人,有着良好的道德观念和鉴别力,一切都稳妥又自在地进行。看到了第五卷,给人印象深刻的是苏菲的教育,或者放大来说,是顺应自然天性下的女子教育,温柔的情意、多情而质地柔软的心灵,一个贤妻良母的形象被塑造起来,加上第五卷中对于经历的诸多见解("至于法国人,他到了一个国家就只知道去拜访艺术家,而英国人则爱去临摹古迹,德国人则带着他的题名簿去找所有的学者,西班牙人到了一个国家便不声不响地研究该国的政治制度、风俗和治安情形;在这四个国家的人当中,只有他能够从他的见闻中带回一些有益于他的国家的东西"),这些加起来,精彩纷呈的教育被架了起来,让后来人瞻望。卢梭的思想,像凡尔赛宫的花园,盘旋回折,曲径通幽,面面俱到,一片青碧,容纳百川。他为世界展示了一个本于自然、理想的公民应有的样子,他的教育思想瑰丽而卓越,在西方教育史中,绝不是海市蜃楼,而是睥睨长城。不仅仅是教育,比教育范围更广;不止步于教育;比教育走得更远,诚然,他并没有创造什么,但他点燃了一切。

塞纳左岸的拉丁区,先贤祠上金色的大字闪耀了几百年,致伟大的人,国家永远感念您!卢梭的墓穴安放于此,这是他关于巴黎地标的终点,这里光明、恬静,给人一种虔诚的亲切感。想从伟人身上借走一些力量,他们的棺柩中伸出一只擎着烛火的手,照进未来人的眼睛,并在无数的岁月里陪伴他,就像家乡的星辰。伏尔泰在他的正对面安眠,曾经唇枪舌剑的对头,相互对望了几百年,也该一笑泯恩仇了吧？法兰西的后人推测他们不会老死不相往来,相互凝视着肉身和灵魂,是伟人想要的状态,生前怒目而视,身后却让人左右思量,矛盾又诙谐,两颗心会不会走向和解？你来我往的信笺,发展了恩怨,会不会成为地宫里的佳话？你将我视为原始人,盲目、野蛮,又疯癫,我直言"一点也不喜欢您!"直回想这些论辩白黑行间的对抗与坚守不躲藏,让人忍俊不禁又肃然起敬。卢梭在作品里呼告:"巴黎,你这驰名的城市,你这闹闹嚷嚷,充满了乌烟瘴气的城市,你这以妇女不爱体面、男子不爱美德而著称的城市,再见吧。巴黎,再见吧;我们现在要寻找爱情、幸福和天真,我们离开你是越远越好的!"但他还是长眠于此,望着车水马龙,热情而平静。

  他从未歌颂过巴黎,但巴黎永远属于他。

昔年种柳
——再读《樱桃园》

前些日子整理旧物，看到自己中学时代的笔记本的扉页上用幼稚的字体写着首诗："我的故乡在南方，多么遥远，眼泪和悲愁炽热了它。在那里，妇女们披着围巾，站在门槛上，悄悄地谈论死亡。"竟记不起当时是为何喜欢它了，如今看来其实比起死亡，人们更恐惧随之而来的黑暗与孤独。不管是否情愿，生活总催促着我们向前，面对新生活。先民们有欣喜的称颂："南有樛木，葛藟萦之。乐只君子，福履成之。"但也有对未知、黑暗的踌躇："樱桃树好像在痛苦的、压抑的梦中。"这两种情绪都是如此纯粹而真实，俄国作家好像都有这样一种异禀，能让人搁置下对世俗生活的厌倦，去追求一种前所未有的伟大与高尚，渴望灵魂的自由和升腾。契诃夫也是同样，一句虚无缥缈的"你好，新生活"，把我们拉进回忆的亭廊，勾起千千万万份对故园对传统的深深怀念。

剧作并不复杂，一代人为了食用樱桃，酿制樱桃酒，晒制樱桃干，栽种起樱桃园。一代人为了修筑别墅砍下樱桃树，改造樱桃园。哺育这一代代人的大地缄默不语，内敛而平顺，就像剧本所说："你那么美丽，那么超脱，你，我们称之为母亲的大自然，你包容着生死，你能给予生命，也能将它毁灭。"

有的人，很努力才能活着，他很痛苦，也有一份小小的快乐。柳鲍芙在巴黎并不顺风顺水，摩肩接踵的社交场面，吞云吐雾的男人们缺乏尊重的言行，日渐拮据的生活状态……都催促着柳鲍芙凑够盘缠，重返樱桃园。没有近乡情怯，没有丝毫陌生，像一条鱼回到熟悉的淡水里，像风车叶回到熟悉的风速中。亲人的关爱，似久违的咖啡，窗外的故土风景，让本外乡的疲累被一种曲终人在的温馨所包围。除了家族符号樱桃园，对家中"柜橱"的歌颂，如果我们注意到十六世纪后的工艺美术史，各种奇珍异宝，各种罕见的矿石被镶嵌在贵族的化妆柜台及柜橱里，闪耀的质地、渐变的色彩都在昭示着柜橱主人的尊贵。在剧本中加耶夫的言语里，柜橱仿佛成了家族的精神象征："非常可爱，又非常可敬的柜橱啊！……你鼓励人类去从事有益的劳动的那种无言的号召，在整个这百年里头，从来没有减弱过，却是一直在鼓舞着我们家族，使我们一代又一代的有了勇气，一直在支持着我们，使我们对于未来更好的生活有了信念，使我们心里怀抱着善与社会意识的理想。"目光从室内的陈设移向室外的环境：乔木挺拔，空气清爽，鸟鸣嘤嘤，曲径通幽。柳鲍芙回忆着孩童时期的樱桃园，寄希望于这一簇簇的白花可以治愈心中的郁懑与沉闷，满目的白色造就一处不染纤尘的极净世界，在这里，柳鲍芙可以安下心来，永远做一个亭亭玉立的小姑娘。"哦，我的樱桃园啊！你经过了凄迷的秋雨，经过了严寒的冬霜，现在你又年轻起来了，又充满幸福了，天使的降福并没有抛开你啊！"幻想着自己的母亲穿着白衣裳在园子里散步，柳鲍芙对这里更多了一层依赖。无论是加耶夫对柜橱的欣赏，还是柳鲍芙对樱桃园的眷恋，都让人对这种对旧事物依依不舍的普遍情感产生理解和共鸣。他们不愿回到现实,也没有在现实变化时随之做出改变的能力,不愿摒弃一腔孤勇的天真,他们的内心像一个静止凝固的水晶球,长河匆匆,而方寸之间保留的是永恒的片段。这种高贵的品性常常与"不变通"为邻,加耶夫看不上罗巴辛的实用观点,审时度势,见风使舵,可自己却不思进取,没有继承先祖创业的精进与勤奋。兄妹二人的心灵养分全然来自回忆,他们不懂得中国人口中的"生活"中的一个"活"字,之所以是三点水旁,正是因为生命的历程总是流动的。

"请原谅我说一句老实话吧,亲爱的朋友们,我一辈子可还没有遇见过像你们两位这么琐碎、这么古里古怪、这么不务实际的人呢。"实际是罗巴辛对一切行为的考量,他抱怨这对兄妹的优柔寡断,对比他们的依恋过去,罗巴辛是标准地活在当下。这世上,有人歌颂千树万树的樱桃花,就有人膜拜带来巨大利润的罂粟。罗巴辛在春天种了两千亩罂粟,净赚了四千卢布,赞美花开时的旖旎,这是他价值审美下的美丽。两种花没有高尚与卑贱之分,她们都是园中翘楚,种植樱桃的家族承揽着民族的诗情与回忆,而种植罂粟的一群中的强者,或许就是那个时代建设社会的中流砥柱,社会无退路可走时,需要有人去砍树。"实际上呢,我的无知和粗野,也和他一样。我什么书也没有读过,我的字写出来难看得怕人。"罗巴辛有着与生俱来的自卑情绪,心中很多东西常年被压抑,出于家庭和父亲的缘故,一直得不到释放和倾泻。也正是特殊的出身和坎坷的阅历,让罗巴辛感慨:"只要稍稍做过一点正事的人,就能够懂得,这世上诚实和规矩的人可实在太少了。"

一群小人物聚集在樱桃园里,每个人都有无用的优点,又都有不致命的缺点。他们流浪在世上,又在无反思无意义的生活里虚度生命，他们就是不完整的众生。无论是见证着新旧势力交替、农奴制被废除、家庭兴旺、辉煌一时的老仆人费尔斯，还是设想联翩、夸夸其谈，却不太懂得行动的大学生特罗费莫夫；无论是饱食终日、随波逐流、习惯了"二十二个不幸"的管家叶比霍多夫，还是虚荣无知、爱臆想、太盲目的女仆杜仓亚莎……在这些个体讨生活的奋斗中，在这些灵魂四处游离的追寻中，在新生活与旧习惯的更替中，他们要么恋恋不舍着闪耀的往昔，要么焦虑期盼着未来，可没有一个人过着安稳无虞的现在。这符合契诃夫的写作习惯，笔下尽是苦苦挣扎的小人物，把浪漫主义的温存磨平后变成了平庸、乏味、枯燥，像干涸的湖。他写生活的百态，不推崇也不贬低每一种生活，肯定它们的合理性，拥抱它们微小的伟大，也亲吻它们丑陋的锋芒。"啊！主啊，你赐给了我们雄伟的森林、无边的田野、不可测量的天边，那么，活在这里边的我们，也应该配得上它，得是个巨人才对呀！"现实并非台词里所呼吁的，生活在其中的是一群微不足道又竭尽全力的人背负着过往的悲喜。

　　温情脉脉的樱桃园将被实用的别墅楼代替，在这新旧交替的时代，倒是没有奋进积极的感受，反而让人郁闷。"樱桃树好像在痛苦的、压抑的梦中，看见了所有一两百年以前所发生过的事情一样"，它见证着俄罗斯民族的成长，目送旧时代的悲凉。安尼雅劝母亲时，肯定她纯洁而可爱的灵魂，并许诺着："跟我走吧……我们另外去种一座更美丽的新花园！"给母亲"一种平静、深沉的喜悦"。可柳鲍芙的樱桃园还是逝去了，连带着这对兄妹的青春、快活的童年、幸福的礼拜天……她终将过上自己指责的那种"死沉沉"的日子，怅惘地走进新生活。乡愁浓浓加上失去家园的伤感，为戏剧盖上一层不露声色的矜哀,契诃夫不会哭天抢地地号啕,只会将人类无数次重复自身的悲剧娓娓道来。剧中的人物零零碎碎地攀谈着,但是像荒谬的自说自话,喧闹的对话与碰撞冲淡了宿命的凄凄惨惨戚戚,沟通的无力感与困顿感中,我们仿佛看到了一位超越了自己时代的作家。笔法轻盈,草草几笔就勾勒出了一个群体的无奈和困惑。一切都正在凋零,一切都正萌发。"我的生活,我的青春,我的幸福啊!永别了,永别了!"在告别的时候,柳鲍芙坐在房子里,看着墙壁和天花板都如此地恋恋不舍,每一眼回望都是如此如饥似渴。特罗费莫夫说:"你们这一类人的呀,无论是穷的、富的,在你们眼里看成那么重要的、那么珍贵的东西,在我们也不过像随风飘荡的柳絮那么无足轻重。"但有些人正是为了这些柳絮般的东西活着的,幸运的是,还有契诃夫这样的作家可以捕捉到这种柳絮般的东西。他对俄国人内向情感的无限探索,让所有心灵放下隔阂,毫无防备地与他做朋友,嗅觉灵敏,又不让这份敏锐伤到任何人。在契诃夫的笔下,那些哀伤而温柔的直觉表达最为动人,在写作的过程中,有那么一个阶段性的灵光,一闪之后,一去不返,思绪敏捷的契诃夫总能恰逢灵光的流溢,并非幸运使然,而是累积的苦工。每个民族都有自己伤痛的回忆,但每个民族表达的方式不一样,俄罗斯就是这样,一切都血气方刚,无所畏惧,剑指之处,所向披靡,而说起自己的心头事来,又忽然和缓起来,充满了纤细敏感的生命意识。所以内米洛夫斯基也说"月亮般的契诃夫"。

  庾信在《枯树赋》中荡气回肠的乡关之思打动过无数人,羁留北方的岁岁年年里,江南就是庾信回不去的樱桃园。庾信从青年到丑老,像一棵树在四季轮回中的荣枯,像柳鲍芙年少纵意不知故土之珍贵,如今想多看看万树白花而不得,往事前尘的治愈良药也消逝了。"又是一片寂静。打破这个静寂的,只有园子的远处,斧子在砍伐树木的声音。"新生活来了,樱桃园不再,精神家园的遗址上盖起物质帝国的大厦,人们的灵魂有的继续向前漂游,有的如苍老的费尔斯,一动不动地躺在那儿。

"昔年种柳,依依汉南。今看摇落,凄怆江潭。"